MINHA VIDA POR INTEIRO

*Trabalho, Família e
Nosso Futuro*

por
INDRA K. NOOYI

Rio de Janeiro, 2022

Minha Vida Por Inteiro

Copyright © 2022 da Starlin Alta Editora e Consultoria Eireli.
ISBN: 978-65-5520-703-3

Translated from original My Life In Full. Copyright © 2021 by Preetara LLC. ISBN 978-0-5931-9179-8. This translation is published and sold by permission of Portfolio Penguin an imprint of Penguin Randon House LLC, the owner of all rights to publish and sell the same. PORTUGUESE language edition published by Starlin Alta Editora e Consultoria Eireli, Copyright © 2022 by Starlin Alta Editora e Consultoria Eireli.

Impresso no Brasil – 1ª Edição, 2022 – Edição revisada conforme o Acordo Ortográfico da Língua Portuguesa de 2009.

Dados Internacionais de Catalogação na Publicação (CIP) de acordo com ISBD

N819m Nooyi, Indra K.
　　　　Minha Vida Por Inteiro: Trabalho, Família e Nosso Futuro / Indra K. Nooyi ; traduzido por Maíra Meyer. – Rio de Janeiro : Alta Books, 2022.
　　　　320 p. ; 16cm x 23cm.

　　　　Tradução de: My Life In Full
　　　　Inclui índice.
　　　　ISBN: 978-65-5520-703-3

　　　　1. Autobiografia. 2. Indra K. Nooyi. I. Meyer, Maíra. II. Título.

2022-1280　　　　　　　　　　　　　　CDD 920
　　　　　　　　　　　　　　　　　　　CDU 929

Elaborado por Vagner Rodolfo da Silva - CRB-8/9410

Índice para catálogo sistemático:
1. Autobiografia 920
2. Autobiografia 929

Todos os direitos estão reservados e protegidos por Lei. Nenhuma parte deste livro, sem autorização prévia por escrito da editora, poderá ser reproduzida ou transmitida. A violação dos Direitos Autorais é crime estabelecido na Lei nº 9.610/98 e com punição de acordo com o artigo 184 do Código Penal.

A editora não se responsabiliza pelo conteúdo da obra, formulada exclusivamente pelo(s) autor(es).

Marcas Registradas: Todos os termos mencionados e reconhecidos como Marca Registrada e/ou Comercial são de responsabilidade de seus proprietários. A editora informa não estar associada a nenhum produto e/ou fornecedor apresentado no livro.

Erratas e arquivos de apoio: No site da editora relatamos, com a devida correção, qualquer erro encontrado em nossos livros, bem como disponibilizamos arquivos de apoio se aplicáveis à obra em questão.

Acesse o site www.altabooks.com.br e procure pelo título do livro desejado para ter acesso às erratas, aos arquivos de apoio e/ou a outros conteúdos aplicáveis à obra.

Suporte Técnico: A obra é comercializada na forma em que está, sem direito a suporte técnico ou orientação pessoal/exclusiva ao leitor.

A editora não se responsabiliza pela manutenção, atualização e idioma dos sites referidos pelos autores nesta obra.

Produção Editorial
Editora Alta Books

Diretor Editorial
Anderson Vieira
anderson.vieira@altabooks.com.br

Editor
José Ruggeri
j.ruggeri@altabooks.com.br

Gerência Comercial
Claudio Lima
claudio@altabooks.com.br

Gerência Marketing
Andrea Guatiello
andrea@altabooks.com.br

Coordenação Comercial
Thiago Biaggi

Coordenação de Eventos
Viviane Paiva
comercial@altabooks.com.br

Coordenação ADM/Finc.
Solange Souza

Direitos Autorais
Raquel Porto
rights@altabooks.com.br

Produtora da Obra
Illysabelle Trajano

Produtores Editoriais
Maria de Lourdes Borges
Paulo Gomes
Thales Silva
Thiê Alves

Equipe Comercial
Adriana Baricelli
Daiana Costa
Fillipe Amorim
Heber Garcia
Kaique Luiz
Maira Conceição

Equipe Editorial
Beatriz de Assis
Betânia Santos
Brenda Rodrigues
Caroline David
Gabriela Paiva
Henrique Waldez
Kelry Oliveira
Marcelli Ferreira
Mariana Portugal
Matheus Mello

Marketing Editorial
Jessica Nogueira
Livia Carvalho
Marcelo Santos
Pedro Guimarães
Thiago Brito

Atuaram na edição desta obra:

Tradução
Maíra Meyer

Copidesque
Vivia Sbravatti

Revisão Gramatical
Raquel Escobar
Daniele Ortega

Diagramação
Hellen Pimentel

Editora afiliada à: ASSOCIADO

Rua Viúva Cláudio, 291 – Bairro Industrial do Jacaré
CEP: 20.970-031 – Rio de Janeiro (RJ)
Tels.: (21) 3278-8069 / 3278-8419
www.altabooks.com.br – altabooks@altabooks.com.br
Ouvidoria: ouvidoria@altabooks.com.br

Para meu marido, Raj,

Minhas filhas, Preetha e Tara,

Meus pais,

Meu Thatha

Sumário

Introdução *VII*

Parte I
INFÂNCIA *1*

Parte II
ENCONTRANDO MEU LUGAR *67*

Parte III
OS ANOS NA PEPSICO *117*

Parte IV
OLHANDO EM FRENTE *231*

Agradecimentos 277
Notas 283
Índice 287

INTRODUÇÃO

Em 2009, em uma terça-feira nublada de novembro, após horas de reuniões em Washington D.C. com vinte e quatro dos principais empresários norte-americanos e indianos, encontrei-me entre o presidente dos Estados Unidos e o primeiro-ministro da Índia.

Barack Obama e Manmohan Singh entraram na sala para atualizar o progresso de nosso grupo, e o presidente Obama começou a apresentar a equipe norte-americana à contraparte indiana. Ao chegar em mim — Indra Nooyi, CEO da PepsiCo —, o primeiro-ministro Singh exclamou: "Ah! Mas ela é uma de nós!"

E o presidente, com um sorriso largo e sem perder tempo, respondeu: "Ah, mas ela é uma de nós também!"

Esse é um momento de que nunca me esqueço: a gentileza espontânea dos líderes desses dois países tão importantes e que tanto me proporcionaram. Ainda sou a garota que cresceu em uma família unida em Madras, no sul da Índia, e profundamente conectada às lições e à cultura de minha juventude. Também sou a mulher que chegou nos EUA aos 23 anos para estudar e trabalhar e, de algum modo, conquistou a liderança de uma empresa icônica, jornada que acredito ser possível apenas naquele país. Pertenço a ambos os mundos.

Olhando em retrospecto, percebo como minha vida está repleta desse tipo de dualidade — forças contrárias que me puxaram e empurraram de um capítulo a outro. E vejo como isso vale para todas as pessoas. Estamos todos nos equilibrando, fazendo malabarismos, assumindo compromissos, dando o melhor para encontrarmos nosso lugar, seguir-

vii

INDRA K. NOOYI

mos em frente e lidarmos com nossos relacionamentos e responsabilidades. Isso não é fácil em uma sociedade que muda tão rápido, mas ainda se agarra a velhos hábitos e regras comportamentais que parecem fora de nosso controle.

As duas demandas que me definem sempre foram minha família e meu trabalho. Entrei na PepsiCo em 1994, em parte porque a matriz da companhia ficava perto de minha casa. Eu tinha duas filhas, de 10 anos e 18 meses à época, e um marido cujo escritório ficava próximo. Pensamos que a oferta de emprego fazia sentido, porque o trajeto era curto. Em 15 minutos, eu conseguiria ir de carro para a escola ou para casa e ver os bebês. Evidentemente, esse não é o único motivo por que escolhi a PepsiCo, uma empresa exuberante e otimista da qual gostei de todo o coração desde o momento em que entrei. Também sentia que ali era um lugar aberto a mudanças com o passar do tempo.

Isso era importante. Eu era uma mulher imigrante e não branca, adentrando um andar de executivos onde era diferente de todas as outras pessoas. Minha carreira começou quando a dinâmica no trabalho entre mulheres e homens era diferente da atual. Em 14 anos como consultora e estrategista corporativa, nunca tive uma mulher como chefe. Não tive mentoras do sexo feminino. Não fiquei chateada ao ser excluída dos hábitos do poder masculino; apenas fiquei contente por ter sido incluída de modo geral. Porém, quando entrei na PepsiCo, ondas de mulheres instruídas e ambiciosas estavam adentrando o mercado de trabalho, e pude sentir a mudança no ambiente. A competição entre homens e mulheres se tornou mais acirrada e nas décadas seguintes elas viraram o jogo de um modo que, antes, teria sido impensável para mim. Como líder empresarial, sempre tentei antecipar e responder à cultura em transformação. Como mulher e mãe de meninas, quis fazer tudo o que fosse possível para estimular isso.

À medida que minha carreira progredia e minhas filhas cresciam, eu lutava contra os conflitos sempre presentes em mães que trabalham. Durante 15 anos, mantive uma lousa branca em meu escritório, na qual só minhas filhas podiam escrever ou apagar. Com o tempo, o quadro

viii

MINHA VIDA POR INTEIRO

se tornou um caleidoscópio reconfortante de rabiscos e mensagens, um lembrete constante das pessoas mais próximas de mim e com quem eu realmente me sentia à vontade. Quando mudei de escritório, guardei uma cópia em tela de sua última iteração: "Oi, mãe, te amo muito, muito mesmo. Beijooooooooos"; "Aguente firme. Nunca se esqueça de que você tem pessoas que a amam!"; "Tenha um ótimo dia!"; "Ei, mãe, você é a melhor das melhores! Continue fazendo o que faz!", exclama a figura, com personagens de desenho animado e imagens de sóis e nuvens, tudo feito com marcadores laváveis nas cores azul e verde.

Por ser uma mulher de perfil de diretora-executiva, também me chamaram várias vezes para abordar conflitos entre trabalho e família diante de públicos grandes. Certa vez, comentei que não tinha certeza se minhas filhas achavam que eu era uma boa mãe — as mães não se sentem assim às vezes? —, e uma rede de TV indiana produziu um programa de discussões em horário nobre, sem mim, sobre o que Indra Nooyi afirmou sobre mulheres que trabalham.

Ao longo dos anos, conheci milhares de pessoas preocupadas em como ser fiéis às famílias, empregos e ambições a fim de serem boas cidadãs. Esse envolvimento me impactou de maneira significativa; aprendi e absorvi os detalhes em um nível visceral. Refleti sobre como a família é uma fonte marcante da força humana — por outro lado, aprendi que criar e cuidar de famílias também é uma fonte, mas de estresse para muita gente.

Ao mesmo tempo, eu fazia parte de um aclamado grupo de líderes mundiais frequentemente convidados para reuniões com as figuras mais poderosas do planeta. E comecei a notar como as histórias dolorosas sobre de que modo as pessoas — principalmente mulheres — lutavam para fundir suas vidas e meios de subsistência estavam totalmente ausentes nessas reuniões. Os titãs da indústria, da política e da economia conversavam sobre fazer o mundo progredir através das finanças, tecnologia e voos a Marte. A família — o verdadeiro núcleo confuso, adorável, difícil e estimado da vida da maioria de nós — estava às margens.

ix

Essa falta de conexão tem consequências profundas. Nosso fracasso em abordar pressões entre família e trabalho nos níveis mais altos das tomadas de decisão mundial limita centenas de milhões de mulheres todos os dias, tanto em termos de ascensão e liderança quanto de mesclar uma carreira satisfatória a uma parceria saudável e à maternidade. Em um mercado próspero, é preciso que todas as mulheres tenham a opção de exercer trabalhos remunerados fora de casa, e que nossa infraestrutura social e econômica apoiem por inteiro essa escolha. A independência financeira e a segurança das mulheres, tão fundamentais para a igualdade, estão em jogo.

De maneira mais ampla, ignorar o fato de que o mundo corporativo ainda está amplamente inclinado para o "funcionário ideal" de outrora — um homem livre e arrimo de família — esgota a todos nós. Os homens também. Empresas saem perdendo porque a produtividade, a inovação e os lucros pioram quando tantos funcionários sentem que não podem ser 100% eles mesmos no trabalho. Famílias saem perdendo, porque gastam energia demais lidando com sistemas antigos, de períodos escolares curtos a falta de licença parental ou cuidado com idosos, que não condizem com sua realidade.

E, naturalmente, toda a comunidade global também sai perdendo. Muitos jovens, preocupados em como lidarão com tudo, estão escolhendo não ter filhos. Isso não apenas poderia ter consequências drásticas nas décadas futuras como também é um detalhe triste — e essa é uma observação muito pessoal. Mesmo com tudo o que realizei, minha maior alegria foi ter tido filhos e não gostaria que ninguém que desejasse essa experiência deixasse de tê-la.

Acredito que temos de abordar o problema trabalho-família focando nossas infraestruturas relacionadas aos "cuidados" com uma energia e engenhosidade como nunca antes vistas. Devemos considerar isso uma viagem à lua — para começar, garantindo que todos os trabalhadores tenham acesso à licença remunerada, flexibilidade e previsibilidade para ajudá-los a lidar com o vai e vem do trabalho e da vida familiar, e então agindo o mais rápido possível para desenvolver as soluções mais inovadoras e abrangentes de cuidados infantis e com idosos que nossas mentes brilhantes conseguirem conceber.

Essa missão exigirá uma liderança que não encontramos em qualquer esquina. Acredito que o papel fundamental de um líder é buscar meios de moldar as décadas à frente, não apenas reagir ao presente, e também ajudar os outros a aceitar o desconforto das disrupções do status quo. Precisamos que o conhecimento de líderes empresariais, governantes e de todo homem e mulher aficionados por aliviar o fardo trabalho-família se reúna aqui. Com um senso de otimismo "eu posso" e um senso de responsabilidade "eu devo", podemos transformar a sociedade.

A transformação é difícil, mas aprendi que, com coragem e persistência — e o inevitável dar e receber —, ela pode acontecer. Em 2006, quando me tornei CEO da PepsiCo, estabeleci um plano extremamente ambicioso para enfrentar as tensões subjacentes em uma empresa ainda enraizada na venda de refrigerantes e batatas fritas. Eu sabia que tínhamos de equilibrar nossa apreciada Pepsi-Cola e os Doritos com esforços rápidos para fabricar e comercializar produtos mais saudáveis. Tínhamos de prover lojas e despensas com lanchinhos e bebidas práticos e deliciosos, mas levar em conta o impacto ambiental desse crescimento. Tínhamos de atrair e manter os melhores cérebros de cada área, mas garantir que a PepsiCo também fosse um lugar formidável de trabalho para 250 mil pessoas. Chamei essa missão de "Desempenho com Propósito" e, por 10 anos, pesei todas as decisões conforme essas medidas, assumindo compromissos constantes para alcançar uma organização mais sustentável e contemporânea.

Meses antes de deixar a empresa, em 2018, refleti sobre como seria minha contribuição nos anos seguintes, sabendo que sou apenas uma em uma corrente de líderes mulheres que podem nos ajudar a progredir nas gerações vindouras. Comecei a escrever um livro e insisti a todos ao redor que não seria uma biografia. Em vez disso, pensei, eu dedicaria cada grama da minha experiência e inteligência a um manual para consertar a maneira como misturamos trabalho e família.

A obra que você tem em mãos não é esse livro.

INDRA K. NOOYI

Primeiro, logo descobri que a pesquisa sobre trabalho e família havia sido feita. Em cada esquina e cada canto do mundo, argumentos e ideias para apoiar famílias — de licença-maternidade a educação infantil e convivência entre várias gerações — haviam sido compilados por mentes brilhantes. Eu não precisava repetir isso.

Segundo, agora sei que tudo que trago a esta publicação provém da minha vida por inteiro.

Parte I

INFÂNCIA

A sala de estar das mulheres na casa onde passei minha infância tinha um único móvel: um balanço enorme de pau-rosa com quatro correntes compridas que foram pregadas no teto quando meu avô construiu a casa em uma rua arborizada em Madras, na Índia, em 1939.

Aquele balanço, com seu suave movimento de vai e vem em meio ao calor do sul indiano, foi palco de milhões de histórias. Minha mãe, suas irmãs e primas, usando sáris simples em tons de fúcsia, azul ou amarelo, balançavam-se nele no fim da tarde com xícaras de um doce café com leite e os pés descalços estendidos até o chão para mantê-lo em movimento. Elas planejavam as refeições, comparavam as notas escolares dos filhos e se debruçavam sobre horóscopos indianos a fim de encontrar parceiros adequados para as filhas ou outras jovens de sua extensa rede familiar. Conversavam sobre política, alimentação, fofocas locais, roupas, religião, música e livros. Elas eram barulhentas e suas vozes se sobrepunham, e o assunto não acabava nunca.

Desde a primeira infância, brinquei no balanço com minha irmã mais velha, Chandrika, e meu irmão caçula, Nandu. Balançávamos e cantávamos as canções da escola: "Teddy Bears Picnic", "Woodpeckers Song", "Grandfather's Clock"; ou então, as músicas dos Beatles, Cliff Richard ou Beach Boys que ouvíamos na rádio: "Eight Days a Week", "Bachelor Boy", "Barbara Ann". Tirávamos uma soneca; brigávamos. Líamos romances infantis britânicos de Enid Blyton, Richmal Crompton e Frank Richards. Caíamos no chão vermelho brilhante e voltávamos.

Nossa casa era grande e arejada, onde dezenas de primos se encontravam em festivais e feriados. O balanço era cenário de peças elaboradas que, baseados em qualquer coisa que nos desse na telha, escrevíamos e apresentávamos. Pais, mães, avós, tias e tios se reuniam para assistir, segurando pedaços de jornal rasgados onde se liam os rabiscos "ingresso". Eles se sentiam à vontade para criticar as apresentações, para começar a conversar ou, simplesmente, ir embora. Minha infância não foi um mundo de "Ótimo trabalho!" Estava mais para: "Foi mais ou menos" ou "Isso é o melhor que você pode fazer?" Fomos habituados à honestidade em vez de falsos incentivos.

As avaliações não importavam naqueles dias agitados e felizes. Nós nos sentíamos importantes. Estávamos em movimento, rindo e passando para a próxima brincadeira. Brincávamos de esconde-esconde e subíamos nas árvores para pegar as mangas e goiabas que cresciam no jardim em volta da casa. Comíamos no chão, sentados com as pernas cruzadas em um círculo, com nossas mães no centro vertendo *sambar sadam* e *thayir sadam* — ensopado de lentilha e coalhada misturada com arroz — de recipientes de argila e repartindo picles indianos em folhas de bananeira, que serviam como pratos.

Nas noites em que os primos vinham visitar, o balanço era desmontado — a grande tábua grossa de madeira era desengatada das correntes prateadas e levada à varanda de trás, onde ficava guardada durante a noite. Então, no mesmo lugar, fazíamos uma fila de meninos e meninas em um colchão espaçoso e colorido, cada um com seu travesseiro e lençol de algodão, para dormir. Às vezes, ficávamos debaixo de um mosquiteiro. Se houvesse eletricidade, um ventilador de teto girava lentamente, fingindo aplacar o calor com uma temperatura de 29,5 °C durante a madrugada. Respingávamos água no piso à nossa volta, na esperança de que a evaporação resfriasse o lugar.

Como muitos lares indianos da época, a Lakshmi Nilayam, como nossa casa se chamava, também tinha uma sala de estar para os homens — um amplo salão com janelas grandes e quadradas que dava diretamente para a entrada, onde era fácil ficar de olho em quem chegava e saía.

MINHA VIDA POR INTEIRO

Meu avô paterno, um juiz distrital aposentado, usara todas as economias para projetar e construir essa residência de dois andares, com terraço e varandas. Mas ele passava a maior parte do tempo na sala de estar dos homens lendo jornais e livros, descansando em uma espreguiçadeira com assento de lona. Dormia no divã esculpido em madeira, com estofo azul-escuro.

Ele recebia amigavelmente os visitantes, que quase sempre chegavam sem avisar. Os homens se sentavam juntos nos dois sofás da sala e conversavam sobre assuntos gerais, política local ou atualidades. Tinham opiniões formadas sobre o que o governo ou as empresas deveriam fazer para ajudar os cidadãos no país. Conversavam em tâmil ou em inglês, muitas vezes pulando de um idioma para o outro. Crianças iam e vinham, curtindo, lendo ou fazendo o dever de casa. Nunca vi uma mulher naquela sala diante de meu avô, a quem eu chamava de Thatha. Minha mãe estava sempre entrando e saindo, servindo café e lanches aos visitantes ou colocando as coisas em ordem.

Em uma mesa lateral de madeira, havia um Oxford English Dictionary e o Cambridge Dictionary, ambos encadernados em couro cor de vinho. Certa vez, Thatha fez com que minha irmã e eu lêssemos Nicholas Nickleby, o romance de quase mil páginas de Charles Dickens. A cada um ou mais capítulos, ele pegava o livro, apontava para uma página e perguntava: "O que significa essa palavra?" Se eu não soubesse, ele dizia: "Mas você falou que leu estas páginas." Então, eu tinha de procurar a palavra e escrever duas frases para mostrar que a compreendia.

Eu adorava e respeitava Thatha, cujo nome completo era A. Narayana Sarma. Ele nasceu em 1883 em Palghat, no estado de Kerala, que, sob domínio inglês, fazia parte da Presidência de Madras. Thatha tinha quase 80 anos quando eu era estudante; era um homem esbelto de 1,80m ou mais, e usava óculos grossos bifocais. Tinha um ar majestoso, muito firme e gentil. Usava um *dhote* impecavelmente passado e uma camisa de meia manga de cor clara. Quando ele falava, todos se calavam. Tinha estudado matemática e direito, e por décadas foi juiz distrital e de fórum, julgando casos civis e criminais. Contudo, seu casamento me intrigava. Meus avós tinham oito filhos, mas, quando conheci minha avó antes que ela morresse, aparente-

5

INDRA K. NOOYI

mente eles nunca se falavam. Moravam em partes diferentes da casa. Ele se dedicava totalmente a seus netos pequenos, apresentando-nos a livros e ideias cada vez mais sofisticados, explicando teoremas de geometria e pressionando-nos a sermos detalhados e claros na escola.

Nunca tive dúvidas de que o cérebro da casa — e da família — residia na sala de estar dos homens.

Mas a alma e o coração de nossa vida animada estava lá no salão, no espaço aberto de piso avermelhado e o balanço gigante de pau-rosa. Era lá que minha mãe mantinha a casa funcionando, com a ajuda de Shakuntala, uma jovem que lavava a louça na pia externa e varria o chão.

Minha mãe estava sempre se mexendo, cozinhando, limpando, dando ordens em voz alta, alimentando outras pessoas e cantando junto com o rádio. A casa ficava assustadoramente silenciosa quando ela não estava. Nenhum de nós gostava daquilo.

Meu pai, um homem incomum para a época, também ficava por perto, ajudando com as tarefas domésticas e a cuidar das crianças. Ele era mestre em matemática e trabalhava em um banco. Comprava itens de primeira necessidade, ajudava a fazer as camas e me deixava acompanhá-lo. Era um homem calmo com um senso de humor fantástico, cheio de sabedoria. Sempre cito a frase do filósofo grego Epicteto: "Temos dois ouvidos e uma boca, para que ouçamos duas vezes mais que falemos." Meu pai era um exemplo vivo disso. Ele era perito em se afastar de qualquer situação tensa, sem exacerbá-la.

Todos os meses, meu pai dava seu ordenado à minha mãe, que lidava com as despesas diárias. Ela documentava todas as transações em um papel chamado "caixa registradora" e equilibrava as contas todas as semanas. Esse foi um sistema de contabilidade que ela criou intuitivamente, e ainda me espanta o fato de tê-lo desenvolvido sem nenhum treinamento.

Nos anos 1950 e 1960, Madras era um local imenso, mas bem simples, para crianças como nós. A cidade tinha aproximadamente 1,5 milhão de pessoas, um lugarzinho pacato, sem atrativos e seguro, que acordava às 4h, quando as orações matinais e os sinos das bicicletas começavam a preencher os ares. As luzes se apagavam pontualmente às 20h, quando tudo — lojas, restaurantes, locais de entretenimento — fechava. Os jovens iam estudar em casa. O dia chegava ao fim.

A Companhia Britânica das Índias Orientais atracou nessa praia em 1639 e, mais de 300 anos depois, vivíamos em uma mistura de antigos templos indianos e escritórios, fóruns, escolas e igrejas coloniais do século 19. Ruas amplas, com árvores nas laterais, eram cheias de ônibus, bicicletas motorizadas e comuns, riquixás e alguns carros — pequenos Fiats ou Ambassadores. O ar era puro e limpo. De vez em quando, íamos a Marina Beach, que se estende por 10 quilômetros ao longo da baía de Bengala. Para os adultos, o oceano era ameaçador e imprevisível, e era melhor olhá-lo a certa distância. Só éramos autorizados a nos sentar na areia ou na grama e não devíamos nos aproximar da água, ou seríamos levados embora.

Madras, que em 1996 passou a se chamar Chenai, é a capital da província sul de Tamil Nadu, com uma economia ancorada em produtos têxteis, montadoras de veículos e indústria alimentar, e mais recentemente, serviços de software. É uma cidade repleta de faculdades e universidades famosas. Também é a sede das artes clássicas do sul da Índia — a antiga música carnática e a dança *Bharatanatyam*, uma contação de histórias expressiva e rítmica que conecta a comunidade. Em dezembro, a cidade ficava cheia de visitantes para o célebre festival de artes. Ouvíamos as apresentações no rádio e apreciávamos as críticas perspicazes de cada uma delas feitas pelos vários parentes que chegavam e iam embora de nossa casa durante o mês.

Éramos uma família hindu brâmane que vivia ao lado de outros hindus e pessoas de outras crenças — cristãos, jainistas e muçulmanos. Vivíamos sob as regras de uma família próxima e devota na sociedade culturalmente vibrante e de várias fés ao nosso redor.

Ser brâmane na Índia na metade do século 20 significava pertencer a uma classe de pessoas que levavam uma vida simples, devota e extremamente focada na educação. Não éramos ricos, embora nossa casa grande, ainda que pouco mobiliada, fosse um sinal de que nossa vida era confortável e tinha uma estabilidade preciosa. Vínhamos de uma tradição de famílias que moravam em casas com pessoas de várias gerações. Tínhamos poucas roupas — moda não era algo que desejávamos. Economizávamos o máximo que conseguíamos. Nunca comíamos fora ou tirávamos férias, e sempre tínhamos inquilinos no segundo andar para renda extra. Apesar de nossa situação econômica modesta, sabíamos que éramos abençoados por termos nascido brâmanes. As pessoas nos respeitavam instantaneamente, pois nos viam como instruídos.

Minha mãe celebrava todos os festivais hindus com os rituais apropriados, mas ninguém comemorava aniversários. Meus pais nunca nos abraçaram, beijaram ou disseram "eu te amo". O amor era presumido. Nunca compartilhávamos medos, esperanças e sonhos com as pessoas mais velhas. Não eram o tipo de gente com quem conversar sobre essas coisas. Qualquer tentativa seria interrompida com as palavras: "Reze mais. Deus ajudará você a encontrar um caminho."

O mantra favorito da minha mãe, que repetia várias vezes por dia, era *"Matha, Pitha, Guru, Deivam"*. Ela traduzia da seguinte maneira: "Sua mãe, seu pai e seu professor devem ser reverenciados como Deus."

Ela nos lembrava constantemente de respeitar os quatro. Por exemplo, não podíamos colocar os pés para cima na frente dos mais velhos, nem comer enquanto estudávamos, como um sinal de respeito pelos livros; sempre nos levantávamos quando um professor entrava na sala e só nos sentávamos quando fosse concedido permissão.

Ao mesmo tempo, como crianças em casa, sempre éramos autorizados a expressar nossas opiniões, desenvolver por inteiro nossas ideias e argumentar, mas precisávamos aceitar a interrupção dos mais velhos constantemente, sem nos deixar terminar e afirmando com frequência: "O que você sabe sobre esse assunto? Apenas nos ouça. Você ficará bem."

Nossa casa em Madras estava sempre barulhenta, com muita gargalhada, discussões e gritaria. Era um ambiente restrito, e eu apanhava — algo bastante comum na maioria das famílias — quando me comportava mal. Nosso lar era estável, e me forçava a aprender autodisciplina e como me expressar. Tive coragem para expandir os horizontes, porque fui criada em um cenário que aos poucos me deu liberdade para explorar. Sempre havia um lar para me ancorar.

MINHA VIDA POR INTEIRO

A casa onde passei a infância era caracterizada por pensamentos particularmente progressistas em termos de educação feminina. Eu era a filha do meio, de pele escura, alta e magra. Tinha energia de sobra e adorava praticar esportes, subir em árvores e correr pela casa e pelo jardim, tudo isso em uma sociedade em que meninas eram julgadas pelo tom de pele, beleza, calma e "modos caseiros". Ouvia parentes conversando e se perguntando como encontrariam alguém para se casar com "essa moleca". Isso ainda dói. Mas nunca me privaram, quando menina, de conseguir aprender mais, estudar com mais afinco ou provar meu valor ao lado das crianças mais inteligentes de nosso meio.

Em casa, era permitido que meninos e meninas fossem igualmente ambiciosos. Não que as regras fossem exatamente as mesmas — sem dúvida havia uma sensação de que as meninas deviam ser protegidas, ao contrário dos meninos. Porém, em termos intelectuais e de oportunidades, nunca me senti tolhida por causa de meu sexo.

Isso vinha de cima — da interpretação de nossa família dos valores seculares dos brâmanes, da missão indiana do meio do século em prosperar como uma nação recém-independente e da visão de mundo de Thatha. Tive sorte por meu pai, a quem eu chamava de Appa, estar totalmente de acordo. Ele estava sempre lá para nos levar a todas as aulas e andava por aí com um sorriso orgulhoso se nos saíssemos bem em algo.

Ele me disse que nunca quis que eu estendesse a mão para pedir dinheiro a nenhuma outra pessoa que não meus pais. "Estamos investindo em sua educação para ajudá-la a caminhar com as próprias pernas", disse ele. "O resto é com você. Seja dona de si mesma."

Minha mãe tinha a mesma opinião. Ela é uma mulher forte e determinada que, como muitas noras à época, era culpada pelos mais velhos por conflitos familiares, ainda que não tivesse nada a ver com eles. Ela lidava com essas questões com destreza e mão firme. Penso que minha mãe teria sido uma excelente CEO. Mas, ela não teve chance de frequentar faculdades e canalizou essa frustração em garantir que suas meninas pudessem deslanchar. Não foi fácil para ela. Sempre tive a sensação de que ela viveu

INDRA K. NOOYI

a vida indiretamente através das filhas, desejando que tivéssemos as liberdades que de fato nunca teve.

Aprendi desde cedo que família é fundamental para nossas vidas neste planeta. É tanto meu alicerce quanto a força que me impulsionou. A família que constituí nos EUA com meu marido, Raj, e minhas duas filhas, Preetha e Tara, é minha conquista da qual mais me orgulho. Pertenço a uma família indiana de uma era específica e sou definida por essa herança, mas sei que existem famílias de todas as formas. Prosperamos individual e coletivamente quando temos conexões profundas com nossos pais e filhos e dentro de grupos maiores, quer sejamos parentes ou não. Acredito que famílias saudáveis são a raiz de sociedades saudáveis.

Sei que famílias são uma bagunça, com questões dolorosas que não podem ser conciliadas. Tive 29 primos de primeiro grau, 14 do lado de minha mãe, dos quais eu era muito próxima, e 15 do lado de meu pai, muitos que mal conheço por conta de lacunas históricas que não consigo conceber. Acredito que essas situações são um microcosmo do restante da vida e elas nos ensinam as dificuldades que precisamos atravessar e aceitar.

Nasci em outubro de 1955, quatro anos após o casamento de meus pais e apenas 13 meses depois que minha irmã nasceu. Minha mãe, Shantha, tinha 22 anos. Meu pai, A.N. Krishnamurthy, 33.

Foi um casamento arranjado. Pouco tempo depois que minha mãe terminou o ensino médio, um casal de parentes distantes abordou seus pais e perguntou se ela podia se casar com o filho deles. Ele a observara jogando *tennikoit*, um esporte popular para meninas em que as jogadoras lançam um círculo de borracha para a frente e para trás através de uma rede. Ele gostou de sua animação, disseram. Os horóscopos foram consultados, as famílias se encontraram algumas vezes e a aliança foi formada. Para minha mãe, a sexta de oito filhos, uma das vantagens era que ela faria parte

MINHA VIDA POR INTEIRO

de uma família respeitada e culta, e obteria o conforto e segurança da casa grande para a qual se mudaria depois do casamento.

No primeiro encontro, minha mãe e meu pai mal conversaram. Quando cheguei, eles estavam contentes e construindo uma vida juntos, com o salário do emprego estável de meu pai. Decidiu-se que ele, um dos oito filhos, herdaria a casa. Meu avô planejou deixá-la para ele, seu segundo filho, porque confiava que meus pais cuidariam dele quando ficasse velho. Ele sentiu que sua nora era voltada à família e se dedicaria a ele tanto quanto ao marido e aos filhos que viriam.

Quando eu tinha cerca de 6 anos, minha irmã Chandrika e eu recebíamos tarefas diárias. A mais árdua começava próximo ao amanhecer, quando, durante muitos dias, uma de nós saltava de nossa cama compartilhada ao primeiro som de uma búfala grunhindo e berrando à porta da frente. Uma moradora chegava com o animal grande e cinza e lhe tirava o suprimento diário de leite. Nosso trabalho era garantir que ela não adulterasse o leite acrescentando água.

Minha mãe, a quem chamo de Amma, usava o leite de búfala para fazer iogurte, manteiga e o delicioso e aromático café do sul da Índia, que eram alguns itens de nossa dieta vegetariana. Um pouco mais tarde, chegava um vendedor com vegetais frescos — couve-flor, espinafre, abobrinha, abóbora, batatas, cebolas. Havia uma grande variedade disponível, por um preço.

Quando tinha por volta de 7 anos, era frequentemente mandada ao mercado a algumas quadras de distância com uma lista de itens para entrega em domicílio ou comprar algumas coisas. O balconista embrulhava as lentilhas, o arroz ou as leguminosas em um jornal enrolado em formato de cone e os amarrava com barbante na parte de cima. Pedidos maiores seriam entregues em casa, em mais cones de jornal. Os grãos eram colocados em vasilhas de vidro ou alumínio na cozinha, o papel, dobrado, o barbante virava uma bola e ambos eram deixados na prateleira para serem usados de novo. Nada era descartado.

INDRA K. NOOYI

Penso em Amma ocupada o tempo todo. Ela estaria vestida e na cozinha quando o leite fosse trazido e logo entregaria a primeira xícara de café a Thatha e a meu pai. As crianças receberiam uma xícara de Bournvita, uma bebida de chocolate maltado. Então, ela faria o café da manhã, geralmente mingau de aveia com leite, açúcar e cardamomo em pó. Em dias muito quentes, bebíamos *kanji*, uma mistura de arroz cozido embebido em água de um dia para o outro, com soro de leite diluído.

Às 8h, ela estaria no jardim, trabalhando com Shanmugam, nosso jardineiro, cuidando das flores e podando os arbustos. Ela colhia flores para enfeitar a sala de orações, um grande recanto na cozinha onde fazia suas preces diárias, muitas vezes enquanto cozinhava. Ela escutava música carnática e cantava junto. Amma sempre tinha flores no cabelo, um feixe de botões brancos ou coloridos em torno do coque escuro ou do rabo de cavalo. De vez em quando, nos fins de semana, ela colocava flores em nossas tranças.

Assim que meu pai e as crianças saíssem de casa, ela voltaria à cozinha e prepararia o almoço para Thatha, Chandrika e para mim. O fogão era a querosene, e a fumaça podia ser avassaladora. Mas ela sempre nos preparava refeições frescas, que eram embaladas em porta-lanches limpos e chegavam quentes à escola. Shakuntala comia de colher enquanto nos sentávamos sob uma árvore no parquinho. Cada porção era consumida; se não comêssemos tudo, teríamos de comer as sobras no jantar, situação que sabíamos que devia ser evitada a qualquer custo. Amma servia o almoço a Thatha em uma grande bandeja de prata, com pequenas tigelas para os vários vegetais e acompanhamentos.

Durante a tarde, ela pegava um riquixá até a casa de seus pais a 1,5 quilômetro de distância para dar uma olhada, conversar sobre assuntos familiares e ajudar sua mãe na cozinha. Então, voltava para casa e cozinhava de novo. Dia após dia, cada refeição era exclusivamente preparada, comida e limpa, sem nenhuma sobra. Não tínhamos geladeira.

Chandrika e eu voltávamos da escola por volta das 16h30 e éramos recebidas por Thatha e Amma. Tínhamos uma hora para lanchar e brincar até Appa voltar para casa, por volta das 17h30. Então, sentávamos no chão aos pés de Thatha para fazer a lição de casa, embora tivéssemos nossa própria escrivaninha. Ele verificava nossas tarefas com regularidade. Se tivéssemos dificuldade com matemática, ele tiraria alguns papéis em que já tinha elaborado atividades práticas. Muitos dias, também escrevíamos duas páginas em cadernos de caligrafia para praticar letra cursiva — geralmente a frase "um pequeno jabuti xereta viu dez cegonhas felizes", porque contém 24 letras do alfabeto. Thatha acreditava que "uma boa letra de mão significa um bom futuro".

Por volta das 20h, jantávamos juntos, embora Amma nos servisse primeiro e comesse depois. Em seguida, haveria mais lições de casa, tarefas domésticas e luzes apagadas. Muitas vezes, havia cortes de energia e a casa ficava mergulhada na escuridão. Acendíamos velas e lanternas. Mosquitos zuniam ao redor, adorando o escuro e se alimentando de nosso sangue. Capturar mosquitos com um bater de mãos era uma habilidade necessária de sobrevivência. Antes de dormir, tínhamos de rezar em voz alta para minha mãe ouvir — o Pai Nosso, que também recitávamos na escola, e depois algumas orações em sânscrito.

Quando eu tinha 8 anos, minha mãe deu à luz um garotinho, Nandu, por uma cesariana muito complicada. Ele era o orgulho e a alegria de todos — alguém para manter o nome da família. Eu o adorava. Como era tradição em famílias como a nossa, Amma e o bebê passaram alguns meses na casa do pai dela, período em que meu pai fez muitas tarefas domésticas e levou Chandrika e eu à escola. Oito semanas depois, ao voltar para casa com Nandu, Amma ficou mais ocupada que nunca, cuidando de um novo bebê e de todas as tarefas anteriores, mesmo que ainda estivesse se recuperando de uma cirurgia abdominal cavalar. Até onde sei, ela sempre deu conta de tudo. De que maneira, nunca saberei.

Chennai, que então contava com mais de 10 milhões de pessoas, sempre teve escassez de água. A região depende das chuvas de monções anuais para encher os lagos e reservatórios, que ficam a algumas centenas de quilômetros de distância e conectados às cidades por tubulações instaladas na década de 1890. A água também vem de caminhão de áreas rurais, e moradores esperam na fila com grandes recipientes plásticos para coletar sua parte.

Havia um racionamento constante de água em nossa casa. A Madras Corporation, a autoridade local responsável pela água, abria as válvulas da cidade bem cedo de manhã. A água chegava, e meus pais enchiam todos os recipientes e panelas disponíveis, destinando-a cuidadosamente para cozinhar, beber e limpar.

Também tínhamos um poço no quintal. Ele se ligava a uma bomba elétrica que transportava água salgada para um tanque no terraço do segundo andar e, então, escoava até os banheiros. Tomávamos banho derramando água morna sobre o corpo com uma pequena xícara de aço, e eu me enrolava feito uma minhoca para obter o máximo de absorção. Lavávamos o cabelo usando um pouco de água misturada a pó de *shikakai*, feito da casca e das folhas de um arbusto de trepadeira comum. Quando era novinha, escovávamos os dentes usando o dedo indicador e um pó de carvão feito de cascas de arroz queimadas. Anos depois, passamos para o pó dentário da Colgate. Ganhei escova e pasta de dentes de verdade quando tinha por volta de 9 anos. Até os 24, nunca tinha ido ao dentista para fazer uma limpeza dentária.

Nossa vida era previsível. Tínhamos como trabalho principal estudar e tirar boas notas. Mas Chandrika e eu tínhamos tarefas noturnas também — guardar a louça, moer grãos de café em um moinho manual de duas mãos para as bebidas matinais quentes dos adultos ou, a pior de todas, bater o leitelho do jeito antigo e manual para separar a manteiga. Era entediante e irritava as palmas das mãos.

Entrei na Our Lady's Nursery School [Escola Infantil de Nossa Senhora] em 1958, o início de 12 anos no campus de Holy Angels Convent [Convento dos Santos Anjos], uma instituição católica só para meninas a cerca de 1,5 km de casa. Durante alguns anos, Chandrika e eu fomos à escola toda manhã com meu pai, de bicicleta ou motoneta, primeiro como garotinhas de avental cinza e blusa branca, depois de uniforme verde e branco com golas redondas e cintos listrados.

Todo mês de maio, Amma comprava 50 metros ou mais de tecido, contratava um alfaiate local e encomendava seis uniformes novos para os períodos escolares que viriam. Posso ouvi-la dizendo ao alfaiate que fizesse todos duas vezes maior que nosso tamanho para que servisse quando crescêssemos. Ele também nos fazia algumas "batas" para eventos casuais, e *pavadais* saias indianas coloridas para uso diário. Eram todas bem dcs proporcionais, mas para nós era alta moda e as valorizávamos. Tudo era ordenadamente dobrado em prateleiras de um armário meio vazio em um quarto. Para festivais e casamentos, usávamos *pavadais* de seda muito especiais. Esses ficavam no quarto de minha mãe e eram usados com muita parcimônia. Amma gastava conosco a maior parte do orçamento para roupas e comprava algo simples para si.

Durante o dia, Shakuntala lavava as camisas e *dhotes* dos homens, os sáris da minha mãe e nossos uniformes, e os pendurava para secar. À noite, após a lição de casa, Chandrika e eu engraxávamos nossos sapatos pretos de couro, lavávamos nossas meias que iam até o joelho e passávamos a ferro os vincos nas roupas com amido de farinha de arroz mexida com água no fogão. O amido irregular deixava manchas no tecido, e nos tornamos especialistas em misturá-lo na medida certa para acelerar o processo. Quando chovia, passávamos a ferro essas roupas para não termos de usar nada molhado de manhã. Se a energia acabasse, o que acontecia com bastante frequência, íamos à escola com o uniforme ligeiramente úmido. Não éramos as únicas. Acredito que o mesmo ocorria com muitas crianças na escola.

Tínhamos poucos brinquedos. Minha irmã e eu valorizávamos nossas únicas bonecas e as incluíamos em nossas várias conversas. Também brincávamos de casinha com minipotes e panelas, e de médico com equipamentos de hospital rudimentares que fabricávamos com papel e arame.

Desde o começo, Chandrika e eu adorávamos a escola. Ela nos permitia adentrar um universo fora de nossa estrita estrutura familiar, e nosso entusiasmo tinha apoio total e os aplausos dos adultos. Todo o esquema nos libertava. Gostávamos tanto disso que, em alguns verões, mesmo com todos os primos para brincar, colocávamos um calendário de parede no quarto para contar os dias até as aulas recomeçarem.

Em casa, qualquer atividade era monitorada de perto. Se quiséssemos ver um filme, meus pais insistiriam que tinham de vê-lo primeiro e nunca pareciam ter tempo para assistir — portanto, quase nunca assistíamos. Podíamos ir à biblioteca local, uma construção de um só recinto a algumas quadras de distância, com empréstimos ilimitados a uma taxa muito baixa, mas os livros tinham que ser devolvidos no dia seguinte — foi assim que aprendi a ler rápido. Amma ouvia rádio o tempo todo, porém, como o restante da Índia, não tínhamos TV. A internet, é claro, não existia. Sempre tínhamos visitas, mas nós — com exceção de irmos à casa de nossos avós maternos — nunca visitávamos ninguém. Alguém sempre tinha que estar em casa para cuidar do meu avô.

Na escola, sempre havia algo mais para experimentar. Entre as aulas, eu literalmente corria de uma atividade a outra pelos corredores externos compridos e sombreados. O Holy Angels, inaugurado pelas Missionárias Franciscanas de Maria em 1897, expandira para seis prédios, um auditório, um jardim, um pátio e quadras de netball e tênis. Muitas vezes eu ficava depois das aulas para jogar bola ou ajudar os professores nas classes.

Logo entrei no Bulbuls, o nível júnior do programa nacional de Garotas Escoteiras. Eu usava um uniforme diferente, um vestido azul-claro com um lenço laranja listrado apertado com um anel, e após alguns anos fiquei muito empolgada por "ser promovida" para as Guias. Esforcei-me para ganhar distintivos por costurar, fazer nós, prestar primeiros socorros, fazer fogueira, marcar bandeiras e mais umas dez habilidades que escoteiros possuem. No terceiro ano do Ensino Médio, cheguei a ir a um festival nacional de escoteiros. Aprendi muito com o escotismo, principalmente sobre trabalho em equipe — como dar e receber — e como as pessoas assumem papéis diferentes de liderança em momentos diferentes. Aprendi sobre confiança com o melhor exemplo de, literalmente, armar uma barraca. Lembro-me de como todo mundo tinha que segurar as cordas na tensão certa para conseguir que as hastes ficassem de pé e sustentassem o teto, ou a coisa toda voaria. Todos tinham que fazer sua parte, caso contrário não funcionaria.

Aprendemos música na escola, e nossa professora, a senhorita Lazarus, tinha o dom de fazer todo mundo se apaixonar, com muitas canções do Reino Unido. Em casa, Chandrika e eu tínhamos aulas de música clássica indiana e dança alguns dias da semana, algo extremamente necessário para meninas como nós. Isso era considerado pré-requisito para encontrar um bom marido. A essa altura, Chandrika era uma cantora muito talentosa e aluna dedicada. Quanto a mim, sempre queria sair para brincar.

Em termos acadêmicos, o Holy Angels não era nenhum piquenique. Nossas turmas tinham cerca de trinta meninas alinhadas em fileiras próximas de carteiras de madeira. A escola começava todos os dias às 8h30 com uma reunião e terminava às 16h. O ensino era rápido e completo; inglês, história, matemática, ciências, geografia e habilidades femininas básicas, como costura e artes. Tínhamos um período de provas a cada poucas semanas que aumentava a pressão.

As professoras, inclusive freiras que se aventuravam da Irlanda à Índia para passar a vida dedicando-se a Deus e à educação, eram acolhedoras e formidáveis. Também eram inescapáveis: a irmã Nessan, a diretora, e a irmã Benedict, encarregada da creche, que usavam hábitos com toucas que emolduravam o rosto, sempre andavam pelos corredores. Elas também faziam paradas regulares em nossa casa para bebericar café e conversar com meu avô ou meus pais.

No dia da chegada do boletim, o último de todos os meses, Thatha colocava uma cadeira na entrada, do lado de fora, para receber o documento no instante em que chegávamos. Se não ficássemos entre as três melhores da turma, de preferência em primeiro lugar, ele não ficava satisfeito consigo mesmo. Ele levava nossa educação para o lado pessoal e algumas vezes questionava as avaliações da professora, geralmente não em nosso favor.

Amma, profundamente comprometida com nosso aprendizado, acrescentava os próprios testes. Ela nos ensinava com um manual escolar de "conhecimentos gerais" sobre as Sete Maravilhas do Mundo, os principais rios e bandeiras dos países. Chandrika e eu nos sentávamos na cozinha enquanto ela jantava após os homens e as crianças terminarem, e tínhamos 10 minutos para elaborar discursos sobre assuntos como: "Se você fosse primeira-ministra da Índia, o que faria?" Depois, ela escolheria uma vencedora. O prêmio era um quadradinho de chocolate da Cadbury de uma barra grande que ela guardava a sete chaves, e, se eu vencesse, o lamberia durante uma meia hora. Eu gostava mais desses quadrados que de todo o chocolate que posso comprar hoje.

Na escola, eu era debatedora e me inscrevia sempre que tinha chance de defender meus pontos de vista em competições locais. Como eletiva, escolhi "elocução", um curso focado em discursos, poemas e falar em público. Eu era naturalmente boa nisso e não tinha vergonha de subir no palco.

Na oitava série, quando eu tinha quase 12 anos, tínhamos que escolher focar humanidades ou ciências, o próximo passo no currículo criado pela Universidade de Cambridge. Foi o início de anos de aulas mais intensivas de física, química, biologia — todas as disciplinas. Isso significou que meu avô, que era versado em inglês, matemática, história e os clássicos, não conseguiu se envolver em minhas tarefas como gostaria. Eu estava por conta própria.

A biologia me fascinava. Dissecávamos baratas, sapos e minhocas na escola, e nós mesmos tínhamos de levar os espécimes. Eu procurava baratas grandes ao redor e as depositava em um frasco de vidro com clorofórmio, a fim de que estivessem prontas para a dissecação no dia seguinte. Havia minhocas aos montes, mas sapos eram extremamente difíceis de achar fora da estação das monções. A família toda se envolvia na busca. Felizmente, no fim, a Holy Angels fechou contrato com um fornecedor de espécimes que providenciava os anfíbios, e fizemos uma pausa na caça aos sapos.

Também na oitava série, a senhora Jobard, minha professora, escolheu-me para fazer parte de uma equipe da escola que ia a Nova Delhi para uma conferência da United Schools Organization of India, um evento de quatro dias que pretendia construir conexões entre estudantes de todo o país. Essa

MINHA VIDA POR INTEIRO

oportunidade gerou uma empolgação indescritível tanto na escola quanto em casa. Eu era a mais jovem aluna selecionada e fiquei entusiasmada com a maneira como minha família se animou com a viagem — e com a rapidez com que concordaram em pagar por ela.

Assim, a senhora Jobard, uma mulher baixinha de cerca de 45 anos e olhar intenso, e cinco garotas da Holy Angels, vestimos nossos uniformes e entramos no trem a vapor da imensa estação de trens central de Madras. Levamos pouca bagagem e viajamos 1.350 milhas (2.170 km) sentido norte por dois dias. Dormimos duas noites em uma cabine estreita com três beliches que se desdobravam das paredes.

Delhi, a capital da Índia, não se parecia com nada que eu já tivesse visto. Fiquei totalmente fascinada pelos prédios majestosos cercados por gramados e jardins, monumentos, ruas amplas cheias de carros, pessoas usando turbantes nas ruas e placas em hindi, o idioma predominante no norte da Índia, que eu não compreendia. Nosso pequeno grupo se juntou a adolescentes de mais de trinta escolas em um salão de conferências em Vigyan Bhavan para cinco dias de palestras sobre paz e política, competições de debates e performances culturais. Apresentamos uma dança irlandesa sobre "o bem e o mal" que, pelo que me lembro, confundiu os juízes. De qualquer modo, eles nos premiaram. Comemos em um refeitório enorme e dormimos em quartos compartilhados.

Minha autoconfiança foi genuinamente construída por fazer parte desse grande grupo — e fiquei de olhos bem abertos para a ampla variedade cultural da Índia.

Em casa, quando entrei na adolescência, nosso mundo começou a mudar. Meu pai se tornara professor na escola de treinamento do banco e, por quase três anos, viajou muito. Ele ficava em casa apenas dois ou três dias por mês, e eu sentia demais a sua falta. Nós dois tínhamos um vínculo especial, e eu gostava de pensar que era sua favorita. Ele compartilhava comigo algumas opiniões sobre trabalho e sempre fez com que eu me sentisse muito especial.

INDRA K. NOOYI

Nessa época, minha mãe instalou um novo *almirah* da Godrej, um armário amplo e de metal feito pela fabricante de cadeados indiana Godrej & Boyce, a fim de guardar itens para nosso enxoval de casamento. Sempre que economizava um pouco do orçamento familiar, ela comprava dois itens iguais e os guardava para Chandrika e para mim. Ela encheu o armário de panelas e tachos de aço inoxidável; bandejas, pratos e xícaras de prata; e alguns pequenos itens de ouro. Ela negociava, às vezes levando sáris antigos com uma linha dourada a um vendedor, onde conseguia trocar a roupa por artigos novos de culinária. Nossa casa tinha três *almirahs* da Godrej, um para as roupas de minha mãe, um para bens de valor da família e outro para as coisas de casamento das duas meninas.

Eu não ligava muito para isso. Mas eu sabia que Chandrika, a mais velha, linda, de cabelos cacheados e um belo sorriso, sentia a pressão. Nesse caso, eu tinha a vantagem total de ser a segunda filha. Eu podia passar despercebida.

Certo dia de verão em 1968, meu amado pai foi atingido por um ônibus enquanto dirigia sua Vespa. Ele foi parar embaixo das rodas e foi arrastado pela rua. Tenho uma lembrança clara de Amma atendendo à porta quando a polícia veio nos avisar do acidente. Não tínhamos telefone.

Minha mãe e eu pulamos para dentro de um riquixá e corremos até o hospital.

Quando entramos, ele estava deitado em uma cama, sangrando muito, quase inconsciente. Com uma das mãos, ele segurava o nariz parcialmente ferido. Os ossos da perna saltavam para fora dos tornozelos. Havia cortes e feridas por todo o seu corpo. Ele olhou para nós e sussurrou que tudo ficaria bem. Então, desmaiou.

Após seis horas de cirurgia e semanas em uma clínica, ele se recuperou em casa. Minha mãe foi sua fisioterapeuta, ajudando-o a voltar a ficar em pé. As contas se acumulavam — não havia seguro médico estadual na Índia naquela época —, e meus pais torraram quase todas as economias. Depois de vários meses, ele voltou a trabalhar e nossas vidas continuaram, em grande parte como antes. Ele ficou coberto de cicatrizes por conta do pavoroso acidente.

Agora percebo que, se meu pai não tivesse se recuperado, nossas vidas teriam sido muito diferentes e difíceis. A pensão de Thatha era pequena, e minha mãe, com três filhos, não tinha como ganhar dinheiro. Nenhuma das minhas tias ou dos tios teriam tido condições de nos acolher. Sem nenhum tipo de apoio governamental em vigor, minha mãe poderia ter alocado mais inquilinos na casa grande, mas rapidamente teria deparado com os preconceitos arraigados contra as mulheres de sua geração, que quase nunca entravam no ramo dos "negócios". Como sabíamos, nossos estudos provavelmente teriam sido interrompidos.

Famílias, por mais poderosas que sejam, também podem ser bem frágeis. Todas correm o risco de dificuldades inesperadas. E, sem redes de proteção adequadas do governo ou de empresas privadas, eventos como o acidente de meu pai podem reverberar na vida das pessoas durante décadas ou gerações.

O mais importante: esse acontecimento incitou a insistência de meu pai para que eu, como mulher, sempre tivesse meios de me manter sozinha.

No segundo ano do Ensino Médio, uma garota nova, Mary Bernard, foi transferida para a Holy Angels e nos tornamos ótimas amigas. Engraçada e aventureira, Mary era a filha de um oficial do exército. O mais empolgante: ela fazia aulas de violão e possuía um novo em folha.

Eu queria muito aprender a tocar violão, mas Amma não me compraria um. Ela foi inflexível e ficou um pouco espantada. Garotas boazinhas brâmanes do sul da Índia não tocavam violão nem cantavam rock inglês, insistia ela. Simplesmente não era apropriado; eu devia me concentrar em música e instrumentos clássicos do sul da Índia, afirmou.

Mas isso não ia me impedir. Por sorte, na hora do recreio, Mary e eu encontramos um violão velho dentro de um armário na escola. Nós o levamos à irmã Nessan, que inesperadamente concordou em reformá-lo para eu usar. Ao contrário da atitude de minha mãe, acredito que ela tinha ideias

INDRA K. NOOYI

contemporâneas e não era imune aos Beatles, e também estava empolgada com a possibilidade de um novo gênero musical na Holy Angels.

Então, com mais duas amigas, Jyothi e Hema, montamos uma banda para o show de variedades da escola. As freiras nos batizaram de "As LogaRítmicas", por causa das tabelas de matemática que estávamos estudando. Nós nos tornamos inseparáveis. Ensaiávamos as cinco músicas que Mary conhecia: "House of the Rising Sun", "Bésame Mucho", "Ob-La-Di Ob-La-Da", "Greensleeves" e "Delilah". Éramos extremamente nerds. Porém, depois de subirmos ao palco para a primeira apresentação, usando calças brancas e camisetas psicodélicas, a escola teve de acrescentar mais dois shows para acomodar a multidão. A irmã Nessan e a irmã Benedict sentaram-se na primeira fila, radiantes. Papai ficou especialmente entusiasmado. Ele voltou a viver em Madras conosco, e, embora nunca tenha assistido a uma apresentação nossa, adquiriu o hábito de andar pela casa cantando nossas canções mais marcantes.

As LogaRítmicas duraram três anos. Éramos a única banda de meninas em Madras e nos apresentávamos em festivais da escola e shows de música pela cidade toda. Sempre começávamos com nossas cinco músicas principais, mas acrescentávamos algumas outras — hits instrumentais de The Ventures, como "Bulldog" e "Torquay", e hits populares como "These Boots are Made for Walking", de Nancy Sinatra, e "Yummy, Yummy, Yummy", da Ohio Express.

Nosso maior fã e groupie era meu irmão Nandu. Ele ia a todos os shows e me ajudava com o equipamento. Meus tios e tias conservadores, que pensei que seriam críticos ferrenhos de minhas buscas musicais contraculturais, falavam bem de mim para os amigos. Não era raro ouvi-los cantando "Yummy, Yummy, Yummy" em voz baixa pela casa. Em todas as reuniões de família, eu tinha que tocar algumas músicas no violão.

Um ano depois que começamos a nos apresentar, Jyothi e Hema, que tocavam bongô e violão, optaram por sair. Acrescentamos alguns garotos, os irmãos Stephanos, para ajudar com a bateria e os vocais. A família Stephanos ficou nossa amiga e assim continuou muito tempo depois que a banda acabou.

MINHA VIDA POR INTEIRO

Eu me formei na Holy Angels em dezembro de 1970, quando tinha apenas 15 anos. Não houve festa de formatura. Nem fanfarra. Na verdade, meus pais nunca visitaram a escola em todos esses anos que estudamos lá. As professoras e as freiras assumiam toda a responsabilidade e autoridade sobre nós. Minhas atividades extracurriculares extensas tomavam muito de meu tempo e me formei com boas notas, mas eu não era uma aluna brilhante.

Igualmente, como era habitual em nossa comunidade na época, Thatha e meus pais não tiveram nenhum tipo de envolvimento em minha busca por faculdades e procedimentos de matrícula. Eu tinha o privilégio de saber que eles pagariam para eu fazer minha graduação e mais. Porém, escolher a faculdade, o curso principal, o longo processo de inscrição para entrar ou ser recusada correu por minha conta.

Chandrika, que sempre tirou notas altas, mudara-se no ano anterior para estudar comércio na Madras Christian College (MCC), uma universidade em um subúrbio chamado Tambaram a uns 30 km de distância. A MCC era uma das pouquíssimas faculdades mistas em Madras, considerada uma das melhores instituições de ensino do sul da Índia. Ela contava com uma mistura maravilhosa de excelência acadêmica e atmosfera hippie. Tinha um admirável cenário musical. Muitos notavam que a faculdade tinha um certo clima de Haight-Ashbury em menor escala.

Decidi que a MCC também era a melhor escolha para mim e fiquei feliz quando fui admitida. Entrei no grupo de química, que incluía física e matemática.

A química me fascinava. Eu adorava fazer um composto se transformar em outro, uma cor em outra, criar cristais de todas as formas e tamanhos, observar precipitações e aprender as informações mais básicas sobre como nosso universo funciona. A turma tinha cerca de trinta rapazes e oito moças, e eu aumentava meu foco nos trabalhos escolares para acompanhar o ritmo. Usar sári todos os dias dificultava um pouco as coisas, tanto durante o deslocamento de 90 minutos só de ida para a escola quanto nos laboratórios que duravam o dia todo, quando produtos químicos espirravam nas roupas. De manhã, passava muito tempo consertando o sári para cobrir os buracos de queimadura feitos na semana anterior.

Sofri nas aulas avançadas de matemática. A maioria dos meus colegas completara onze anos de escola e, depois, um ano de cursos pré-universitários. Por ser uma aluna que fez o exame da Cambridge, pulei os pré-universitários e fui direto para a faculdade. Eu ficava na média na maioria das disciplinas, mas muito atrás em matemática. Foi a única vez em que meus pais intervieram para ajudar. Após me ouvirem chorar por conta de geometria analítica, equações diferenciais, transformadas de Laplace e problemas em série de Fourier, eles contrataram um professor para me dar aulas particulares em casa algumas vezes por semana. Essa foi uma concessão e tanto por parte da minha mãe, que teve, mais uma vez, de lidar com o estigma de a filha dela fazer algo um pouco fora do comum. Aulas particulares sugeriam que podia haver alguma coisa errada comigo, e, por extensão, com meus pais. Não obstante, essa ajuda providencial foi totalmente crucial para mim — sem ela, minha vida poderia ter sido bem diferente. Não tenho certeza se teria passado nas disciplinas.

Também entrei na equipe de debates da MCC, uma das melhores da cidade, e vencemos muitos campeonatos interuniversitários e estaduais. Debater me liberou para estudar temas não relacionados à ciência — problemas gerais, política, questões sociais. Isso consumia tempo, mas a variedade de assuntos e o calibre de meus companheiros de discussão me encorajaram de verdade. Olhando em retrospecto, debater me ajudou a construir autoconfiança, aprimorou minha habilidade de convencer os outros a aceitar meu ponto de vista e de refutar astutamente uma opinião oposta. Foi extremamente útil.

A Índia, é claro, era um país aficionado por críquete. Comentários bola a bola no rádio podiam fazer a vida parar. Todos os meus tios eram fãs de críquete, que coordenavam suas férias com partidas de teste de cinco dias e não paravam de falar sobre os jogos e jogadores. Passei a amar esse esporte também, jogando em nosso quintal com meu irmão e os amigos dele.

MINHA VIDA POR INTEIRO

Eu assistia a algumas partidas de críquete masculinas da MCC, e um dia, por impulso, comentei com minhas amigas que devíamos formar uma equipe feminina. Para minha surpresa, a ideia pegou. A faculdade nos permitiu usar o equipamento masculino e alguns jogadores homens começaram a orientar um grupo de cerca de quinze moças. Batíamos, marcávamos pontos e jogávamos três vezes por semana; revisávamos as regras, nos machucávamos e nos recuperávamos. Acontece que várias faculdades femininas em Madras estavam começando a jogar críquete, e organizamos o primeiro torneio feminino da cidade. Eram apenas quatro equipes, mas isso era melhor que nada.

Peguei emprestada uma camisa branca e calças do meu pai, e consegui prendê-las com cintos e alfinetes. Nandu cuidava de meus equipamentos. Não me esqueci daquela sensação maravilhosa de entrar em campo para jogar no Stella Maris College como batedora de abertura, totalmente trajada de roupas brancas de críquete, com pelo menos cinquenta pessoas, famílias, amigos e muitos desconhecidos comemorando do lado de fora.

Chandrika e eu tínhamos horários diferentes na MCC e não interagíamos muito. Ela fazia parte da turminha descolada de rapazes e moças do departamento de humanidades. A última coisa que queria era ser vista com os nerds das ciências, mesmo que eu fizesse parte desse pessoal. Ela se saía muito bem na faculdade e, ao se formar, decidiu fazer o exame para entrar em um programa de mestrado em negócios, uma decisão ousada para qualquer pessoa, sobretudo para uma mulher. Isso me impactou de maneira significativa.

A Índia tinha quatro escolas de pós-graduação em administração no início dos anos 1970, mas apenas duas eram Indian Institutes of Management (IIM). O IIM em Ahmedabad, afiliado à Harvard Business School, era o melhor de todos. Dezenas de milhares de alunos disputando as 150 vagas faziam o exame de admissão brutalmente difícil e passavam por entrevistas exaustivas. Um de nossos tios afirmou que entrar no IIM de Ahmedabad era como obter um prêmio Nobel e disse a Chandrika que ela não devia ficar decepcionada quando — não "se" — fosse rejeitada. Chandrika, sempre fria em relação a seu trabalho, não se intimidou. Ela lidou com os procedimentos para admissão sem praticamente nenhum alarde.

Então, soubemos que ela fora aceita — uma das poucas moças a conseguir uma vaga, pois a escola tinha poucos lugares para mulheres nos dormitórios. A família ficou boquiaberta. Ela estava trilhando um novo caminho. Thatha imediatamente se dispôs a pagar o depósito.

Então, começou o drama. Minha mãe vetou. Ela afirmou que Chandrika não iria à faculdade de administração em Ahmedabad, longe de Madras, a não ser que se casasse.

"Moças jovens e solteiras não saem de casa para estudar, que dirá em uma faculdade mista", disse ela. Errada não estava. Sem dúvida essa era a norma naquela época. Mas meu avô ignorou suas preocupações, observando que o pagamento viria de sua pensão.

Ela ficou furiosa e declarou, simplesmente: "Se você a enviar, vou jejuar até morrer."

Chandrika ficou aterrorizada. E meu avô e meu pai não foram nada felizes em dizer para nós, os outros filhos: "Não se preocupem, se ela levar isso adiante ainda tomaremos conta de vocês."

Felizmente, um ou dois dias depois, Amma apareceu. Ela largou o jejum e todos fingiram que ele não aconteceu. Ela se ocupou aprontando Chandrika.

Esse episódio é bastante emblemático em relação à pressão que as mães indianas sofriam àquela época — um pé no freio para garantir que as filhas estivessem protegidas e fossem corteses, e o outro no acelerador para ajudar as meninas a adquirir respeito, independência e poder. O senso social de Amma era naturalmente atraído pelo freio; os sonhos que ela tinha para nós pisava no acelerador.

Algumas semanas depois, meu pai viajou com Chandrika no trem para Bombaim, e depois para Ahmedabad. Fiquei triste ao vê-la partir, mas não totalmente infeliz. Nandu e eu teríamos mais espaço no quarto. Pude ficar com a escrivaninha dela, que tinha uma trava na gaveta. Todos os meus segredos podiam ficar a salvo do olhar curioso de meu irmão.

MINHA VIDA POR INTEIRO

Enquanto terminava minha própria graduação de 3 anos na MCC, meu caminho fora novamente revelado por minha irmã à minha frente. Decidi me inscrever no mestrado no IIM de Calcutá, na costa oriental, um intenso programa de negócios orientado para experts em ciências quantitativas. Chandrika, com razão, não queria que eu fizesse a mesma trajetória para Ahmedabad.

"Você esteve por perto o tempo todo na Holy Angels e na MCC", declarou. "Preciso de um tempo longe de você — nem ouse se inscrever na IIM de Ahmedabad!"

Respondi, de maneira um tanto não convincente, que eu ficaria muito mais feliz em um programa que fosse focado em matemática. "Ahmedabad é fácil demais, vou me inscrever no IIM de Calcutá", retruquei, com valentia. A verdade é que eu não tinha escolha!

Após um processo extenuante de matrícula envolvendo um exame admissional ao estilo GMAT[1], discussões em grupo com outros candidatos e entrevista individual, fui selecionada — e fiquei aliviada. Acreditava que, se eu não tivesse passado, seria vista como a irmã "fracassada".

Desta vez, não houve objeção a uma filha frequentando escolas de administração ou comparação dessa façanha com um prêmio Nobel. Na verdade, foi uma espécie de não acontecimento. Papai me levou de Madras a Calcutá no trem *Howrah Mail*, um trajeto de 1.600 km.

Eu estava super empolgada, ainda que temendo um pouco o que o futuro traria.

---

1 Em inglês, sigla de *Graduate Management Admission Test* (Exame de Admissão para Graduados em Administração). (N.T.)

2

Em agosto de 1974, cheguei em Calcutá, então uma cidade duas vezes maior que Madras e um dos lugares mais densamente povoados no mundo. Calcutá, hoje Kolkata, é um centro político, a primeira capital designada dos britânicos na Índia. Meu pai e eu, com duas malas pequenas e uma velha bolsa de mão, tomamos um táxi caindo aos pedaços da estação de trem até o campus. A cidade estava lotada. Ônibus e carros zuniam pelas ruas congestionadas. Pela primeira vez ouvi o bengali, o idioma local. A sensação era que tudo e todos faziam barulho.

O Indian Institute of Management de Calcutá — ao contrário do *campus* IIM de Ahmedabad projetado pelo mestre da arquitetura Louis Kahn — ocupava alguns edifícios baixos na Barrackpore Trunk Road, uma antiga rota comercial que era então uma estrada agitada de quatro pistas. As salas de aula ficavam em edifícios indefinidos e acinzentados, com a pintura descascando das paredes, móveis desgastados e ventiladores de teto barulhentos. A biblioteca ficava em uma mansão danificada do século 19 no terreno e se chamava Emerald Bower. O lugar ficava cheio de água até os tornozelos durante a estação das monções. Não era um ambiente muito inspirador.

Eu era uma das seis mulheres da 11ª classe, ou "lote", no programa de mestrado em administração. Nosso pequeno grupo vivia com as seis mulheres do 10º lote, dividido em dormitórios modestos com mobília simples e um banheiro comum no fim do corredor. Comíamos em uma grande sala

INDRA K. NOOYI

de jantar, junto com os duzentos homens do programa, em um cronograma rigoroso de três refeições por dia, sem lanches. De vez em quando, os alunos fugiam para pequenos restaurantes locais atrás de café ou doces.

O ambiente monótono e a comida da escola em Calcutá, ainda que diferentes dos de nossa casa em Madras, não me incomodavam. Eu estava no IIM Calcutá — uma famosa instituição de ensino na Índia — e estava orgulhosa. Meu único pesar era deixar Thatha, que estava com 91 anos e cada vez mais fraco. Eu ligava para casa só para falar com ele.

Mas finalmente eu estava fora, e não havia tempo a perder. Tinha meu diploma de 3 anos de graduação em química na MCC e uma sensação bem apurada de que podia aprender qualquer coisa, contanto que me esforçasse o bastante. Também sentia que simplesmente não podia fracassar e levar essa vergonha à minha família. Seria um trabalho árduo, mas eu tinha que descobrir como conseguir.

Eu era uma menina de apenas 18 anos, e a maioria de meus colegas estava na casa dos 20. Muitos eram engenheiros que já tinham concluído programas técnicos universitários de 5 anos. Seus cenários sociais eram muito diferentes dos meus — jovens de classe média, a maioria de cidades grandes, que falavam um inglês excelente e foram estimulados desde o berço a se destacarem na escola. Todos nós havíamos frequentado faculdades de graduação de elite, e quase ninguém tinha experiência de trabalho. Descobri que os rapazes eram animados e eruditos, usavam jeans e camiseta, saíam juntos, tocavam violão ou discutiam política. Eles ouviam Pink Floyd, Led Zeppelin ou Deep Purple, jogavam cartas, bebiam e fumavam muita erva, que parecia amplamente disponível.

O IIM Calcutá era muito ambicioso. Foi fundado pelo governo indiano em 1961 com a ajuda do Massachusetts Institute of Technology, e era impregnado de matemática e estatística de alto nível. Eu crescera em uma Índia com tendências socialistas, mas o país estava ansioso para preparar a próxima geração para um futuro de democracia e capitalismo em escolas como essa.

A disciplina no IIM Calcutá era o MBA clássico — um programa de 2 anos que exigia aulas no primeiro e eletivas no segundo. Estudávamos finanças, marketing, operações, estratégia, economia, dinâmicas de equipe,

MINHA VIDA POR INTEIRO

recursos humanos — todos ensinados com um bom número de ciências quantitativas. Aprendíamos como gerir a cadeia de suprimentos, modelávamos programações de fábricas, redefiníamos planos de produção para inúmeros centros de distribuição e preparávamos o sistema de roteamento para uma frota complexa de caminhões. A faculdade era famosa por essas áreas e os professores também eram ótimos. Eles construíam uma relação de excelência com os alunos.

Um curso obrigatório era fiação de placa de computadores. Eu nunca tinha usado um computador, e Calcutá possuía apenas dois mainframes System/360, os sistemas então icônicos da IBM que ajudaram a globalizar a computação. Pegávamos uma folha de papel de 90X90cm com pontos e grades e tínhamos de resolver o problema, primeiro elaborando um fluxograma, depois escrevendo um programa em FORTRAN e traduzindo-o para uma placa de computador. Para os engenheiros elétricos, isso era mamão com açúcar. Para mim, era dificílimo. Nossas soluções foram levadas para o System/360 do outro lado da cidade, no Indian Statistical Institute. Se o diagrama estivesse correto, tínhamos uma resposta; se estivesse errado, nenhum crédito. Eu não fazia a menor ideia da utilidade desse curso.

Enquanto eu penava em algumas aulas, em outras eu estava muito bem preparada. Eu me aprimorara em um turbilhão de conversas e aprendera a argumentar sobre questões filosóficas em frente à multidão. Thatha sempre me pedia para ler o jornal para ele porque seus olhos estavam cansados. Eu pensava que o estava ajudando. Mas geralmente ele já havia lido os artigos e só queria garantir que eu aprendesse temas atuais.

Na adolescência em Madras, quando estava no ensino médio, fui convidada para três conferências estudantis importantes patrocinadas pelo governo indiano ou grupos desenvolvimentistas internacionais. Não sei como fui parar na lista, mas suspeito que fui recomendada por R.K. Barathan, CEO de uma companhia química que julgava nossos debates estudantis em Madras. Às vezes, ele me puxava de lado e me dava dicas sobre como melhorar minha apresentação, portanto, presumo que tenha notado algo em mim. Não consigo pensar em outra conexão que tenha promovido meu nome dessa forma. Em março de 1971, fui uma entre

31

INDRA K. NOOYI

os dois alunos indianos que participaram do "Asian Youth Seminar on National Youth Policy", em Nova Delhi. Tratava-se de aulas e discussões sobre o futuro da saúde, educação, integração asiática e envolvimento da juventude, com representantes da Indonésia, Malásia, Japão, Sri Lanka e vários outros países.

No último dia, fomos ao palácio presidencial da Índia, o glorioso e magnífico Rashtrapati Bhavan, para tomar chá com o presidente, V.V. Giri. Ainda tenho o convite, gravado em ouro com o emblema da Índia, e meu nome, senhorita Indra Krishnamurthy, escrito à mão na parte de cima.

Mais tarde naquele ano, fui selecionada para participar do "Leslie Sawhny Programme of Training for Democracy", realizado em uma área rural exuberante de quartel militar em Deolali. Houve mais aulas e discussões sobre a história da Índia, a constituição, eleições livres e a mídia. Especialistas, incluindo o constitucionalista Nani Palkhivala, ficavam por ali depois das palestras. Lembro-me particularmente do brigadeiro John Dalvi, que sabia muitas coisas sobre o que foi preciso para traçar a fronteira entre a Índia e o Paquistão na metade dos anos 1940. Ele era bonito e austero, e fumava feito uma chaminé enquanto contava histórias sobre as batalhas da divisão. Tudo isso resultou em conversas maravilhosas em torno da fogueira do lado de fora.

Também fui escolhida para participar do "National Integration Seminar", em Nova Delhi, que enfatizava questões relacionadas a governar uma Índia unificada. Quais questões eram consideradas do Estado? Quais eram federais? Por que a unificação do país é importante? A atração da semana foi tomar chá com Indira Gandhi, a primeira-ministra.

Cada um dos seminários tentava formar a geração seguinte de líderes indianos em princípios relacionados a democracia, estado de direito, capitalismo e cooperação nacional. Eles eram muito voltados para o futuro e extremamente necessários na época em que a Índia passava por uma lenta transição para se tornar uma democracia de livre mercado de pleno direito. Essas experiências me proporcionaram uma perspectiva ampla e conhecimento fundamental para compreender melhor o país e meu lugar nele.

32

MINHA VIDA POR INTEIRO

No fim de meu primeiro ano no IIM Calcutá, consegui um estágio de verão no Departamento de Energia Atômica. O trabalho era em Bombaim.

Enquanto Madras era silenciosa e Calcutá politizada, Bombaim, na costa ocidental, era o coração do comércio indiano — uma cidade com prédios altos e flats reluzentes, com estabelecimentos abertos até tarde, cheia de trabalhadores correndo pelas ruas. Vi os incríveis *dabbawalas*, homens de chapéu branco e roupas listradas, de bicicleta ou nos trens e ônibus, transportando milhares de almoços todos os dias, de lares a escritórios. Seu esquema de entrega, tão bem afinado, agora se transformara em um caso popular de logística em escolas de administração no mundo todo.

Eu andava em um ônibus de dois andares para ir trabalhar próximo à orla movimentada e do monumento Portal da Índia. Encontrava-me com amigos da escola de administração para almoçar e jogava bridge aos fins de semana. Dormia em um tapete no apartamento de um quarto de meus tios em Sião, um subúrbio de Bombaim. Eles eram bem amorosos e animados, disseram a meus pais que seriam responsáveis por mim e definiram um rígido toque de recolher às 19h, que nunca violei.

Eu fazia equipe com um aluno do IIM de Ahmedabad, e fomos olhar o cronograma de construção de seis centrais nucleares e determinar qual seria finalizada a tempo. Ao longo de 3 meses, nos debruçamos sobre listas de centenas de equipamentos e serviços de engenharia para cada central, a fim de compreender os atrasos e pensar em novos cronogramas. O processo era exaustivo, mas creio que os fornecedores e parceiros nos passaram uma avaliação honesta dos problemas que estavam enfrentando. O cenário era preocupante. Aprendemos que alguns países desenvolvidos retinham suas tecnologias de ponta dos mercados emergentes para extrair um pouco mais de retorno de projetos desatualizados que eram deficientes e caros. Também aprendemos que projetos governamentais grandes podiam ser bem ineficientes.

O estágio abriu meu foco à interdependência entre empresas e sociedade, e me convenceu de que estudantes de MBA podiam desempenhar um papel construtivo em auxiliar o governo. Mas não me deixou animada a respeito das motivações de países ricos em relação aos mercados emergentes.

Certa noite, em meados de junho, meu pai telefonou para dizer que nosso amado Thatha sofrera um AVC e não sobreviveria. Ele estava deitado no sofá, sem conseguir falar, com o lado esquerdo paralisado. Era uma imagem na qual eu conseguia pensar: meus pais, irmã e irmão cuidando dele na sala de estar dos homens, familiares e amigos cheios de preocupação. Reservei um voo para Madras para o dia seguinte, às seis da manhã.

Às 9h, estava no banco de trás de um táxi saindo do aeroporto e correndo para casa. A meia milha de casa, vi o funeral de Thatha passando, meu pai, sem camisa, usando um *dhote* e sua cruz brâmane transversal, à frente de um grupo de muitos parentes homens. Ele carregava um vaso de terracota cheio de brasas de carvão.

Fiquei arrasada por não ter dito adeus a Thatha e furiosa por minha família não ter me esperado antes de remover seu corpo. Foi aí que um sacerdote hindu, que estava fazendo as preces funerais, quebrou regras de tempos imemoriais e me pediu para segui-lo até o terreno de cremação somente para homens. Era tarde demais. Quando chegamos lá, meu pai já tinha acendido a pira funerária. Sem ser vista, observei o fogo crescer por um tempo e então fui embora, com lágrimas escorrendo pelo rosto. Até hoje aquela cena está gravada em minha memória. Ela me enche de uma tristeza avassaladora.

Voltei para casa e vi parentes amontoados ao redor dela, refletindo sobre a vida de Thatha. E me lembrei das coisas que ele me dizia: "Se você assume algo, deve dar tudo de si." "Se fizer uma promessa, cumpra-a." Ele reforçava a confiabilidade.

Thatha gostava de dizer que era um eterno estudante. "Mesmo com meus 80 anos, sou um estudante como todos vocês", afirmava. "O dia em que eu parar, minha mente vai atrofiar. E então acontecerá o mesmo com o corpo."

MINHA VIDA POR INTEIRO

E se ele nos pegasse vadiando, diria: "Cabeça vazia é oficina do diabo." Aquilo nunca saiu de mim. Ainda hoje sofro se não estiver fazendo alguma coisa útil o tempo todo. Thatha sempre será o meu maior professor, e aplico suas lições em todos os aspectos de minha vida adulta. Acredito que minha dedicação ao trabalho, a despeito dos desafios, provém de sua insistência em me fazer continuar tentando.

Aceitei a morte de Thatha, mas senti muito sua falta. Por muito tempo, deixamos intocado o cômodo onde ele passou a maior parte da vida. Algumas vezes, eu entrava lá e começava a conversar com ele, e então me lembrava de que ele não estava lá.

Naquele outono, quando voltei ao IIM Calcutá, a escola tinha se mudado para um *campus* novo e moderno em Joka, um subúrbio no sul de Calcutá. Os meses que passei em Bombaim, trabalhando em um escritório de verdade com problemas reais, despertaram uma sensação de que pular dentro de uma escola de administração como uma adolescente sem nenhuma experiência trabalhista foi um pouco precipitado. Mas era tarde demais para me preocupar. Eu estava no meio do caminho.

Fui atraída a pensar como as pessoas compram, como anunciam, e na ciência por trás da tomada de decisões, e decidi me formar em marketing. Como inovar? Como fazer os produtos atraírem cliente? Fiz disciplinas eletivas sobre insights do cliente, análise de vendas e comportamento organizacional. Tudo isso me intrigava.

Os novos dormitórios femininos, todos quartos de solteiro com um conjunto de banheiros comuns, acomodavam um grupo ligeiramente maior de calouros, inclusive três mulheres de Delhi com quem fiz uma grande amizade, Sujata Lamba, Nishi Luthra e Manjira Banerjee. Nossa vida social deslanchou. Jogávamos muito bridge e tênis de mesa. Íamos a restaurantes locais com os homens. Estávamos ficando mais maduras, mais autoconfiantes. Estudávamos juntas, contando umas com as outras durante os cursos árduos.

35

Em sala de aula, eu tinha que ter um bom desempenho. Bancos, empresas de consultoria, agências governamentais e participantes da indústria logo apareceram para avaliar nossos boletins e marcar encontros para empregos permanentes. Os graduados do IIM Calcutá eram um grupo cobiçado, mas eu não era "a cereja do bolo" escolhida pelas firmas mais prestigiadas. Era apenas uma boa estudante de marketing procurando um emprego com programa de treinamento e chefes excelentes.

Inscrevi-me para uma entrevista com Mettur Beardsell, uma empresa têxtil com sede em Madras de propriedade da Tootal, de Manchester, Reino Unido. Os encontros eram com S.L. Rao, o diretor de marketing, e com o chefe de recursos humanos. O senhor Rao era conhecido por seu brilhantismo, implacabilidade e intolerância à mediocridade. Ele fazia perguntas rápidas e oferecia feedbacks prontos e cruéis. A entrevista começou com um grupo de cerca de vinte pessoas, e a quantidade caiu muito a partir daí. Saí após a terceira e última rodada, sem saber como tinha me saído.

Mais tarde, à noite, o conselheiro vocacional me pediu para voltar, e quase desabei quando vi que senhor Rao estava esperando para me oferecer um cargo. Eu poderia ter feito entrevistas com outras empresas, mas decidi não fazer. O combo Madras + aprender com S.L. Rao eram bom demais para deixar passar.

Muito tempo depois, perguntei a S.L. Rao por que ele me escolheu. Ele disse que eu soube me defender de todos os homens que estavam tentando fazer o melhor para impressionar; embora eles tentassem falar junto comigo e me interromper, eu nunca entreguei os pontos.

No IIM Calcutá, eu fazia aulas com homens, era ensinada por homens e estudava obras de homens para entrar em áreas dominadas por homens. Mas as poucas mulheres com quem eu estudava se sentiam cada vez mais à vontade conforme o movimento feminista se expandia pelo mundo todo. Nós tínhamos voz, e eu sentia que éramos respeitadas. Nunca éramos vistas como concorrentes. Os professores e colegas do sexo masculino queriam que fôssemos bem-sucedidas. Éramos discrepantes — a primeira

MINHA VIDA POR INTEIRO

geração de mulheres a entrar em escolas profissionais de administração e no mundo dos negócios em qualquer número — e especiais. Sabíamos que estávamos na iminência de algo maior.

Após a Segunda Guerra Mundial, mulheres indianas foram estimuladas a frequentar faculdades e se formar. Jawaharlal Nehru, o primeiro primeiro-ministro do país, insistia de fato nisso para todos os estratos sociais, tanto para aumentar a taxa de alfabetização entre mulheres pobres quanto para revelar as mentes mais brilhantes, independentemente de gênero. Mas mulheres jovens também sofriam fortes restrições de suas famílias tradicionais e finanças, e seus irmãos sempre tinham prioridade, não importando se possuíam ou não aptidão. A família de minha mãe, com três meninos e cinco meninas, só podia pagar faculdade para uma das irmãs. Infelizmente, minha mãe ficou de fora. Ela nunca fez questão de esconder como ficou decepcionada com isso. "Vamos garantir que vocês frequentem a faculdade mesmo que seu pai e eu tenhamos de passar fome para que vocês estudem", acrescentaria ela, com um floreio.

Mesmo formadas, ainda se esperava que as mulheres se casassem, tivessem filhos, cuidassem de casa e dependessem do marido e da família para a própria segurança. Trabalhar fora era algo para a qual se torcia o nariz. Algumas mulheres trabalhavam como professoras, em escritórios, como enfermeiras ou em lojas de varejo, mas muitas pediam demissão quando encontravam um homem jovem e adequado. Poucas mulheres, sobretudo anglo-indianas, de famílias progressistas ou lares financeiramente estáveis, continuavam trabalhando. Mulheres brâmanes eram menos propensas a trabalhar fora, mesmo se fossem altamente instruídas.

Como um estudo em contrastes, a Índia respeitava e venerava mulheres, e a "mãe" continuava a pessoa mais reverenciada na família. Mas ela era ignorada de uma forma curiosa — não remunerada e labutando para manter tudo funcionando, mesmo quando o marido se aposentava. Aparentemente, ninguém fazia perguntas sobre nada disso, muito embora fosse o trabalho que constituía a espinha dorsal da sociedade.

De fato, tive poucos modelos femininos realmente poderosos. O mais proeminente era Indira Gandhi, que foi primeira-ministra duas vezes, de

INDRA K. NOOYI

1966 a 1977, e novamente de 1980 a 1984, quando foi assassinada. Sua política era controversa, mas adorávamos o fato de ela ter dado personalidade e elegância à Índia. Indira Gandhi era filha de Nehru, e a irmã de Nehru, Vijaya Lakshmi Pandit, também era importante. Ela era presidente da Assembleia Geral das Nações Unidas, e várias vezes enviada da Índia à ex-União Soviética, aos EUA e ao Reino Unido.

No meu próprio entorno, professoras, diretoras e freiras — a irmã Nessan, a irmã Benedict, as senhoritas Nigli, Peace, Meenakshi e Saraswathi, a senhora Jobard e as outras — me mostraram o que é ser uma mulher instruída e que trabalha fora. Na MCC, apenas minhas professoras de francês e química eram mulheres. Eu não tive nenhuma outra no IIM Calcutá.

Quando Chandrika e eu fomos para a faculdade, meus pais e avós viram que era mais aceitável mulheres entrarem no ringue com os homens. Eles não teriam nos questionado se quiséssemos casar e sossegar como muitas amigas nossas, mas não nos impediam por querermos mais. Na verdade, eles estimulavam. Tínhamos sorte por não termos nossas ambições tolhidas.

Educar meninas continua sendo o alicerce para promover mulheres no mundo, embora a pobreza, a violência e culturas antigas predominantemente masculinas ainda sejam obstáculos. Os benefícios são inúmeros. Meninas e mulheres instruídas são mais saudáveis, contribuem mais com a economia e têm bem menos filhos que as próprias adolescentes. Elas são líderes em suas comunidades.

No mundo desenvolvido, meninas instruídas também têm menos tendência a se casar na adolescência, em parte porque, quando são exaltadas na família pela confiança e sabedoria que vêm com a educação, elas são mais valorizadas.

Mas educá-las — e o que essas mulheres fazem quando obtêm o diploma — não é um problema apenas no mundo em desenvolvimento. Nos EUA, na Europa e na Índia, onde universidades e faculdades comunitárias estão

MINHA VIDA POR INTEIRO

cheias de mulheres obtendo a maioria dos diplomas, ainda não abrimos as portas para conseguir que as melhores e mais inteligentes entre elas obtenham funções que sirvam a si mesmas e a nossa prosperidade coletiva.

Mesmo com um recém-obtido Diploma de Pós-Graduação em Administração, o nome de minha graduação em IIM Calcutá naquela época, nenhuma carreira na Índia dos anos 1970 começava em um escritório. Sempre implicava trabalhar na linha de frente. Pela Mettur Beardsell, fui a um programa de treinamento em vendas de 6 meses no departamento Alexander Thread, em Bombaim. Estava a 4 meses do meu 21º aniversário.

No emprego novo, comecei memorizando todos os tipos de linhas de costura industriais e de consumo que fabricávamos, e também os códigos das tonalidades das cores. Estudei como os fios passavam pela máquina de costura, como ficava quando lavado e quais tipos encolhiam. Aprendi a utilidade e o custo de fios de uma, duas e três fibras: algodão, seda e poliéster.

Então, com uma bolsa de amostra no ombro, eu andava por toda a cidade atrás de fabricantes de vestuários de corte e costura, engrenagens do imenso mercado de exportação de roupas na Índia. Alguns eram clientes importantes, mas a maioria eram lojas pequenas com cinco ou seis máquinas produzindo em série camisetas ou largos shorts madras xadrez de algodão e camisas com golas e botões na parte da frente. Os representantes sindicais gritavam comigo quando o fio azul que vendi não combinava com o tecido azul, ou se a cor desbotava. Eu não falava marathi, o idioma local, e meu hindi era rudimentar, mas de uma forma ou de outra eu conseguia me comunicar.

A experiência com vendas de porta em porta é humilhante. Aquilo impregnou em mim para sempre. Para os alfaiates das lojas de costura, ou eu era alguém que os ajudaria a oferecer um ótimo produto ou que estragaria o próximo pedido. Aprendi que o negócio é feito com alguns carretéis de linha por vez, e que meu dever para com os clientes era ter cuidado. Eles estavam comprando meu produto e minha palavra, e eu tinha que ouvir com cautela

INDRA K. NOOYI

e cumprir o que prometia. Eu queria a próxima venda. Era boa com vendas e gostava de conhecer pessoas e saber sobre seus trabalhos. Elas tentavam me ensinar os idiomas. Mostravam-me fotos de seus familiares. Passei a ver meus clientes como pessoas humildes, trabalhadoras e habilidosas.

Das caminhadas eu gostava menos, sobretudo quando tinha que passar por algumas ruas com água até os joelhos durante as monções.

Após 6 meses, fui transferida para a matriz de Madras da Mettur Beardsell, para assumir o cargo de assistente de controle de produtos têxteis. Agora eu tinha um escritório, com mesa e escrivaninha compartilhadas. Meu chefe direto, o gerente de produtos, era um rapaz durão, mas engraçado, que acreditava em projetos para aprimoramento de funcionários. Tive de auxiliá-lo a transformar a empresa em uma companhia de tecidos coloridos e estampados, com base nos produtos básicos especializados simples, compridos e brancos.

As primeiras semanas foram duras. Trabalhei com vendas, manufatura, RH e finanças, depois tive que ajudar na escolha das paletas de cores e impressões da amostra para a próxima estação. O departamento de vendas precisava dessas opções dali a 30 dias para começar a extração nas férias.

Na primeira etapa, pedi para ver amostras de tudo o que havíamos produzido nos últimos anos. Queria garantir que não repetiria designs antigos, além de compreender o que deu certo e o que não deu. Meu novo assistente me apontou um armário grande no meio da sala e disse: "Está tudo ali." Anos de amostras estavam, literalmente, amontoados de qualquer jeito dentro desse armário. Arregacei as mangas, tirei tudo e sentei-me no chão com as pernas cruzadas para organizar.

Naquele exato instante, o novo diretor-executivo da empresa indiana — o chefe de S.L. Rao — apareceu. Ele acabara de se mudar de Manchester e queria conhecer a primeira mulher na empresa vinda de uma escola de administração. Sentada à sua mesa, uma colega me apontou.

Norman Wade, um homem de quase 2 metros de altura, grisalho e fumante, aproximou-se, me viu sentada no chão e claramente pensou que eu estava louca. Era meu primeiro encontro com alguém que se tornaria um de meus incentivadores mais fervorosos, um inglês que me orientaria pe-

MINHA VIDA POR INTEIRO

los próximos 2 anos. Norman usava roupas britânicas tradicionais e andava pela cidade num Mercedes Benz branco com motorista. Ele me apresentou à esposa, Alice, e me contou sobre os filhos adultos que moravam no Reino Unido e sua vida em Macclesfield antes de vir à Índia. Sempre me chamava de "querida". Por fim, me aconselhou a me mudar para os EUA.

Um dia, Norman se ofereceu para ir à nossa casa e conhecer meus pais. Depois disso, ele aparecia com frequência para beber o café de Amma e conversar durante horas no balanço com meu pai. Acredito que, de certa forma, ele encontrou um lar em nossa família indiana. Para mim, nem sempre era fácil ser o alvo das atenções do chefe, que no trabalho estava três níveis acima de mim. Sei que as pessoas ficavam melindradas quando Norman parava ao lado de minha mesa para conversar. Eu não acreditava que podia fazer algo a respeito.

Eu trabalhava com muito afinco na Mettur Beardsell. Durante meses, com um livro de amostras e uma lista de preços, acompanhei vendedores até atacadistas têxteis em Madras, lojas que continham estantes repletas de todos os tipos de tecidos impressos e coloridos. Minha função era ajudar a vender fardos do nosso material. Eu me sentaria com os clientes para tomar um café, comer um doce ou um lanche, às vezes em seis ou sete pausas no mesmo dia. Passaria um tempo explicando nossa linha de produtos, demonstrando como eram atraentes ao combiná-los com diferentes blusas coloridas. Eu era a única mulher que já tinham visto nessa função, e eles eram muito respeitosos. Curiosamente, alguns deles — ou suas esposas — conseguiam encontrar meus pais e enviar mapas astrais de rapazes que, acreditavam, seriam bons maridos para mim.

Éramos concorrentes dos tecidos de fábricas mais tecnicamente avançadas do norte da Índia. Nossos artistas gráficos apresentavam desenhos — flores, listras, figuras geométricas —, e eu ajudava a escolher padrões e cores da moda para vender vestidos, saias ou camisas. A cada 6 semanas, eu viajava para fábricas têxteis anglo-francesas, nossos parceiros produtores em Pondicherry, cidade a cerca de 160 km ao sul de Madras, para controle de

INDRA K. NOOYI

qualidade. Eu pegava o ônibus das 23h para uma viagem lenta de madrugada, com paradas em cidadezinhas locais, e chegava lá por volta das 6h30; então, tomava um banho na hospedaria da fábrica, bebia café e passava o dia inspecionando tecidos que passavam pela esteira rolante, a fim de garantir que as impressões estavam claras e sem borrões nas bordas.

Aprendi sobre impressões em tela de cinco e seis cores, impressão em rolo e acabamentos diferentes, e fazia as aprovações antes que pedidos grandes fossem executados. O negócio dependia de atenção aos detalhes, e eu tentava manter o padrão demonstrando interesse mais aprofundado pelos aspectos delicados da impressão. A parte mais difícil era rejeitar lotes finalizados quando não cumpriam meus padrões e chatear os funcionários, que sentiam que tinham me decepcionado. Às 15h, estaria de volta no ônibus e chegaria em Madras por volta das 20h. Eram dias longos.

Meu trabalho na Mettur Beardsell — responsabilidade, autoridade e um salário — me fez acreditar que eu poderia adentrar terrenos desconhecidos e ser bem-sucedida. Meus ganhos eram razoáveis e, assim como tinha observado meu pai fazer, eu dava a maior parte do dinheiro à minha mãe, para os gastos familiares. Gastei quase todo o meu primeiro salário em uma bicicleta vermelha para Nandu, que tinha cerca de 13 anos. Eu simplesmente o adorava e ainda me lembro da expressão dele quando a bicicleta foi entregue. Por um breve momento, eu era a melhor pessoa do mundo.

Minhas responsabilidades no trabalho tinham algumas regalias, inclusive um subsídio a carros que usei para comprar um Triumph Herald verde-musgo de segunda mão, com quatro portas, interior acinzentado e câmbio manual. Eu ia trabalhar dirigindo e, aos fins de semana, andava por aí com amigos, rapazes e moças, com o rádio no último volume e Nandu como meu acompanhante. Ficávamos sob as árvores no Woodland's Drive-In, um restaurante popular em que garçons corriam entre os carros para pregar as bandejas nas janelas abertas.

Ainda assim, eu tinha 22 anos e não era exatamente livre. Amma dava o dinheiro contado para o combustível, e aos fins de semana eu tinha de estar em casa às 19h. Dormia em meu quarto de criança e fazia as tarefas domésticas. Viver sozinha e solteira teria sido totalmente inaceitável pela sociedade de Madras. As coisas em casa continuavam as mesmas, Amma cozinhando e cuidando do jardim, Nandu e os amigos sempre entrando e saindo, e meu pai cuidando dos próprios negócios. Chandrika estava em Bombaim, se dando bem em um novo emprego no Citibank e morando em um "alojamento", um apartamento que dividia com outras pessoas que trabalhavam no banco. Tinha muito menos restrições que em casa.

Estava tudo na mesma, com uma exceção: com a morte de Thatha, o espaço confortável e arejado que fora seu quarto tornou-se um salão comum. O sofá recebeu um novo tecido, com uma estampa linda. TVs em preto e branco chegaram em Madras em 1975, e compramos uma. Embora a programação fosse escassa, a casa ficava cheia quando havia filmes aos fins de semana, e as famílias de nossa empregada e jardineiro vinham assisti-los conosco.

Então, outra reviravolta. Justamente quando me sentia no auge no trabalho, no fim de 1977, uma greve trabalhista nas fábricas de tecido no sul da Índia interrompeu a produção da Mettur Beardsell. Tudo ficou paralisado. Funcionários viajaram para Madras da fábrica principal em Mettur para se reunirem com os gerentes, a fim de fazê-los atender às suas exigências. Enquanto isso, eu tinha poucas coisas para fazer.

Nessa época, a Johnson & Johnson, a empresa de equipamentos médicos e itens de consumo, me telefonou, provavelmente porque eu tinha me formado na IIM Calcutá. Após uma entrevista com C.V. Shah, um executivo tenaz que liderava o setor de artigos pessoais, a companhia me ofereceu um cargo em Bombaim: gerente de produção para o lançamento na Índia de absorventes femininos.

Norman me incentivou a aceitar o cargo. Ele disse que lamentava minha partida, mas estava ávido por me ver crescer.

Em outubro de 1977, mudei-me para Bombaim mais uma vez e aluguei um quartinho mobiliado com banheiro de uma família que morava em um prédio perto dos escritórios da Johnson & Johnson. Eles também tinham regras restritas. Eu tinha de estar em casa às 19h30 e, se fosse chegar mais tarde, devia telefonar e explicar por quê. Chegar mais tarde era fortemente desestimulado. Eles se sentiam responsáveis por minha segurança.

INDRA K. NOOYI

No trabalho, entrei em um ambiente norte-americano pela primeira vez. A sede indiana da Johnson & Johnson era grande, com escritórios elegantes e uma proporção de adicionais totalmente diferente para executivos seniores. Meu salário era o dobro do que eu ganhava antes. O trabalho se estendia por horas a fio e aos fins de semana — algo muito normal em multinacionais norte-americanas, como mais tarde descobri, e uma diferença grande de horários da Mettur Beardsell.

À época, na Índia, produtos destinados ao período menstrual das mulheres eram considerados desnecessários e caros. A maioria das mulheres usava panos amassados ou dobrados que eram lavados, secos e reutilizados. A Johnson & Johnson apresentara o Carefree, uma fralda com cinto, em 1974. O Stayfree era um avanço, o primeiro maxiforro descartável com uma fita adesiva que colava à roupa íntima. Nos EUA, eles eram vendidos há quase 10 anos e prometiam às mulheres um novo tipo de liberdade.

A equipe do Stayfree tinha muito trabalho a fazer para ajustar o produto e torná-lo amplamente aceitável. Tínhamos de fabricar os forros com as camadas certas de absorventes e materiais à prova d'água próprios para o mercado indiano e roupas íntimas usadas por mulheres locais. Tínhamos que refazer o adesivo por causa da umidade. A ilustração na caixa de uma mulher de cabelos compridos e vestido rosa esvoaçante acenando no mar tinha de ser combinada à risca com a embalagem mundial.

Fizemos pesquisas exaustivas, pedindo a dezenas de mulheres no escritório e a suas conhecidas que usassem um forro e depois o deixassem no banheiro para eu ver como ele amassava ou vazava. Era um pedido estranho, mas muitas mulheres confiavam o suficiente em nós para assentir. Eu queria forros discretos, não visíveis através da roupa. Eu sentia que essa questão tinha propósito e que o produto podia melhorar um pouco a vida das mulheres. Panos eram desconfortáveis. Aquilo era uma forma de libertação.

Todos os meus chefes eram homens, e constantemente eu tinha que explicar minha pesquisa e o progresso. Eram conversas delicadas para mim, mas eles ouviam com atenção e davam sugestões construtivas. Eles sabiam que essa era a tarefa.

MINHA VIDA POR INTEIRO

Propagandas sobre itens pessoais femininos eram um tabu na Índia naquela época. Podíamos apenas falar de forma tangencial sobre a "experiência" de usá-los. Tivemos de entrar em escolas e faculdades para explicar as vantagens às mulheres jovens. Também tivemos que convencer os pais, sobretudo mães, de pagar por essa "liberdade" para suas filhas, o que nem sempre era fácil. E havia mais um problema. Na Índia, esses produtos nunca eram expostos ou mencionados nas lojas. Eles ficavam atrás do balcão, e eram passados para os clientes embrulhados em jornal. Para pedir absorventes higiênicos, geralmente uma mulher esperaria a loja esvaziar e depois, discretamente, sussurraria para o atendente, quase sempre um homem, que queria algo pessoal. O atendente compreendia, mas às vezes sorria de um jeito que a deixava desconfortável. Naquela época, a Índia não tinha lojas em que o cliente pega o que quer.

Apesar de todas essas barreiras, acabamos lançando o produto em dois testes de mercado em menos de 7 meses. Senti que o esforço valeu a pena.

Enquanto eu me ocupava na Mettur Beardsell e na Johnson & Johnson, muitos amigos de faculdade, todos homens, haviam partido para os Estados Unidos para fazer pós-graduação em universidades da Califórnia, Illinois, Texas e Minnesota. Os EUA exerciam uma atração especial em jovens, e nós os considerávamos uma sede de cultura e inovação. Ouvíamos música, víamos filmes e líamos notícias norte-americanas.

Muitos dos melhores alunos dos institutos de tecnologia indianos escolhiam fazer mestrado e doutorado nos EUA, e depois faziam carreiras incríveis. De certa forma, os EUA conseguiam os melhores alunos da Índia, que haviam estudado em instituições de elite subsidiadas pelo governo. Essa era uma tremenda fuga de cérebros que, infelizmente, continua até hoje. Para mim, é surpreendente que o governo indiano não tenha ajudado a fomentar mais um ecossistema empreendedor para incentivar seus talentos a continuar no país.

INDRA K. NOOYI

Após o IIM, senti um forte chamado desses amigos para ir aos Estados Unidos também. Mas eu sempre pensava que não tinha nenhum motivo genuíno.

Qual era meu lugar nos Estados Unidos?

A Índia, é claro, pode ser extremamente quente, mas nunca tanto quanto nos meses úmidos de verão em Madras. Na adolescência, Chandrika e eu descobrimos que as bibliotecas dos consulados britânico e norte-americano sempre tinham um bom ar-condicionado. Muitas vezes nos refugiávamos lá e adorávamos suas coleções completas de culturas do exterior — revistas, jornais e livros.

Em dezembro de 1977, em uma visita a Madras durante as férias, caminhei cerca de 2 km de casa até a Biblioteca Americana, como fizera tantas vezes. Comecei a folhear as revistas. E, em uma Newsweek de setembro de 1976, com Jimmy Carter e Gerald Ford na capa, li um artigo intitulado "A Shade of Difference [Uma sombra de diferença, em tradução livre]" sobre o novo tipo de curso da Universidade Yale, que combinava administração pública e particular.

Aquele artigo estava falando comigo. Eu tinha interesse em experimentar uma vivência em uma empresa global, mas sentia que minhas chances de ir trabalhar nos EUA eram muito baixas. Eu vinha pensando que um diploma estadunidense era provavelmente a melhor maneira de seguir em frente, mas relutava em repetir um MBA. As várias aulas que frequentei e meu estágio de verão me fizeram enxergar a interdependência entre os setores público e privado. Aparentemente, Yale estava criando a mistura exata de algo que eu estava ávida para aprender.

Durante os meses seguintes, enviei minha candidatura para Yale e fiz o GMAT. Contei a meus pais a respeito, mas nenhum parecia muito otimista. Quando recebi a carta de aceite, ninguém se importou. Não tínhamos condições de pagar.

Então, algumas semanas depois, chegou outra carta. A universidade estava disposta a me oferecer ajuda financeira — 50% do custo em em-

MINHA VIDA POR INTEIRO

préstimos, 20% em um programa work-to-pay e o restante em uma bolsa de estudos. De repente, a empolgação e o nervosismo na família eram palpáveis. A ideia de que eu talvez fosse embora da Índia se tornava real. Meu pai estava extremamente orgulhoso; minha mãe, aterrorizada em me deixar ir para tão longe.

Não surpreende que ambos tenham se preocupado em como eu pagaria pelos empréstimos. Convertidas em rúpias indianas, minhas dívidas com a graduação seriam muito maiores que os rendimentos anuais de meu pai.

Certa noite, em maio de 1978, Norman estava em Bombaim e me convidou para jantar. Ele me contou que a greve nas fábricas tinha acabado e me pediu para voltar para a Mettur Beardsell, desta vez para gerenciar todo o setor de tecidos. Aquilo era uma promoção e tanto. Não conseguia acreditar. Eu estaria encarregada de quase 60% da empresa.

Contei a Norman sobre Yale e então perguntei: "Norman, você realmente acha que devo desistir de entrar em Yale e voltar a trabalhar para vocês?"

E ele respondeu: "Não, você não deve desistir. Estou desapontado por você ir, mas, se fosse para aconselhá-la como filha, eu diria: 'vá.'"

Isso, acredito, era mentoria de verdade. Norman estava se aproximando da idade de aposentadoria obrigatória na Índia e deve ter pensado que me treinaria como executiva por mais alguns anos antes de voltar ao Reino Unido. Mas ele também não queria prejudicar meu progresso. Rapidamente me apoiou em um caminho diferente. Ele não era egoísta.

Ele também teve um papel crucial em convencer meus pais de que eu poderia me sair bem nos Estados Unidos. Quando lhes contei que ele me oferecera um cargo novo importante na Mettur Beardsell, ambos presumiram imediatamente que eu aceitaria e voltaria para Madras. Depois, quando eu disse que Norman acreditava que eu deveria ir para Yale, eles também aceitaram minha escolha. Eles confiavam em Norman. Agora percebo que também confiavam em mim.

Enquanto me preparava para ir embora da Índia, meus dois chefes da Mettur Beardsell fizeram mais uma coisa que até hoje me espanta.

47

INDRA K. NOOYI

Naquela época, o consulado dos EUA em Madras aprovava cerca de cinquenta pedidos de visto para estudantes por dia e rejeitava mais da metade das pessoas que se inscreviam. Eu estava nervosa por ter de enfrentar James E. Todd, o entrevistador oficial, famoso por ser um interlocutor complicado e temido por aspirantes a estudar nos EUA, como eu. O sistema exigia uma fila às 21h na Cathedral Road, do lado de fora dos portões do edifício, e uma espera de madrugada para receber uma ficha às 6h que garantia um horário com o oficial Todd. Certa noite, encontrei um lugar na fila sem nada além de uma parede para me encostar. Às 22h, havia cerca de sessenta pessoas na fila, todas incertas sobre o próprio destino. De manhã, acredito que a fila havia aumentado para quase cem pessoas, cada uma segurando nervosamente uma pasta com os documentos de admissão. Eu era a única mulher.

Então, com intervalo de algumas horas, Norman ou S.L. Rao apareciam com comida e incentivos. As outras pessoas na fila ficaram pasmas, mas impressionadas. Lá estava Norman às 23h em sua Mercedes branca e reluzente, estendendo-me uma garrafa de café quente e perguntando do que mais eu precisava. Depois, seu motorista voltou às 2h com mais café. Então, S.L. Rao apareceu às 5h com café da manhã para me desejar sorte. Nunca vou me esquecer do amor que esses dois homens me dispensaram. Peguei minha senha e, mais tarde, o oficial Todd me deu o visto.

Em agosto de 1978, meus pais viajaram comigo a Bombaim para me colocar em um voo para os Estados Unidos pela Pan American Airlines. Durante meses, eu os ouvi à noite conversando sobre os prós e contras de minha decisão, e acredito que foi meu pai que, no fim, convenceu minha mãe a me deixar abrir as asas. Posso imaginar a tristeza avassaladora que ambos devem ter sentido ao ver a filha partir para uma terra distante, embora estivessem animados e me estimulando naquele dia. Mais tarde, Amma me contou que eles choraram juntos, escondidos.

Minha tia, meu tio e alguns primos nos encontraram no aeroporto para uma despedida familiar típica. Eu não sabia quando os veria novamente e tive dificuldade sobretudo em dizer adeus para Nandu.

E o que mais quis foi que Thatha estivesse por perto para me dar *tchau*.

3

Eu me lembro com clareza de duas coisas em meu voo de 20 horas de Bombaim a Nova York. A primeira é a trilha sonora. O Boeing 747SP viajava para o ocidente, sobrevoando o Oriente Médio, a Europa e o oceano Atlântico. E a rádio "Current Hits" da Pan Am repetia em *looping* 45 minutos de músicas pop, incluindo "Handyman", de James Taylor, "What a Wonderful World", de Art Garfunkel, "Year of the Cat", de Al Stewart, e "Stayin' Alive", dos Bee Gees. Ouvi todas elas pelo menos quinze vezes.

A segunda lembrança é uma dica de um homem de negócios norte-americano que conheci no Economy Lounge, um quiosque no meio do avião onde pude esticar as pernas e comer batatas *chips* e amendoins. Disse a ele que estava indo para a Universidade Yale, em Connecticut. Discretamente, ele disse: "Olhe, deixe-me ajudá-la com uma coisa. Connecticut se pronuncia 'Connett-ih-cut', não 'Conneck-tih-cut.'" Ele me fez praticar, pronunciando com cuidado. Eu nunca ouvira a pronúncia correta do nome do estado e não tinha a menor ideia de que ele não era dito da maneira como é escrito. Na minha opinião, essa foi uma atitude gentil de um estranho da qual nunca me esquecerei.

Quando pousei no aeroporto JFK, fiquei maravilhada — a quantidade de aviões, as centenas de pessoas de todos os lugares movimentando-se pela estrutura de vidro, a limpeza e a organização de tudo. Encontrei o balcão da Connecticut Limousine e entrei em um veículo semelhante a um vagão com vários outros passageiros. Enquanto seguíamos em silêncio pela Interestadual 95, fiquei boquiaberta com a estrutura das coisas — as estradas limpas, o trânsito desimpedido, nada de buzinas ou animais andando na via. Era tudo muito diferente. E tão estranho para mim. Quando atravessamos o estado de Nova York para Connecticut, o motorista anunciou a plenos pulmões: "Bem-vindos ao melhor estado do país!"

Cerca de 2 horas depois, fui deixada em frente ao posto de alunos estrangeiros de Yale, que na época ficava na esquina das ruas Temple e Trumbull, em New Haven. Era sábado, por volta do meio-dia. As ruas estavam vazias. Eu tinha uma mala lotada sem rodas, que estava cheia de sáris, camisas, calças e um jogo de lençol simples; uma bolsa de mão cheia de livros e US\$ 450 em dinheiro. Gastei US\$ 50 no trajeto.

No fim da tarde, após carregar minha bagagem em duas viagens por seis quarteirões, sentei-me sozinha em uma cama sem lençol de um dormitório de teto alto do Hall of Graduate Studies, um prédio de 1930 ao estilo gótico de Yale, com teto abobadado na entrada, vitrais e uma torre imponente de catorze andares. Eu estava dois dias adiantada para minha orientação. Minhas colegas de quarto não tinham aparecido. Não havia ninguém por perto. Eu estava sem telefone, sem TV e sem ideia de onde procurar o que quer que fosse. O refeitório ainda estava fechado.

Aquilo era totalmente diferente de casa e, estranhamente, não o que eu esperava. Os Estados Unidos seriam assim mesmo, tão silenciosos? Onde estavam os táxis barulhentos e os carros de bombeiro? As pessoas elegantes em ruas elegantes? Os rostos acolhedores? O que acontecera com o agito? Pela primeira vez na vida, eu estava desesperadamente solitária e assustada.

Antes de chegar, eu consumira todas as exportações culturais estadunidenses que consegui e trabalhara para uma empresa norte-americana. Pensei que estivesse preparada. Mas eu era uma completa novata, em todos os sentidos. Comecei a chorar, tomada pela sensação de que nada seria como eu havia imaginado. Então pensei em pegar um voo de volta para casa no dia seguinte.

MINHA VIDA POR INTEIRO

Evidentemente, não voltei. Minha jornada estava apenas começando. Hoje, sei que o sonho americano de muitos imigrantes começa com medo, espanto e solidão.

Acredito na história norte-americana porque ela é minha história. Como CEO, certa vez estive no salão de refeições com painéis de madeira do século 18 em Chequers, a mansão do primeiro-ministro britânico, e me perguntaram por que, 30 anos atrás, eu imigrara para os EUA e não para o Reino Unido. "Porque", respondi, "eu não estaria aqui, almoçando com o senhor, se tivesse vindo para o Reino Unido, primeiro-ministro."

Eu era uma mulher indiana e solteira. O fato de eu estar naquele dormitório em New England dos anos 1970 era um reconhecimento à minha família no sul da Índia: o foco, desde que nasci, em minha educação; a fé de meu avô e meus pais em mim; e sua coragem de desafiar séculos de pressão cultural e social e deixar a filha abrir as asas e voar. Era um reconhecimento às freiras de minha escola, meus colegas indianos que me incentivaram; e também a uma Índia ambiciosa, recém-independente, que elegera uma mulher como primeira-ministra e demonstrava que mulheres podem chegar aonde quiserem.

Também era um sinal dos tempos. Grandes progressos na tecnologia, em viagens e comunicações levaram empresas e outras instituições a correr o mundo, em busca de mercados e lucro. A área de administração de negócios estava de vento em popa, e os EUA recebiam estudantes como eu.

Entrei nos EUA pela porta da frente, com um visto e uma vaga em uma universidade de prestígio. A escolha era minha, e eu sabia que significava que eu tinha de abrir caminho. Talvez isso tenha me preparado para uma vida dura no mundo corporativo; sem dúvida, exigiu que eu aceitasse dores e sofrimentos em minha vida pessoal e profissional e apenas seguisse em frente. Meu dever era honrar essa oportunidade.

Minha história não é a de uma imigrante sofrida — que voou para os Estados Unidos para fugir da pobreza, perseguições ou guerras. Não sei como é ser refugiada ou sem-teto porque meu próprio país está em crise.

51

INDRA K. NOOYI

Eu falava inglês. Pousei nos EUA com US$500. Eu estava em Yale. E tinha a rede de proteção de minha família na Índia, local e cultura com que eu era familiarizada e a que amava, e que me aceitariam de volta.

No entanto, eu me sentia conectada com todas as pessoas que chegavam aos Estados Unidos, independentemente das circunstâncias, determinadas a trabalhar duro e começar uma vida próspera para si e seus familiares. Ainda tenho um receio — típico de imigrantes — que me pressiona a tentar me sair bem e ter aquela sensação de pertencimento. Nos primeiros dias nos EUA, quis que minha família sentisse orgulho de mim e que qualquer coisa que eu tocasse nessa terra também sentisse. Eu me sentia uma convidada nesse país, e queria ser vista como uma pessoa íntegra e agregadora, não um estorvo.

Naquela primeira noite solitária em Yale, meu espírito aventureiro lentamente deu as caras. Viajara pelo mundo por dois dias e estava com fome. Andei até a loja de conveniência Wawa na esquina da rua York com a Broadway, a um quarteirão do alojamento, a fim de encontrar alguma coisa para comer. Todos os produtos, marcas e embalagens eram novos para mim. Eu não sabia como comprar, pois nunca estivera em uma loja onde se pega o que quer e paga na saída. Então, observei outros clientes para descobrir o que fazer. O que eu mais sentia falta no momento era da comida do sul da Índia e pensei em pegar um pouco de coalhada, um alimento básico, para me confortar.

Procurei coalhada de cima a baixo naquela Wawa, mas não consegui encontrar. Não sabia que a coalhada indiana era o "iogurte" dos EUA. Em vez disso, gastei alguns dólares em uma bisnaga de pão branco, um tomate e um saco de batatas *chips*. Espremi o tomate no pão e comi como um sanduíche sem graça e insuficiente. Sentia falta dos meus molhos picantes.

Na manhã seguinte, a sorte me encontrou. Um estudante iraniano de economia chamado Mohsen Fardmanesh, baixo, magro, de óculos, que morava no fim do corredor, bateu em minha porta com um largo sorriso de boas-vindas. Que alívio. Ele sabia da solidão dos imigrantes, disse.

MINHA VIDA POR INTEIRO

Logo contei meus problemas a ele, começando pelo fato de não conseguir achar comidas conhecidas.

"Certo", disse Mohsen, "o mais simples a se fazer é pegar um pedaço de pizza e enchê-lo de pimenta vermelha em flocos." Arriscamos o Yorkside Pizza no fim da rua, um típico restaurante de New Haven, com cabines de madeira e fotos emolduradas de times esportivos nas paredes. Eu nunca tinha comido pizza. Nunca provara queijo muçarela. Mohsen pediu um pedaço vegetariano para eu experimentar e, na primeira mordida, senti náuseas. Pizza não era minha praia. "Não tem como não gostar", disse ele. "Você precisa se acostumar. Pizza é um alimento de primeira necessidade nos EUA."

Mohsen caíra do céu. Durante os próximos dias, ele me ajudou a conseguir uma caixa postal e abrir uma conta bancária. Ele me contou como era a vida nos EUA e em Yale para um estudante estrangeiro, e como trazer um pouco de minhas origens à nova vida. Disse para aceitar cada dia como era e aproveitá-lo. "Vai ficar melhor a cada dia", comentou.

Durante um mês ou mais, por ser vegetariana, tudo o que comi no refeitório do Hall of Graduate Studies foi salada e pão. Eu estava um caco. Estava perdendo peso e constantemente cansada, e as tarefas escolares só aumentavam. Sabia que precisava fazer alguma coisa. Então, com ajuda do departamento de moradia, me mudei para o Helen Hadley Hall na Temple Street, 420, a alguns quarteirões de distância.

Visto de fora, o Helen Hadley Hall era — e ainda é — particularmente inexpressivo. Ele foi construído em 1958 para abrigar alunas de graduação, e ainda me incomoda o fato de mulheres serem relegadas a esse prédio. Vincent Scully, o famoso reitor da Escola de Arquitetura de Yale, certa vez se referiu a ele como "design modernista tardio em seu formato mais banal". Que ele estivesse entre os prédios góticos e georgianos espalhados pelo *campus* de Yale, e até pela Temple Street, foi realmente uma surpresa.

O interior também era bem simples. Quartos de solteiro com uma janela quadrada cada um, banheiros no corredor e duas salas com telefone em cada andar. A iluminação fluorescente e os pisos acinzentados faziam tudo parecer ainda mais monótono que o necessário.

53

Mas o alojamento era cheio de alunos estrangeiros de mestrado e douto-rado com orçamentos apertados — e o prédio mais discreto onde era mais fácil misturarmos Yale com os confortos de casa. As cozinhas grandes e os refeitórios em todos os andares instilavam vida em nossos arredores depri-mentes. Quase todo mundo cozinhava, e os aromas atravessavam as pare-des — *curries* indianos apimentados, comidas chinesa e jamaicana. Não nos importávamos com roupas, sotaque das pessoas ou como elas falavam.

Meu vizinho, Rob Martinez, era um estudante de doutorado cubano--americano de Nova Jersey. Rob adorava a variedade cultural de nosso alojamento. Ele era cosmopolita e um verdadeiro arcabouço de fatos e per-sonagens históricas e econômicas. Adorava discutir política com seus ami-gos chineses e poloneses enquanto comia comida indiana. Rob ajudava muitos de nós com as compras, levando-nos de Subaru verde ao mercado Stop & Shop a alguns quilômetros de distância em Hamden, Connecticut. Também era excelente dançarino. Ele me ensinou *hustle*, a dança de disco-teca que fazia um enorme sucesso na época, e outros estilos de dança. Sua atitude amigável e acolhedora, além da empatia, foram importantes de-mais para ajudar os alunos do Helen Hadley Hall a constituir um vínculo incrível com os Estados Unidos. Certa noite, um grupo chegou a se reunir para uma cerimônia que transformou Rob em um "respeitável indiano". Ele se tornou um amigo para a vida toda.

A vida também melhorou quando tive acesso ao telefone de Hadley Hall. Eu não tinha condições de adquirir uma linha pessoal, e o sistema central, ainda que fosse apenas para chamadas breves, proporcionava um alívio bem-vindo. Amigos de Madras telefonavam constantemente de suas escolas em Illinois, Oklahoma e Califórnia para me ajudar a passar pelo choque inicial.

Depois de um tempo, tive de lhes pedir que parassem de telefonar. Eu estava agradecida por todo o apoio, mas tinha trabalho a fazer.

A School of Organization and Management (SOM), o primeiro progra-ma de pós-graduação de Yale em 50 anos, injetou uma nova ener-

MINHA VIDA POR INTEIRO

gia no antigo ensino de administração dominado pela Harvard e pela Stanford. Yale criara um programa híbrido conectando empresas privadas ao setor público em uma formação denominada "Mestrado em Gestão Pública e Privada". Muitos dos cem ou mais alunos da minha turma tinham experiência com o universo político, militar ou de organizações não governamentais. Mais de um terço eram mulheres.

Nossas aulas eram em duas lindas casas antigas na Hillhouse Avenue de New Haven, conectadas na parte de trás com estruturas modernas em verde-escuro semelhantes a restaurantes Pizza Hut. "Vamos nos encontrar no prédio da Pizza Hut" era uma frase comum.

Primeiro, fiquei horrorizada com o jeito relaxado que meus colegas norte-americanos lidavam com praticamente tudo, depois, admirada. Eles tinham uma altivez que ninguém se atreveria a ter na Índia, onde, por duas décadas, eu observara os alunos se levantando em sinal de respeito sempre que um professor entrava na sala. Em Yale, os alunos colocavam os pés em cima da mesa, comiam sanduíches, chamavam os professores pelo primeiro nome — "Vic" e "Dave". Entravam atrasados ou saíam cedo, e afrontavam violentamente as opiniões dos professores. Eu achava as discussões livres espetaculares. Temas eram explorados com profundidade; prós e contras, debatidos. Eu nunca fizera parte de nada parecido.

Na primeira semana, pediram que formássemos grupos de oito membros conversando com as pessoas perto de nós, e então informaram que aquele seria nosso grupo de estudos pelos próximos 2 anos. Batizamos nosso grupo, composto de três mulheres e cinco homens, de "Não Olhe para Trás". Juntos, passamos por exercícios de simulação de sobrevivência no Ártico e no deserto, e os professores ficavam observando nossa dinâmica de grupo por um espelho unidirecional e, depois, ofereciam feedback honesto. A experiência foi humilhante. Percebi que tinha muito a aprender — como deixar outras pessoas acabarem de falar, observar minha linguagem corporal e incluir todo mundo nas conversas em grupo. Eu tinha de falar com clareza e reflexão, e maneirar nas interjeições. Após a primeira rodada de feedback, eu estava um pouco desiludida. Mas meu desempenho começou a melhorar quando incorporei todas as sugestões.

55

Aquele era meu segundo mestrado, mas totalmente diferente do IIM Calcutá: era prático, não teórico. Usavam-se casos reais para estudar questões relacionadas a negócios. Líderes industriais e governamentais vinham falar sobre exemplos da vida real. Eu estava cercada de pessoas com pelo menos 2 ou 3 anos de experiência. As aulas eram experiências bidirecionais.

O corpo docente era simplesmente extraordinário. William Donaldson, cofundador do banco de investimentos da Wall Street Donaldson, Lufkin & Jenrette, que servira na secretaria estadual de Nixon, era o reitor. Stephen Ross, que desenvolvera a teoria de precificação por arbitragem, ensinava microeconomia; Victor Vroom e David Berg ensinavam comportamentos individual e em grupo; Marty Whitman, o investidor de valor, ensinava investimentos; Larry Isaacson, que trabalhara para a McKinsey e depois para a CBS Records na Califórnia, ensinava estratégia e marketing. Cada um era especialista na área e respeitado por muitos. Descobri que eles tornavam simples e compreensíveis as coisas complexas.

Larry, em particular, realmente acreditava em mim e me estimulava a fazer mais. Ele me deixou sair de algumas aulas básicas de marketing e trabalhar para ele em consultorias de projetos. Dei uma aula em seu lugar para cerca de quinze mulheres da área que estavam voltando a trabalhar e queriam se aperfeiçoar em marketing, segmentação dos clientes e publicidade. Eu via esperança e medo nessas mulheres — esperança de que as novas habilidades lhes permitissem voltar a trabalhar fora, mas receio de não conseguirem emprego ou de não estarem cem por cento preparadas. Eu dava aulas para elas e, o mais importante, as ajudava a construir autoconfiança.

Uma vez por semana, durante o almoço, o diretor-assistente se encontrava com os alunos para ouvir suas ideias e preocupações. O fato de a administração da escola desejar ouvir as opiniões dos alunos sobre qualidade de vida na SOM e o currículo me deixou maravilhada. Que diferença da abordagem de cima para baixo das instituições de ensino indianas! O único ponto em comum com o IIM Calcutá era de que o mundo dos negócios ainda era masculino. Não estudávamos nenhum caso de empresa com

MINHA VIDA POR INTEIRO

líderes do sexo feminino e eu não tinha nenhuma professora mulher. As mulheres não apareciam no que nos era ensinado.

No segundo ano, o curso foi mágico — eletivas em finanças e estratégia, teoria dos jogos, comércio e organizações multilaterais. Analisamos o livro "A Random Walk Down Wall Street", de Burton Malkiel. Examinamos o surgimento da Gillette, bem como as finanças problemáticas do Museu Metropolitano de Arte, em Nova York, e da Clark University, em Worcester, Massachusetts. Aprendemos sobre projeções políticas e conversamos com Eric Marder, entrevistador de Henry "Scoop" Jackson, senador norte-americano que concorrera para a presidência em 1972 e 1976.

Por mais que eu adorasse os trabalhos escolares, a experiência social era igualmente marcante. Entre o corpo estudantil, eu era definitivamente uma forasteira e bem ciente das panelinhas dos rapazes e das moças que haviam se formado nas faculdades da *Ivy League* ou em colégios internos do nordeste. Muitos eram alunos de escolas particulares, que usavam tênis da moda, viajavam para esquiar no inverno e iam a praias de Cape Cod ou Long Island aos fins de semana na primavera ou no outono. Eu era considerada inteligente e esforçada, e acho que as pessoas gostavam de mim. Mas eu também era amplamente invisível, e sabia como alunos estrangeiros, sobretudo de países em desenvolvimento, eram classificados na cabeça das pessoas. Diligentes, mas sem estilo, com sotaques engraçados e socialmente ineptos. Não havia rejeição explícita a nós, mas acolhimento profundo também não. Eu não era tímida, mas tomava cuidado com o que dizia.

Eu era insegura em relação à aparência. Antes de deixar Madras, fui a um alfaiate local com uma pilha de revistas dos EUA e ele me fez algumas camisas e tops que, pensei eu, refletiam o estilo norte-americano atual. Mas logo percebi que esses itens eram mal-ajambrados e bem feios. Então, fui à S.S. Kresge Co., o outlet da rua Chapel precursor da rede K-Mart, e comprei três camisas de manga comprida e de poliéster para usar com minha calça jeans. Alguns meses depois, Chandrika veio a Nova York a trabalho pelo Citibank e me comprou um casaco azul brilhante da loja de departamentos Alexander, no centro de Manhattan — uma verdadeira salvação quando nevava.

57

INDRA K. NOOYI

Apesar das camisas da Kresge e do casaco da Alexander, dos quais me orgulhava e eram tudo o que eu podia comprar, mais tarde alguns amigos bem-intencionados disseram que minhas roupas eram alvo de muita gozação.

Eu não tinha dinheiro sobrando. As bolsas e os empréstimos totalizavam cerca de US$15 mil por ano, em um arredondamento aproximado, e eu gastava quase tudo em estudos, alojamento e alimentação. Consegui um trabalho na recepção e na comutação telefônica manual da Helen Hadley Hall de 3 a 4 dias por semana, ganhando US$ 3,85 por hora no turno da meia-noite às 5h. Era 50 centavos a mais por hora que durante o dia e US$ 1,20 a mais que o salário mínimo, US$ 2,65 naquela época. Quando o telefone tocava na recepção, eu dava um toque no quarto do residente e passava a chamada para o aparelho do corredor. Durante toda a madrugada, os alunos corriam pelo corredor de pijama e chinelos para atender às ligações. Eu monitorava a porta da frente, separava a correspondência e fazia as tarefas escolares.

A cada 4 meses ou mais, eu enviava uma nota de US$ 100 para minha casa em Madras. A família não precisava do dinheiro, mas eu me sentia ótima por contribuir. Sempre reservava US$ 20 para Nandu. Ele nunca ganhara mesada antes e me amava por lhe enviar aquela quantia IMENSA para gastar como quisesse.

No primeiro outono, também me apaixonei pelos New York Yankees, um *affair* fantástico e irracional que existe até hoje. A World Series de 1978 foi uma revanche entre os LA Dodgers e os Yankees, que tinham vencido o campeonato em 1977. A sala comum da Helen Hadley Hall, com suas espreguiçadeiras, um sofá desfiado e a única TV do local, ficava lotada sempre que havia jogos decisivos à noite. Eu era uma jogadora de críquete sem taco e bola, e não sabia nada sobre beisebol norte-americano. Mas certa noite fiquei contente quando alguns rapazes me pediram para sentar com eles e me ensinaram as regras. Comecei a ler tudo o que podia sobre Reggie Jackson, Ron Guidry e Bucky Dent, e fiquei nas nuvens quando os Yankees ganharam as World Series. Chorei quando Thurman Munson, capitão e apanhador, morreu em um acidente de avião no verão de 1979.

MINHA VIDA POR INTEIRO

Foi quando aprendi que a linguagem dos esportes — e detalhes sobre jogos e jogadores específicos — era realmente relevante nos negócios. Quando alunos se encontravam de manhã, falavam sobre esportes; nas entrevistas, patrões falavam sobre esportes. Se não estava por dentro do beisebol ou futebol, você não servia.

Esse pensamento parecia ligado à lição que recebi de meus pais antes de ir embora da Índia: "Seja você mesma, mas tente se misturar também."

Logo após as férias de inverno, começou a corrida para conseguir um emprego de verão. Eu precisava de um salário e era boa aluna. Meus professores estavam dispostos a me dar ótimas referências. Eles me achavam esforçada e que era fácil trabalhar comigo. Sentiam que eu tinha uma perspectiva global única sobre problemas que era extremamente necessária nos Estados Unidos corporativos. Havia empresas chegando em Yale, e eu tinha de impressioná-los.

Minha única preocupação era que eu não tinha roupa de trabalho. Voltei à Kresge's com US$ 50, todas as minhas economias na época, e escolhi um conjunto de poliéster azul-marinho — um terninho com dois botões e calças combinando. Acrescentei uma blusa de poliéster azul-turquesa, com listras verticais azul-claro e azul-escuro. Fui experimentá-las, mas nunca havia estado em um provador antes e não me sentia à vontade em tirar a roupa atrás de uma cortina, com medo de alguém espiar.

Então, segurei as peças em frente ao espelho. As calças estavam ok; o blazer parecia um pouco grande. Mas lembrei que minha mãe me aconselhava a comprar roupas duas vezes maiores para que elas ainda coubessem "quando eu crescesse". Eu tinha 24 anos, mas justo naquele momento eu me esqueci de que estava totalmente crescida. Comprei tudo, orgulhosa daquela aquisição importante, e usei todo o meu dinheiro. Até então, fora minha maior despesa em toda a vida.

Ao sair da Kresge's, reparei na seção de calçados, mas não tinha nada para gastar com sapatos. Não importa, pensei. Meus mocassins de camurça laranja com plataforma grossa de plástico, que usei durante todo o inverno, serviriam. Eu poderia enfiar os pés embaixo da mesa. Ninguém notaria.

No dia da entrevista, coloquei a roupa. A blusa serviu bem, mas as calças eram muito menores do que eu pensara. O blazer ficou enorme e muito esquisito em mim. Mas era o que eu tinha, e estava de mãos atadas. Era tarde demais para trocar as roupas por outras do tamanho certo. Fui à administração do prédio da SOM, onde todos estavam se reunindo no gabinete de carreiras para conhecer possíveis empregadores. Lá estavam meus colegas, impecáveis com seus ternos Brooks Brothers bem ajustados, as mulheres com camisas de seda e saias e blazers de lã elegantes.

Ouvi um sussurro coletivo. Todo mundo estava olhando para mim. Fingi não me importar.

Naquele dia, tive uma entrevista com a Insilco, um conglomerado com sede em Connecticut que geria marcas de casas pré-fabricadas e materiais para escritórios, entre outras atividades. A entrevista correu bem, mas deixei a sala totalmente envergonhada e derrotada.

Corri pelo corredor até a sala da diretora de desenvolvimento de carreira, Jane Morrison. Sentei-me no sofá e desatei a chorar. "Olhe para mim", disse. "Fui à entrevista desse jeito. Todo mundo está rindo de mim."

Jane era muito direta: "É, a coisa está feia", disse ela. "Bem feia."

Contei a Jane sobre meu problema financeiro e como eu tinha comprado um conjunto que cabia no meu orçamento. "Eu queria me encaixar", expliquei, entre lágrimas.

Então, ela me perguntou o que eu usaria em uma entrevista na Índia. Um sári, disse a ela. Havia muitos deles no meu quarto. Ela me aconselhou: "Da próxima vez, use o sári. E, se não a contratarem por você ser quem é, quem perde são eles. Apenas seja você mesma."

Naquela noite, a Insilco fez duas propostas. Uma era para mim. Minha ficha de que eu estava em um novo ambiente caiu — um exemplo vivo da promessa meritocrática norte-americana. Ficou claro que a Insilco me escolheu com base no que eu disse e no que poderia contribuir, e deixou passar a roupa horrorosa que vestia. Eu tinha 3 semanas para aceitar a oferta.

MINHA VIDA POR INTEIRO

Minha próxima entrevista foi com a Booz Allen Hamilton, a firma de consultorias. Era uma área considerada muito inspiradora. Os horários e viagens eram brutais, mas o trabalho era bem remunerado, e o bom senso dizia que a experiência oferecia uma vantagem inicial de 3 a 5 anos em comparação com uma carreira corporativa convencional. Era uma entrevista boa demais para deixar passar, mesmo com uma oferta no meu bolso. Decidi levar adiante.

Vesti meu sári de seda favorito, azul-turquesa com flores creme, e uma blusa turquesa, e me encontrei com um parceiro do Texas que me deixou imediatamente à vontade. Ele conduziu uma entrevista rigorosa usando um caso empresarial e senti que ele estava avaliando minha capacidade, sem se preocupar nem um pouco com minhas roupas ou aparência.

A Booz Allen me contratou para um emprego de verão em Chicago, com estagiários de Harvard, Stanford, Northwestern e da Universidade de Chicago. Entrei em uma equipe de desenvolvimento de estratégias em uma empresa sediada em Indiana que elaborava ingredientes culinários, um grupo maravilhoso de homens que me incluíam em todas as discussões e debates, me orientavam e me davam apoio total.

Todos os dias eu ia trabalhar de sári, mas nunca visitava o cliente. Ir de sári a uma reunião com clientes em Indianápolis teria sido chocante demais naqueles dias. À época, eu entendia e aceitava totalmente o fato de meus colegas me deixarem para trás. Parecia um pequeno preço a se pagar.

Eu estava empolgada por abrir caminho como uma mulher que trabalha fora nos Estados Unidos.

Trabalhar. Na verdade, não é uma opção. E isso é bom, porque as vantagens do trabalho remunerado dificilmente precisam de análise: seres humanos prosperam quando desafiados; ficam orgulhosos quando fazem um bom trabalho; e saem ganhando quando estão junto de pessoas com objetivos em comum. E todos precisamos de dinheiro para viver.

Acredito que a escolha das mulheres de trabalhar fora é parte integrante de seu bem-estar e da prosperidade familiar. De certo modo, algumas

INDRA K. NOOYI

pessoas, mesmo em sociedades extremamente desenvolvidas, têm continuado a questionar se mulheres devem, afinal, exercer trabalho remunerado. Essa perspectiva parece conectada à ideia de que as crianças sofrem se um emprego impede sua mãe de cuidar delas. Em certos lugares, é mais fácil para a sociedade em geral se ater a velhos hábitos conhecidos.

Eu não enxergo dessa forma. Na verdade, filhos de mulheres que trabalham fora tendem a se sair melhor na escola, são mais independentes e veem suas mães como modelos valiosos. Ademais, temos provas claras de que a participação das mulheres na força de trabalho é crucial para toda a economia. Mais mulheres no mercado de trabalho nos torna mais prósperos — eliminando a pobreza, catapultando os salários e aumentando o produto interno bruto.

Mas, para mim, o motivo por que as mulheres precisam de um caminho desimpedido para o trabalho remunerado é mais direto. Todos nós merecemos o poder do dinheiro para nossa própria liberdade. A aceitação plena das mulheres como trabalhadoras remuneradas significa progresso humano. Ela as liberta do jugo de um mundo dominado pelos homens.

Eu estava muito feliz pelo meu estágio de verão em Chicago e aberta a possibilidades de lugares aonde poderia ir após me formar.

Eu me mudei para um apartamento de um quarto em um prédio alto de Sandburg Village com uma colega de Yale, Kimberly Rupert, outra estagiária de verão. O apartamento pertencia a um jogador de basquete do Chicago Bulls. Havia um aquário que não era limpo há semanas, um armário cheio de tênis masculinos enormes e uma pia com uma pilha enorme de pratos sujos. O rapaz encarregado do contrato de aluguel parecia feliz por encontrar inquilinas confiáveis, que fariam a limpeza pesada exigida para morar lá de fato. Embora sua camisa semiaberta, as várias correntes douradas e a abordagem informal me assustassem um pouco, com o tempo comecei a gostar dele e a respeitá-lo. Era um senhorio muito prestativo. Éramos inquilinas exemplares, que mantinham o apartamento impecável.

MINHA VIDA POR INTEIRO

Depois de um dia de limpeza e mudança, nossa sala de estar com vista panorâmica para a cidade se tornou um agitado *point* de verão para as sete estagiárias da Booz Allen.

Eu tinha outro conhecido em Illinois. Um amigo indiano que estudava em Dallas insistiu que eu conhecesse um rapaz chamado Raj Nooyi, um jovem engenheiro de Mangalore, Índia, que tinha acabado de terminar o mestrado na Universidade do Texas. "Ele vai ajudá-la a se adaptar", contou-me.

Raj trabalhava na Eaton Corp., uma empresa industrial no amplo subúrbio de Chicago, e morava sozinho em um apartamento de um quarto quase sem mobília perto de seu escritório em Carol Stream, Illinois. Convidei-o para sair, e logo ele se tornou figurinha carimbada em nosso grupo restrito, frequentando o apartamento dos Chicagos e nos levando a seu condomínio para nadar ou jogar tênis. Ele era incrivelmente inteligente, culto e cosmopolita. Também era bonito e tinha um sorriso maravilhoso, além de se dar bem com todo mundo. Com ares de gente importante, ele podia nos levar para andar de carro.

No fim de agosto, a maioria da turma havia voltado para a escola, mas eu ainda tinha uma semana de trabalho. Em uma sexta-feira à noite, Raj e eu fomos ao Sandburg Theater, uma antiga sala de cinema a um quarteirão de distância, para assistir "O Expresso de Chicago", uma comédia com Gene Wilder e Richard Pryor. Nós adoramos e rimos juntos daquele filme pastelão.

Depois, fomos a um restaurante e, quando o jantar terminou, decidimos nos casar.

Quem fez o pedido? Quem tocou no assunto? O que houve com os meses de namoro que supostamente deviam vir antes do pedido? Não sei. Quarenta e dois anos depois, ainda estamos discutindo essas questões!

Antes de eu pegar o voo de volta para New Haven, Raj me levou para conhecer sua tia Jaya e seu tio Ramesh, que moravam a cerca de uma hora de distância em Flossmoor, Illinois. Ramesh Adiga era cirurgião vascular no hospital do subúrbio ao sul, que atendia South Chicago, e sua

63

esposa, Jaya, era médica de família. Eles faziam parte da onda de médicos indianos que haviam imigrado para o meio-oeste dos Estados Unidos nos anos 1960. A irmã e a mãe de Ramesh, de visita da Índia, também estavam na casa no dia em que conheci Ramesh e Jaya.

Para ser franca, a família ficou apreensiva quando Raj e eu demos a boa notícia. Há muito tempo a família de Raj vinha querendo lhe arrumar uma noiva. Ele era um partidão — alto, extremamente culto e radicado nos EUA. Agora, lá estava eu, uma completa desconhecida que falava tâmil, não kannada, sua língua nativa, e cujo mapa astral sequer havia sido analisado e comparado.

Ao mesmo tempo, eu provinha de uma família hindu de classe média, de pessoas batalhadoras, conhecidas e altamente instruídas. Tudo em ordem. Algumas objeções sumiram quando, mais tarde, Raj insistiu à família que se casaria comigo independentemente do que eles pensassem da situação. Então, seus parentes logo perceberam como nos complementávamos. Rapidamente, eles me aceitaram com todo o coração.

Enquanto isso, contei a meus pais por telefone que ia me casar com alguém chamado Raj Nooyi e mencionei alguns detalhes. Eles ficaram compreensivelmente assustados e preocupados, porque não o tinham conhecido ou investigado sua família. Mas também perceberam que não tinham escolha. Mais uma vez, confiaram no meu bom senso e concordaram.

Um mês depois, nossos pais (os quatro) e outros parentes se encontraram em Madras e fizeram uma cerimônia formal de noivado — sem mim e Raj. Meus pais acharam meus novos sogros maravilhosos e concluíram que aquilo significava que também éramos compatíveis.

Meu segundo ano em Yale estava cheio de visões do futuro e da realidade emergente da minha vida, casada e trabalhando. Eu queria trabalhar no Boston Consulting Group, considerada a melhor empresa de consultoria estratégica e prestes a inaugurar um novo escritório em Chicago. Seria perfeito, acreditava. No meio do outono, após uma série de seis ou sete entrevistas difíceis, recebi a acalentada oferta.

MINHA VIDA POR INTEIRO

Ao que parece, meu emprego de verão também fez minha consideração subir entre os colegas da SOM. Mais alunos me acolheram, embora eu continuasse cautelosa. Ainda não sentia que me encaixava.

Raj e eu nos falávamos por telefone e nos víamos alguns fins de semana. Eu pegava um voo para Illinois e fazia meus projetos e tarefas de casa em seu pequeno apartamento. Passamos meses calculando meticulosamente os custos de nosso casamento e concluímos que só conseguiríamos receber quarenta convidados e que o celebraríamos no porão de seus tios. Após pagar as flores e o cerimonialista, não pudemos bancar nem uma pessoa a mais.

No fim de maio, meus pais e Nandu vieram da Índia e se encontraram com Chandrika e Raj em New Haven para assistir à minha formatura. Estava claro e ensolarado — e foi um dia maravilhoso para mim. Minha família estava reunida e meus pais, empolgados e contentes para conhecer meu futuro marido. Eles o adoraram.

Eu estava caminhando rumo a uma nova fase incrível, no entanto, um pouco triste por deixar Yale e a vida acadêmica. A escola fora tudo o que eu esperava — hoje, sei muito mais sobre como o setor privado, o setor público e organizações não governamentais trabalham juntos para criar uma sociedade harmoniosa. Eu aprendera sobre os Estados Unidos e me sentia preparada para me aventurar nas empresas norte-americanas. Lutara um pouco para encontrar meu lugar, mas conheci pensadores maravilhosos, inteligentes e comprometidos. Muitos de meus colegas de turma haviam feito carreiras incríveis e ainda nos falávamos. Na verdade, hoje sinto que as amizades que fizemos na SOM de Yale, após mais de 40 anos, estão mais fortes do que nunca.

Depois das despedidas, a família inteira se amontoou em dois carros alugados e dirigiu 1.300 km até Chicago para nosso casamento alguns dias depois. Minha mãe trouxera meu sári de casamento e algumas das joias que guardara para mim desde que eu era garotinha.

Raj e eu nos casamos em um salão de lazer com teto baixo e painéis de madeira na casa do tio Ramesh e da tia Jaya, em Flossmoor. A cerimônia durou cerca de uma hora e depois comemoramos em um jantar com bufê indiano servido por um restaurante local. Rob Martinez, meu vizinho na Helen Hadley Hall, e Larry Isaacson, meu professor, viajaram para participar.

65

Se tivéssemos nos casado na Índia, a cerimônia teria se estendido por pelo menos um dia e meio. Meus pais e vários parentes de ambos os lados ficaram sentidos por não termos procedido dessa forma. Mas eu não me importava. Estava muito feliz. O fato de nossas famílias estarem unidas — todos de tão longe — era uma fonte de imensa alegria.

Na semana seguinte, o pai de Raj, N.S. Rao, puxou-nos de lado. Animado, falou sobre a vida que tínhamos pela frente — nos desejou sorte, nos aconselhou a trabalhar duro e garantiu que nossas famílias sempre estariam por perto para dividir o fardo.

Então, ele disse diretamente para mim: "Indra, não deixe de trabalhar. Você tem toda sua formação e deve usá-la. Vamos apoiá-la de todas as formas que pudermos."

Parte II

ENCONTRANDO
MEU LUGAR

4

Moline, em Illinois, no rio Mississippi, fica a 266 km a oeste de Chicago, cercada pelas plantações de milho e soja do coração dos Estados Unidos. Em 1980, também era lar da Servus Rubber Co., uma fábrica de botas de trabalho industriais de 60 anos que estava lutando contra a concorrência estrangeira. A Servus foi minha primeira cliente como consultora de gestão.

Uma semana após meu casamento, viajei para Moline em um pequeno avião com o brilhante Alan Spoon, encarregado do recrutamento quando fui contratada pela BCG. Passei meses viajando, morando duas ou três noites por semana em um hotel de preço médio, falando com gerentes de operações, vendas e marketing, andando pela fábrica, conversando com operários nas linhas de montagem e aprendendo tudo o que conseguia sobre borracha e botas de trabalho.

Consultoria de gestão é a fonte de muitas carreiras empresariais no mundo, por um bom motivo. Aprendi mais em 6 anos na BCG que em qualquer outro lugar como uma jovem MBA. Eu achava emocionante, cheia de debates e pessoas fascinantes. Companhias contratam firmas como a BCG para ajudar a responder perguntas empresariais básicas: quais são os valores que impulsionam a empresa? Como eles podem mudar? Quais são as opções estratégicas para criar valor ao longo do tempo? Quais inves-

INDRA K. NOOYI

timentos precisam fazer? Como deveriam se organizar? Eles compram a maneira de pensar e a experiência da empresa por terem atuado em tantos setores diferentes.

Consultores vão a fundo, decididos a compreender a arte e a ciência de um setor e de uma empresa particular. A BCG era um arauto da consultoria estratégica. O fundador da firma, Bruce Henderson, inventou a "matriz de crescimento-participação" em 1970, o modelo frequentemente ensinado que classifica empresas como vacas, cães, estrelas e pontos de interrogação, dependendo de sua fatia de mercado relativa e taxa de crescimento. Desde o primeiro dia éramos treinados a nos concentrar em abordar os desafios reais do cliente com dados e pensamento claro e objetivo, não apenas lhe dizendo o que ele queria ouvir. Revelávamos verdades desconfortáveis e então nos sentávamos com o líder da companhia, passando nossa análise em revista e descobrindo um caminho. Eu sentia que esse processo tinha uma honestidade intelectual que deixava a política de lado, embora, naturalmente, também houvesse muitas políticas corporativas para percorrer.

O ramo de consultoria realmente era para mim. Adorava me aproximar dos detalhes, me aprofundar em um setor, aprender sobre crescimento e propulsores de lucro, e então me afastar para decidir como reposicionar melhor um negócio ou uma companhia. Cada projeto era pessoal, e eu estava ocupada o tempo todo. Eu não durmo muito, e facilmente investia as longas horas necessárias quando me envolvia na análise.

O escritório da BCG de Chicago estava crescendo rapidamente quando entrei, e logo nos mudamos para a Monroe Street, em um andar de um arranha-céu todo envidraçado em frente à Sears Tower de 110 andares, na Wacker Drive. Dezenas de formados eram contratados toda primavera e encarregados de fazer um trabalho que estava em crescimento. Com poucos parceiros disponíveis para treinamento, ensinávamos a nós mesmos e aos outros. Fazíamos toda a modelagem complexa com calculadora e lápis nº 2, e preenchíamos centenas de células em planilhas de papel. Plotávamos gráficos à mão e então os levávamos a um departamento de produção com instruções muito precisas sobre como deixar os slides apresentáveis. Era um trabalho meticuloso, anterior aos computadores e

MINHA VIDA POR INTEIRO

planilhas de Excel. Muitas vezes xerocávamos nossas tabelas em seções e colávamos os papéis para compartilhá-los com os colegas e chefes.

A amplitude dos nossos projetos era fantástica. Eu trabalhava em bancos fiduciários, aditivos de combustível e corantes. Para a LexisNexis, que vendia notícias e informações legais armazenadas em computadores mainframe, eu organizava grupos focais em quinze cidades para aprender como as pessoas usavam o serviço, percebiam seu custo e benefícios, e o que não gostavam do serviço. Transformávamos isso em um plano de marketing integrado — níveis de serviço, preços — todo definido por uma análise meticulosa do cliente. Por fim, tudo era expresso em termos de um modelo de receita e rentabilidade.

No início de meu cargo, a BCG foi contratada pela Trane, com sede em La Crosse, Wisconsin, que fabricava sistemas de aquecimento, ventilação e ar-condicionado industriais (HVAC). Nossa equipe, liderada por um parceiro escocês-americano da BCG, incluía um judeu, um italiano e eu.

Após algumas semanas, o CEO da Trane, conversando com um parceiro sobre uma atualização, perguntou, em tom de brincadeira: "Você sabe que aqui é La Crosse, em Wisconsin? Você enviou uma equipe com um judeu, um italiano e uma mulher indiana. O que está acontecendo?" Num gesto louvável, o parceiro respondeu: "Você me pediu os melhores, então eu lhe dei os melhores."

O CEO da Trane era Bill Roth, um homem generoso e ponderado que mais tarde me disse que ficou encantado com aquela resposta. Trabalhei em projetos para a Trane por mais de 3 anos e passei a conhecer a generosidade particular dos habitantes do meio-oeste.

Nosso trabalho era ajudar a Trane a acelerar seu crescimento e lucratividade. Primeiro, passamos meses conversando com os empreiteiros da HVAC que trabalhavam em prédios enormes de escritórios ou pequenos shoppings e apartamentos, e depois para contratantes gerais, técnicos de serviços e funcionários municipais — tudo isso para compreender a situação da Trane e aprimorá-la. Analisamos cada projeto que a Trane havia perdido para a concorrência nos últimos 3 anos. O cliente ficava impressionado com nossa abordagem incomumente detalhada.

INDRA K. NOOYI

À medida que eu me acostumava com consultoria, desenvolvia minhas próprias rotinas de pesquisa. Para uma companhia que fazia máquinas de processamento de cítricos, eu rastejava em meio a plantações de frutas cítricas no Brasil e na Flórida e aprendia as complexidades de se espremerem frutas com diferentes máquinas comerciais. Comprava livros para entender a terminologia, a ciência e a tecnologia de qualquer problema, e ainda tenho meu caderno de anotações sobre processamento de laranjas.

Para uma empresa japonesa, tivemos que buscar linhas de engarrafamento de alta velocidade e tecnologia de ponta no mercado norte-americano. Para a G.D. Searle, uma companhia farmacêutica sediada em Skokie, Illinois, trabalhei com o aspartame, o adoçante artificial descoberto nos laboratórios da Searle em 1965, e ajudei a empresa a pensar como poderia ampliar seu processo de fabricação. Como segunda tarefa, eu tinha que pesquisar adoçantes com zero caloria que estavam surgindo e poderiam ser comercializados nas próximas duas décadas. Minha formação em química veio bem a calhar aqui, porém, para resultados mais relevantes, contratei um professor especialista em adoçantes para visitar laboratórios na Califórnia e na Europa comigo.

Nunca pude prever que suco de laranja, equipamentos de engarrafamento e adoçantes se tornariam ainda mais importantes para mim mais tarde!

Trabalhei com lenços de papel e papel higiênico. Construímos um modelo de custo de cada linha de fabricação de lenços no país — a velocidade, os resíduos, a matéria-prima utilizada, o custo. Aprendi as diferenças entre Kleenex e Puffs; e entre os papéis higiênicos Charmin, Scott e marcas de loja. Ficava em um bar em Green Bay, Wisconsin, ao lado de uma limonada, para ouvir os funcionários da fábrica concorrente conversarem sobre seus problemas com as linhas de lenços de papel e, em seguida, levava lições para meus clientes. Eu me encontrava com fabricantes de equipamentos na Alemanha, na Suécia e na Finlândia para conhecer a próxima geração de máquinas e processos de fabricação de lenços. Novamente, contratei um especialista em papéis da Universidade de Miami, em Oxford, Ohio, que viajava comigo para explicar tudo.

MINHA VIDA POR INTEIRO

Isso me levou às patentes e a descobrir o que outras pessoas estavam fazendo com base nos pedidos de patente. Atirei-me em um estudo elaborado de patentes usando uma estrutura desenvolvida pela Batelle, uma empresa compromissada com o uso da ciência para resolver problemas sociais, e rastreando o arco de investimentos em tecnologia na indústria. Analisamos 30 anos do ramo dos lenços de papel para apresentar ideias em todo o cenário competitivo.

As viagens não paravam. Semana após semana, eu corria pelo aeroporto carregando minha pasta e uma bolsa de roupas da Hartmann. O peso daquela bolsa acabou desalinhando meu ombro direito — lembrança que carrego ainda hoje. Eu costumava passar três ou quatro noites longe de casa. Então, trabalhava todo fim de semana, processando números, fazendo plotagem de gráficos e escrevendo apresentações. O tempo todo eu estava aprendendo, mas era um trabalho intelectualmente alto e fisicamente baixo.

Certa noite, em Neenah, Wisconsin, não consegui encontrar hotel por conta de um show aéreo muito popular na vizinha Oshkosh. Decidi dirigir 3 horas de volta para casa em Chicago e voltar no dia seguinte. Em algum lugar perto da cidadezinha de Fond Du Lac, fui multada por excesso de velocidade e o policial disse que eu poderia pagar a multa de US$ 125 com um cartão Visa. Eu só tinha American Express, e acabei em uma estação policial de Fond du Lac para ligar para Raj. Foi quando avistei uma cama limpa em uma cela e — até hoje não acredito — perguntei se podia passar a noite nela até meu marido chegar na manhã seguinte com o dinheiro. Eu simplesmente não queria ir até Chicago e voltar, e estava desesperada por algum lugar para dormir. O policial apenas me disse que fosse para casa. No dia seguinte, paguei a multa com cheque.

Enquanto eu me dedicava a tudo isso, Raj e eu sentíamos falta de passar um tempo juntos. Mas ele também estava atolado de trabalho. Esse era o preço de uma vida estável, pensávamos, e tínhamos medo de que nossa sor-

73

te pudesse mudar. Fazíamos ligações rápidas tarde da noite para falarmos como foram nossos dias. Falávamos como se não conversássemos há eras.

Raj e eu começamos a vida de casados em seu apartamento em Carol Stream. Economizávamos e cortávamos cupons de supermercado dos jornais. Equilibrávamos nosso talão de cheques todos os meses, tentando colocar 25% na poupança e enviando US$ 100 a cada uma de nossas famílias na Índia para mostrar que nos importávamos. Na verdade, eles não precisavam, mas nos sentíamos bem por lhes enviar essa quantia.

Eu comprara duas blusas de lacinho de cor creme e dois terninhos de lã Evan Picone, um na cor caramelo e outro preto; usava os blazers e as saias alternadamente, em quatro combinações. Toda semana, colocava esses mesmos itens na bagagem de mão quando ia para Neenah, Appleton ou La Crosse, Wisconsin, Baton Rouge, Louisiana ou Nova York. Muitas vezes as roupas estavam irreconhecíveis quando eu chegava, e então as passava loucamente nos quartos de hotel antes das reuniões.

Raj ainda trabalhava na Eaton como engenheiro industrial de uma fábrica de controles eletrônicos. Ele também tinha poucas roupas no armário — duas ou três camisas, algumas calças e gravatas usadas do tio Ramesh. Toda noite, ele lavava uma camisa e a pendurava para secar, passando-a na manhã seguinte. Sempre saía de casa impecavelmente vestido.

Embora já tivesse um mestrado, Raj percebeu que prosseguir na área de gestão exigia a legitimação de um MBA. Em pouco tempo ele começou o curso, tomando o trem para o *campus* central da Universidade de Chicago no início da tarde e voltando para jantar em casa por volta das 22h30. No segundo ano, decidiu pedir demissão da Eaton e estudar em tempo integral. Ele se formou em 1983.

Não socializávamos muito. Éramos ocupados e, na verdade, não conhecíamos ninguém. Não éramos convidados para nada. Em alguns fins de semana, visitávamos os tios de Raj. Ou íamos ao Connie's Pizza na rua 26 comer uma torta recheada com molho de tomate ao lado, ou a um rodízio

MINHA VIDA POR INTEIRO

de comida indiana por US$ 5,99 na Devon Avenue. Colocávamos muita pimenta verde ou flocos de pimenta vermelha na comida.

Quando saíamos, procurávamos o lazer mais longo pela menor quantia de dinheiro. Nosso primeiro show ao vivo nos EUA foi da banda "America", no Park West Theater. Fomos a alguns jogos de beisebol do Cubs em Wrigley Field e ver os White Sox no Comiskey Park quando os Yankees vieram à cidade.

Também nos agasalhávamos com roupas de baixo térmicas e os suéteres e casacos mais grossos para ocupar os assentos mais baratos em Soldier Field para uma partida de futebol dos Chicago Bears. A quantidade de agasalhos não importava. Os ventos fortes do lago Michigan circulando pelo estádio gigante nos congelavam em minutos. Raj se tornou um grande fã dos Dallas Cowboys depois de voltar do Texas, e tive de aprender rapidamente as regras do futebol americano para aproveitar os jogos com ele aos fins de semana.

Depois de um ano ou mais, decidimos comprar uma casa. Escolhemos uma linda, de três quartos e ao estilo Tudor, no condomínio Glen Ellyn. Era um bairro novo, e a grama acabara de ser plantada; as árvores eram meros galhos. O preço da casa era US$ 125 mil, com um mínimo de 5% de entrada. Tínhamos US$ 3 mil na poupança, e o tio de Raj nos emprestou US$ 4.500. Mesmo assim tivemos que adquirir um seguro hipotecário, porque tínhamos muito pouco tempo de contribuição. A taxa de juros era 17,5%.

Os números não gritavam que aquele era um bom negócio. Mas nos parecia que o sonho americano significava comprar uma casa, e pouparíamos dinheiro para o futuro porque o valor do imóvel subiria. Nós nos mudamos, mas não tínhamos dinheiro para muita coisa extra. Logo, a área do café da manhã, a sala de convívio e o quarto principal foram os únicos cômodos que mobiliamos. O restante da casa permaneceu vazio. Compramos imediatamente um cortador de grama da Toro na loja de ferragens local. Nós nos sentíamos muito norte-americanos.

Meus pais tinham voltado para Madras logo após nosso casamento, e meu pai me contou que estava louco para voltar para desbravar os EUA com os netos um dia. Eu sentia muita falta deles, mas era caro fazer chamadas internacionais para a Índia, sobretudo durante o dia. Então, uma vez por semana, depois das 22h30, eu conversava por meia hora com meus pais e Nandu, depois fazíamos o mesmo com a família de Raj.

Nandu, meu irmão genial, ficou em primeiro lugar nos exames estaduais para alunos do ensino médio em Madras e se inscreveu no Yale College. Ele foi aceito com uma bolsa parcial e algumas parcelas de empréstimo. Minha irmã acabara de ser contratada pela McKinsey, a firma de consultorias, mudou-se da Índia para Nova York e, juntas, concordamos em pagar o restante da quantia de que Nandu precisava. Ele se mudou para New Haven em agosto de 1981 como parte da turma de Yale de 1985. Raj e meus planos para economizar para o futuro foram suspensos por um momento.

Mas depois, em um dia terrível de janeiro de 1983, mamãe telefonou para dizer que meu pai tivera icterícia por quase um mês. Ele perdera quase 30 kg, mais de um terço de seu peso, e precisava de cirurgia para aliviar a dor abdominal. Ele não queria que ela nos contasse por medo de interrompermos nossas vidas e voltarmos à Índia. Mesmo durante as ligações semanais, ele nunca falou que não estava bem.

Chandrika, Nandu e eu decidimos ir à Índia imediatamente, encontrando-nos em Bombaim para viajarmos juntos a Madras. Do aeroporto, corremos para o hospital, preocupados e com medo. Quando o vimos, ficamos desolados. Ele era uma sombra de si mesmo e estava sofrendo, e ainda assim ficava repetindo para não nos preocuparmos. Ver meu pai doente me levou de volta para os dias em que ele sofreu o acidente de Vespa. Eu sabia que precisava ser forte por minha mãe, que carregara sozinha todas as preocupações com a doença dele nos últimos meses. Mas ele estava com muita dor e mostrando, novamente, como era cem por cento dedicado a todos nós. Eu estava desconsolada.

A casa grande ficou cheia de parentes, que viajaram para nos dar uma força. Após uma cirurgia de 4 horas, o médico nos informou que meu pai tinha câncer no pâncreas e que o prognóstico não era nada bom.

MINHA VIDA POR INTEIRO

Então, no benefício corporativo mais valioso que recebi no início de carreira, o chefe do escritório da BCG em Chicago, Carl Stern, telefonou para me dizer que tirasse 6 meses de licença — remunerada — para ajudar a cuidar de meu pai. Carl, um gerente simpático e sensato que recentemente se mudara de Londres, conhecia os custos do trabalho de consultoria, e se esforçou muito para criar um ambiente acolhedor aos que trabalhavam para ele. Ele me disse que o CEO do setor de adoçantes da Searle falou que meus projetos poderiam esperar. Um segundo cliente também concordou em colocar meu trabalho em *stand-by*.

Na época, isso não somente foi uma bênção como também, por meio dessa atitude generosa, Carl reconheceu meu valor à BCG e me deu a chance de ser a filha que eu precisava ser. Acredito que teria encurtado minha carreira — deixando a BCG para ficar com meu pai e ajudar minha família — se eu não tivesse recebido a licença remunerada. Com Raj estudando em tempo integral, teríamos tido sérios problemas financeiros e ficado desabrigados até ele encontrar um novo emprego.

Também foi importante a BCG ter tomado a iniciativa. Eu nunca teria solicitado a licença, acreditando que, por ser uma consultora jovem, minha influência em pedir qualquer tipo de benefício que me ajudaria a passar por aquele período difícil era nula.

Esse episódio da minha vida destaca como uma licença remunerada para passar por todos os tipos de situações pessoais — incluindo nascimento de filhos e doenças pessoais, mas também outras circunstâncias — pode ser um divisor de águas para tantas carreiras. Em muitos aspectos, apenas quando se vivencia esse benefício na pele é possível perceber sua importância crucial.

Após a cirurgia de câncer de meu pai, Chandrika e Nandu voltaram para os EUA, e eu fiquei em Madras. Levei meu pai para fazer tratamentos de acompanhamento e dei apoio à minha mãe, mas havia muito pouco a se fazer na Índia para prolongar a vida dele. Quatro semanas depois, decidimos levá-lo a Chicago. O tio de Raj tinha contatos em hospitais de ponta que poderiam ajudar e nós tínhamos a casa, um lugar para ajudá-lo a recuperar a saúde. Por fora, meu pai continuava otimista, na esperança de que os EUA tivessem uma cura para ele; o que estava pensando por dentro, eu nunca saberia.

Raj colocou um colchão de molas em um quarto vazio no andar superior, e meus pais e eu chegamos em Glen Ellyn após uma longa viagem por Dubai e Nova York. Nandu decidiu trancar um semestre em Yale para ficar conosco. Chandrika vinha de Nova York todos os fins de semana e telefonava quatro ou cinco vezes por dia para saber notícias e falar com ele. Durante várias semanas nos encontramos com especialistas, mas não havia esperança. Ver meu amado Appa deteriorando era incrivelmente doloroso e, às vezes, eu me fechava no quarto para chorar. Ele morreu no quarto do andar de cima em uma tarde de junho, enquanto eu estava sentada ao seu lado. Ele era um homem de 61 anos, muito jovem, que trabalhara duro e poupara para a aposentadoria, esperando viajar pelo mundo com minha mãe. Mas não era para ser. Ele era meu fã número um e significava tudo para mim — o homem que brincava de esconde-esconde, cantarolava nossas músicas das LogaRítmicas, levou-me a Calcutá, veio a Bombaim para me ver formar em Yale. Embora tenhamos tido meses para nos prepararmos para sua morte, eu estava devastada.

Ele faleceu no mesmo dia em que Raj estava para se formar na Universidade de Chicago com seu MBA, cerimônia que todos nós perdemos.

Minha mãe voltou à Índia com meu irmão, cujo dever como único filho era fazer os ritos funerários. Após 13 dias de luto, eles mergulharam as cinzas em um rio indiano sagrado.

Na mesma semana, descobri que estava grávida. Consegui compartilhar essa notícia feliz com meu pai pouquíssimo tempo antes de ele morrer. Ele estava fraco demais, mas em seus últimos dias pediu a todos ao meu redor que garantissem que cuidariam bem de mim. Ele teria sido um avô espetacular.

Sua doença avançou muito rápido, e não tirei os 6 meses completos de licença que a BCG tão generosamente me ofereceu. Voltei a trabalhar após

MINHA VIDA POR INTEIRO

cerca de 3 meses, e imediatamente comecei a lidar com uma carga total de projetos e um enjoo matinal horroroso. Ia a La Crosse com uma mala cheia de lanches, sabendo que tinha de comer um pouco a cada 2 horas para evitar vômitos. Nos anos 1980, comida vegetariana em La Crosse, Wisconsin, era sempre um desafio. Mas gravidez era outros quinhentos. Eu tinha que estar preparada.

Na semana seguinte, voltei a Trane com meus suprimentos especiais: uns legumes apimentados com arroz que poderia esquentar e comer sossegada no escritório ou no quarto de hotel. Isso continuou por algumas semanas. Mas então, um dia fui tomar café e lá estava — um calendário na parede preenchido com um cronograma e detalhes de comidas planejadas para mim. As secretárias do escritório se uniram para ajudar. Elas faziam sanduíches e sopas que apareciam enquanto eu trabalhava, e continuaram com isso conforme os meses se passavam. A gentileza delas me surpreendeu.

Em minha última reunião com Trane, Bill Roth, o CEO, fretou dois aviões para trazer toda a equipe de executivos a nossos escritórios em Chicago. Tradicionalmente, essa reunião aconteceria em sua própria sala de reuniões, mas eu estava grávida de 9 meses e não podia viajar. Bill queria que eu participasse da última apresentação da BCG para sua empresa.

Minha mãe tinha apenas 50 anos quando meu pai morreu. Com o primeiro neto a caminho e todos os filhos nos Estados Unidos, ela veio morar comigo e com Raj. Logo pusemos a casa Glen Ellyn, em que tínhamos vivido por menos de um ano, à venda. Estava cheia de lembranças dolorosas, e meu trajeto de uma hora até o centro de Chicago era cansativo. Raj tinha um novo emprego como executivo de vendas na seção de Testes e Medições na Hewlett Packard, em Downer's Grove, Illinois.

Nos mudamos para um apartamento no 15º andar na rua East Ohio, com vista para o lago Michigan. O prédio era novo em folha e glamouroso. Minha mãe, que passava quase todo o tempo em casa, podia ir ao mercado do outro lado da rua, e gostava de mais pessoas e barulho ao redor. Um de

79

INDRA K. NOOYI

meus colegas da BCG, Bill Elkus, morava a um quarteirão de distância, e minha mãe rapidamente adotou sua esposa, Leslie, como mais uma filha. As duas se deram muito bem, e Leslie frequentava bastante nossa casa. Outra vantagem era que o prédio ficava perto da BCG. Geralmente eu voltava para casa de Flash Cab, um serviço de táxi que ficava esperando do lado de fora do escritório até meia-noite. Fiquei amiga de um motorista específico, um homem chamado Patterson, muito cuidadoso comigo conforme minha gravidez avançava. Ele ficava me esperando em frente ao prédio, independentemente de até que horas eu trabalhasse.

Então, em uma noite gelada de janeiro de 1984, estava em casa quando minha bolsa rompeu e entrei em trabalho de parto. Estava com meu obstetra suburbano, um simpático médico indo-americano que prometeu estar comigo em todas as fases do parto, mas tive que ir a um hospital mais próximo de nossa casa antiga, a quase uma hora de distância. Raj, que estava trabalhando até tarde, disse que me encontraria lá. Liguei para outro colega da BCG, meu amigo Bob Solomon, que se ofereceu para ir caso Raj não estivesse disponível. Ele apareceu poucos minutos depois em um Flash Cab com Patterson ao volante. Mamãe e eu entramos. Fazia cerca de -15 °C lá fora, mas parecia muito mais frio.

Durante as 18 horas seguintes, enquanto eu estava em trabalho de parto, nosso pequeno grupo observava e aguardava. Leslie Elkus apareceu no hospital para fazer companhia a Amma.

Finalmente, nasceu a linda Preetha Nooyi, de cesariana.

Desde a primeira respiração, Raj e eu adoramos nosso bebê mais que qualquer coisa que pudéssemos imaginar. Nos 5 anos seguintes, ela dormiu entre nós ou em um berço perto de mim. Tive 3 meses de licença-maternidade remunerada e o privilégio absoluto, como mãe de primeira viagem, de ter minha própria mãe me ajudando. Raj não teve licença-paternidade, e precisou voltar ao trabalho imediatamente. Nem pensamos duas vezes.

MINHA VIDA POR INTEIRO

Preetha era a primeira neta de ambos os lados da família e se tornou imediatamente o centro do universo de todos. Os detalhes de seu nascimento — horário, longitude, latitude — foram enviados à Índia para elaborar seu mapa astral, que nos daria uma noção de como seria sua vida futura. Ele voltou poucas semanas depois, garantindo a todo mundo que o futuro dela era brilhante.

Filmávamos horas e horas de cada movimento e arroto dela com uma câmera enorme de VHS em um tripé. Os pais de Raj vieram da Índia cerca de 6 meses depois e ficaram vários meses. Raj corria para casa do trabalho para levá-la de carrinho a um parque próximo, morrendo de amores por ela. Chandrika vinha de 15 em 15 dias para ficar com Preetha e telefonava toda hora só para ouvir sua voz de bebê. Nandu passava todos os feriados conosco.

Minha vida mudou completamente quando me tornei mãe, com uma onda de amor do mais profundo de nosso ser que eu nunca vivenciara antes. Nossa transição para família constituída também foi profunda. Tínhamos que cuidar de nossa filha e não estaríamos mais sozinhos. Havia outras pessoas conosco o tempo todo: parentes e outros cuidadores para Preetha. Não tinha volta. Faríamos escolhas para todo o grupo.

Nossa família crescente era uma corrente — uma corrente linda, mas não deixava de ser corrente —, e eu queria tudo.

Nunca pensei em deixar o emprego quando tive o bebê. Voltaria ao trabalho ao fim de 3 meses. Ponto-final. Fim de papo. Essa decisão não era, de forma alguma, emocional ou filosófica, era uma decisão econômica e a coisa certa para nós. Precisávamos da renda de ambos para pagar as despesas da casa e poupar para emergências e nosso futuro. E voltar ao emprego era possível por um motivo: minha mãe estava em casa cuidando de Preetha. Ela fazia todo o trabalho e eu não me preocupava.

O apoio familiar não terminou por aí. Nos anos seguintes, Raj e eu progredimos no emprego porque tínhamos uma rede estendida de parentes, da parte dele e da minha, que ficaram ao nosso lado e queriam que fôssemos bem-sucedidos.

INDRA K. NOOYI

Nada disso significava que eu não sentia constantemente meu coração partir por ficar longe de minha filha. Parei de amamentar após 3 meses; perdi seus primeiros passos, suas primeiras palavras. Mas a realidade era essa. Retomei minha rotina na BCG, viajando pelo meio-oeste, encontrando clientes e fazendo meu melhor.

Então, em uma tarde de sexta-feira no fim de maio de 1986, estava voltando para casa em meu Toyota Camry de Hoopeston, Illinois, cerca de 65 km ao sul de Chicago. Parei em um semáforo em uma ladeira onde a estrada se dividia. Olhei para os dois lados e comecei a virar à esquerda.

A próxima coisa de que me lembro foi de acordar na UTI de um hospital de Kankakee, Illinois.

Nos 3 meses seguintes, me recuperei de um acidente de carro que esmagou alguns ossos do quadril e me deixou coberta de cortes. Tive hemorragia interna, traumatismo cervical e uma concussão. Na primeira semana, Raj foi à polícia recuperar minhas coisas e, quando o policial mostrou a ele meu carro vermelho amassado, suas pernas bambearam. O carro não tinha airbag; o lado do motorista estava completamente esmagado. Minha maleta de couro, na parte de trás no chão, virara uma panqueca. Era um milagre eu ter sobrevivido.

Ao perceberem a hemorragia interna, os médicos do hospital de Kankakee quiseram retirar um de meus rins, mas o tio de Raj desaconselhou e me transferiu para seu hospital em Hazel Crest, Illinois. Mais tarde, as enfermeiras me contaram que ele verificava de hora em hora, e certa noite apareceu de pijama para cuidar de meus espasmos musculares excruciantes no pescoço e nas costas. O restante da família se reuniu de novo. Chandrika estava trabalhando em uma missão em Puerto Rico e veio imediatamente para Chicago. Nandu chegou de New Haven. Raj ficava o dia todo no hospital. Quando minha mãe trouxe Preetha ao hospital, então com 2 anos de idade, minha filha ficou chorando ao meu lado e não saiu de lá, morrendo de medo ao me ver ligada a tubos em um quarto estranho.

INDRA K. NOOYI

Voltei para o apartamento depois de algumas semanas, e minha família cuidou de mim dia após dia. Fiz fisioterapia; como consequência da concussão, tive que reaprender os nomes de algumas pessoas e não conseguia ver TV ou ler muito. Disseram-me que eu não poderia ter outro filho por alguns anos, por conta dos ferimentos internos. Surpreendentemente, recebi a notícia com muita calma. Estava contente demais com Preetha, e suas conversas me colocavam para cima.

O descanso intensivo de que precisei para me curar me forçou a desacelerar como nunca. Eu dormia muito e, em dias bons, ficava louca para voltar a trabalhar. Em dias ruins, ficava feliz por estar viva e inteira. O acidente foi minha culpa, porque eu fora até o cruzamento sem ver o carro que se aproximava. Havia pouca sinalização no local, como mais tarde notou o policial durante minha audiência. Ele vira muitos outros acidentes bem ali.

Mais uma vez, a BCG deu um passo à frente, pagando meu salário ao longo dessa provação. Também tínhamos um seguro-saúde excelente pela empresa, e não sei o que teríamos feito sem ele. Mas o tempo que fiquei afastada do trabalho me fez rever prioridades. Agora eu tinha uma filha, e as viagens sem fim e horas extras não pareciam mais empolgantes. Eu queria estar perto de casa.

Enquanto isso, um recrutador executivo continuava telefonando, me pressionando a considerar um emprego na divisão de eletrônicos automotivos da Motorola. Finalmente, entrei na sede daquela empresa em Schaumburg, Illinois, empurrando um andador de alumínio de quatro suportes.

Nos anos 1980, carros e caminhões passavam por uma transição de parafernálias mecânicas de aço pesado às máquinas mais leves guiadas por computador que dirigimos hoje. A Motorola, que teve um papel importante no desenvolvimento de rádios bidirecionais, pagers, semicondutores, celulares e satélites para uso governamental, estava inventando novos sistemas eletrônicos para veículos, para controle de motor e travas antibloqueios a sistemas de navegação inteligente. A pessoa encarregada da divisão de eletrônicos automotivos era Gerhard Schulmeyer, um en-

MINHA VIDA POR INTEIRO

genheiro e empresário alemão que trabalhara na Braun, na Gillette e na Sony na Europa, e tinha um MBA pelo MIT. Diziam que Gerhard era duro na queda. Ele precisava de uma nova liderança estratégica, alguém que o ajudasse a pensar como os amplos recursos da Motorola poderiam fazer atualizações radicais no transporte de indivíduos.

Soube que Gerhard era uma potência no instante em que o conheci. A entrevista foi muito relevante, não sobre eletrônicos ou carros, mas sobre minha linha de raciocínio como estrategista empresarial. Como faço para saber o que impulsiona um setor sobre o qual nada sei? Como me mantenho atualizada sobre o universo da estratégia? Quão extensa é minha rede de contatos? Gostei de Gerhard. Ele tinha uma habilidade incrível de retratar o futuro com palavras. Ele só queria saber se nós combinávamos. Pouco depois da reunião, a Motorola me fez uma proposta.

Fiquei surpresa com a rapidez com que tudo aconteceu e comecei a hesitar sobre se deveria me desligar da BCG e da consultoria que eu tanto adorava. Então, convoquei Raj para me ajudar a decidir. Fomos jantar com Gerhard e Helga, sua esposa alegre e inteligente. A acolhida e as trocas entre ambos nos deixaram realmente impressionados. Quando chegamos em casa, Raj me disse que, se eu realmente quisesse sair da BCG e trabalhar para alguém que não se importava se eu era homem, mulher, imigrante, mãe etc. — alguém que só se importasse com meu cérebro —, deveria trabalhar para Gerhard. "A única coisa importante para ele serão os resultados." Aceitei o emprego.

Trabalhei com Gerhard, de forma intermitente, nos 8 anos seguintes. Ele era meu professor, orientador, crítico e incentivador, e estimulou minha carreira com sabedoria e cuidado com minha família que foram fundamentais à minha ascensão e habilidade para me tornar CEO. Ele me ensinou a simplificar problemas complexos e a comunicá-los de maneira eficaz. E buscava oportunidades para mim. Certa vez, ele me enviou para dar uma aula no MIT quando a universidade o procurou.

Mais uma vez, tive a sorte de ter um chefe que era mentor, defensor e amigo. Em troca, eu fazia muitas horas extras. Minha lealdade a ele era inabalável.

INDRA K. NOOYI

No fim de 1986, ainda mancando de um jeito engraçado, comecei a dirigir toda manhã da nossa casa no centro de Chicago até a Motorola, a uns 50 km de distância. Algumas semanas depois, minha mãe nos disse que não queria enfrentar outro inverno em Chicago, com meses de ventos frios e temperaturas congelantes. A neve suave podia ser linda, dizia, mas ela estava se sentindo presa e realmente queria voltar à Índia e ficar vários meses. Raj e eu entendemos totalmente. Compramos sua passagem de avião. Preetha não ficou contente.

Naquela época, não tínhamos creches.

Enquanto Amma viveu conosco — durante minha gravidez, nossas adaptações como pais e enquanto me recuperei daquele acidente horroroso —, nunca me preocupei se Preetha estava segura e era amada. Não me preocupava com sua alimentação, vestuário ou se realmente estavam cuidando dela. Liam para ela, conversavam com ela, a pegavam no colo, a estimulavam e a colocavam em cursos para bebês. Eu estava sempre em contato com minha mãe e sabia os detalhes de como minha filha passava os dias. Nossa menina vivia no centro de uma comunidade plena e dedicada.

Mas agora, durante pelo menos uma estação fria e escura, Raj e eu estávamos por conta própria. E os 5 meses seguintes trouxeram para casa a dura realidade de dois pais trabalhando fora e uma criança pequena lidando com um cenário em que creches de qualidade e acessíveis não eram onipresentes, e que sistemas de suporte para famílias que trabalham eram extremamente escassos.

Primeiro, espalhamos para parentes, amigos e vizinhos que estávamos procurando uma cuidadora e entrevistamos algumas pessoas. No entanto, como muitos outros pais, não encontrávamos alguém em quem confiássemos e com quem nos sentíssemos conectados, e uma babá de primeira categoria e bem treinada era muito caro.

Então, felizmente, uma mulher chamada Vasantha, que encontramos algumas vezes em shows de música indiana, se ofereceu para ajudar. Ela morava com o marido, três filhas e um filho, todos adolescentes, em uma casa em Oak Park, Illinois, a cerca de 20 minutos de nosso apartamento e a caminho do escritório de Raj. Ela receberia Preetha toda manhã, comentou, e um de nós poderia apanhá-la de volta a caminho de casa. Olhando em retrospecto, reconheci que uma bênção completa desse acordo foi que Vasantha nos deixava pegar a bebê a qualquer hora da noite.

Logo, todas as manhãs às 6h30, colocávamos o traje de inverno completo em Preetha, além do chapéu, luvas e botas; colocávamos fraldas, roupas extras, brinquedos, cremes e pequenos lanches na bolsa, e às 7h Raj a carregava até seu carro no meio do inverno de Chicago. Ele a colocava na cadeirinha e a levava até Oak Park.

À noite, muitas vezes era Raj que voltava à casa de Vasantha, abrindo caminho entre os montes de neve até a porta da frente. Eu tinha menos disponibilidade para buscar Preetha porque, em meu primeiro ano na Motorola, tive que viajar muitas vezes para Phoenix a fim de trabalhar com os executivos sediados em Chicago cuja "matriz de inverno" era o Arizona. Lembro-me de algumas situações em que fiquei presa em um avião na pista do Aeroporto O'Hare, em pânico por estar atrasada na minha noite de pegar minha filhinha. Às vezes, não conseguia chegar à casa de Vasantha antes das 21h ou 22h.

Preetha amava Vasantha, mas as caronas de manhã cedo no frio e tarde da noite a deixavam exausta. Havia manhãs em que ela se recusava a sair da casa e fazia birra. Aquele inverno não foi nosso momento mais brilhante. Na primavera, Raj e eu estávamos esgotados com tudo aquilo. Alguma coisa precisava mudar.

Optamos por voltar para Glen Ellyn, em uma casa de quatro quartos com um subsolo semiacabado, um alpendre frontal e garagem para dois carros perto de um parque e uma escola Montessori. A casa nova, em um empreendimento novo em folha, era muito mais perto de meu escritório e tinha espaço para funcionários morarem e visitas familiares.

Nossa vida norte-americana suburbana recomeçou pela segunda vez, agora com móveis em quase todos os cômodos e uma menina agitada de 3 anos. Ela adorava os recantos, os lugares afastados e as várias escadas da casa, e também de pular na banheira. Ela tinha dois amigos na rua, Mark e David, e eles assistiam muito às Tartarugas Ninja na TV. Nunca entendi muito bem o programa, mas Rafael, Donatello, Michelangelo e Leonardo, os quatro personagens principais, tornaram-se meus novos melhores amigos.

Raj e eu também pedimos a nossos pais, tios e tias na Índia que tirassem uma folga e viessem aos EUA para nos ajudar com Preetha. Alguns concordaram, e então tivemos de organizá-los. Usamos um calendário grande e trabalhamos com meses de antecedência para disponibilizar todos os horários de viagem e as passagens, bem como os vistos e documentos de apoio de que todos precisavam para entrar nos EUA e depois voltar.

Nos anos seguintes, minha mãe, sogros e parentes se alternaram morando conosco e viajando de volta à Índia. Às vezes, também contratávamos uma babá local para ajudar a aprontar Preetha para a pré-escola, ajudar na cozinha e fazer alguns trabalhos de casa. À noite, Raj e eu segurávamos o rojão. Ainda não tínhamos vida social. Nossos vizinhos eram simpáticos, mas também estavam lutando para manter o trabalho e a família nos eixos.

Parentes da Índia vinham a cada 2 ou 3 meses. Eles dormiam em um quarto iluminado com um banheiro anexo no andar principal e se revezavam nas necessidades e atividades de Preetha. Para ser franca, eles assistiam muita TV e não iam a lugar algum exceto aos fins de semana, quando lhes mostrávamos os arredores de Chicago ou os levávamos ao shopping ou ao cinema. Eles sofriam um pouco com o silêncio do subúrbio, sentindo falta de convidados aparecendo e do agito de casa. Adquirimos para cada um deles um bilhete aéreo Visite os EUA, um plano para visitantes estrangeiros voarem pelo país e verem os pontos turísticos. Mas ninguém o usou. Eles vinham a Glen Ellyn só para ficar conosco.

Os homens tinham empregos decentes de nível médio no governo da Índia e nunca haviam tirado muitas férias, então tinham folgas pagas para viajar. As esposas não trabalhavam fora e não tinham muitos compromissos pessoais. Ajudar nossa família em crescimento era considerado tanto uma responsabilidade intergeracional quanto uma alegria. Eles tinham interesse em nosso sucesso.

MINHA VIDA POR INTEIRO

O decisivo para mim era o fato de rejeitarem a ideia indiana tradicional de que a mulher da família, ainda que ganhasse dinheiro trabalhando fora, também era responsável por manter todo mundo alimentado, vestido, limpo e contente. Se eu voltasse cansada para casa, eles me pediam para descansar. Eu permanecera no trabalho — como o pai de Raj me instigou a fazer após o casamento —, e eles se orgulhavam muito de mim. Eu era uma mulher instruída e cheia de energia deixando minha marca em empresas norte-americanas, e eles falavam sobre minha carreira com os amigos e conhecidos na Índia. Nooyi é um vilarejo perto de Mangalore, e meus sogros adoravam o fato de eu carregar o nome em minhas buscas pelos EUA e colocar sua cidadezinha minúscula no mapa.

Não pagávamos nossos parentes ou minha mãe pela ajuda. Raj e eu pagamos tudo para minha mãe quando ela morou conosco, mas não lhe demos um salário por cuidar de criança, cozinhar, limpar e milhares de outras pequenas tarefas que ela fez para manter nosso lar funcionando ao longo dos anos. Se tivéssemos sugerido um pagamento, ela teria se sentido insultada.

Mesmo que Raj e eu fizéssemos malabarismos, nos preocupássemos, brigássemos e segurássemos a barra durante o único inverno em que levamos Preetha à creche domiciliar, eu sabia que nossos problemas eram bem simples. O acordo era de curta duração, e tínhamos empregos seguros e uma filha saudável. Além disso, quando nossas filhas eram pequenas, Raj e eu tínhamos muita sorte por podermos confiar em uma rede de apoio — composta por uma família estendida respaldada por empregadas — para permitir que nossa pequena família crescesse. E, é claro, conseguimos continuar progredindo na carreira.

Mas, e as milhares de famílias que não têm esse luxo? As dificuldades das famílias trabalhadoras que fazem essa dança todo dia por anos — passando por tempestades de neve mas também por perda de emprego, divórcios, doenças e milhões de outras barreiras que todos enfrentamos — me

89

INDRA K. NOOYI

fazem perguntar por que creches acessíveis e que cabem no bolso não são prioridade nacional.

A rede de apoio confiável que eu tinha em casa me permitia mergulhar no trabalho na Motorola. Na primeira semana, fiquei em meu novo escritório no prédio antigo da Automotive Electronics para ler sobre o trabalho estratégico recente, e logo descobri que nenhum dos quatro estrategistas-chefes parou com Gerhard nos 18 meses que me antecederam. Não era um bom sinal! Perguntei ao chefe de recursos humanos sobre isso.

"Sim. É porque é impossível trabalhar com Gerhard", disse ele. "Ele tem uma ideia e ninguém consegue acompanhá-lo. Esperamos que você dure."

Saber disso era fundamental. Gerhard precisava que eu corresse com ele e ajudasse a expor seu ponto de vista na empresa. Todas as manhãs, ele começou a parar em meu escritório com reflexões novas, e comecei a colocar cada uma delas em um dos três recipientes: 1) Vale a pena trabalhar nisso imediatamente; 2) Levarei algumas semanas para começar; 3) Não vale a pena continuar. Com o tempo, eu reorganizava a lista e ele via progressos. Ele nunca questionou minha decisão sobre como eu priorizava suas ideias e por quê.

Gerhard me contratou, uma completa estranha, porque tinha sido exposta a muitos setores diferentes e poderia aplicar uma estrutura estratégica para compreender o que confere valor a um negócio. Eu era franca e estava disposta a desafiar o *status quo*.

Entretanto, eu não sabia nada de carros e eletrônicos. Portanto, duas vezes por semana, recebia dois professores da faculdade comunitária para fazer aulas — uma sobre o funcionamento dos automóveis e outra sobre física do estado sólido e eletrônicos. O que é um microprocessador? O que é um semicondutor? O que são controles eletrônicos de motor? O que é uma transmissão? E um carburador? Sem esse treinamento extra, eu não teria conseguido. Tive que vestir a camisa da aluna curiosa e rápida que compreendia todo o portfólio da Motorola, sobretudo eletrônicos automotivos.

MINHA VIDA POR INTEIRO

Fundada em Chicago em 1928, a companhia foi a primeira a desenvolver rádios para carros (daí vem o 'motor' e o 'ola', um típico sufixo dos anos 1920 que indicava sons). Seis décadas depois, a Motorola estava cheia de mentes geniais ajudando a conduzir a revolução tecnológica. Eles trabalharam com a NASA para construir os rádios que permitiram a Neil Armstrong falar com a Terra a partir da Lua. Projetavam e construíram microprocessadores e semicondutores para alimentar computadores feitos pela Apple e pela IBM. Inventaram o primeiro telefone sem fio em 1971. Quando cheguei, ele havia se tornado o DynaTAC 8000, o primeiro telefone móvel comercialmente viável. Era um aparelho de US$ 3.995, do tamanho de um livro e uma bateria que durava 30 minutos, e eu estava muito orgulhosa do que ganhei por ser funcionária da Motorola. Eu também usava um pager no cinto da saia, já que executivos como eu certamente precisavam ser bipados a qualquer momento. Era um sinal de importância — mesmo se as únicas pessoas que o bipassem fossem sua família e amigos.

Durante 2 anos, trabalhei com Gerhard reposicionando a divisão de automotivos eletrônicos para crescimento sustentável. Então, como sugerido por ele, fui convidada pelo escritório do CEO para liderar um projeto em toda a empresa sob a égide de "Controle e Comunicações para Pessoas e Máquinas em Movimento". Tínhamos três forças-tarefa para examinar como a tecnologia pode se mover com uma pessoa ao longo do dia — "Carro do Futuro", "Caminhão do Futuro" e "Casa do Futuro". Analisaríamos como as pessoas poderiam transicionar entre uma casa tecnologicamente avançada e um carro ou caminhão, para tornar a vida mais conveniente e conectada.

Eu adorava o encargo e a natureza abrangente do projeto. Recebi um orçamento generoso e reuni uma equipe de vários executivos da Motorola e sete alunos de MBA que trancaram um semestre para trabalhar no projeto. Tínhamos inúmeras ideias sobre como a tecnologia poderia moldar e moldaria nosso futuro: painéis com laser e navegação integrados; telefones móveis incorporados; controle à distância da casa a partir do carro. A lista

91

continuava. Tínhamos que pensar como a Motorola elaboraria estratégias de investimento para os anos que viriam.

O ponto alto foi uma reunião que durou o dia todo com dez executivos seniores, que disseram que estavam ávidos para colaborar entre as divisões e dar vida a nossas conclusões. Pessoalmente, era gratificante ver meu trabalho tão bem recebido.

No fim de 1988, aos 33 anos, fui promovida para a diretoria de estratégias corporativas e planejamento de toda a Motorola. Comecei a trabalhar com o escritório do CEO e me senti incluída naquele círculo interno. Chris Galvin, encarregado das funções corporativas e mais tarde CEO, defendeu que eu obtivesse o título de "vice-presidente", raridade para uma mulher na empresa.

Eu me mudei para um escritório no 6º andar do grande edifício-sede de tijolos marrons e vidros. O trabalho veio com um carro e uma vaga de estacionamento interna — um bônus, já que eu poderia parar de tirar gelo e neve do para-brisa antes de voltar para casa nas noites de inverno. Tive um pequeno aumento, mas eu não estava pensando em dinheiro. Estava empolgada para assumir um cargo maior.

Meu trabalho era renovar as estratégias corporativas, uma função subvalorizada no ramo executivo da Motorola. Contratei meia dúzia de pessoas, inclusive ex-colegas da BCG e de outras partes da Motorola, e me atirei no trabalho. Adorava gerenciar pessoas, explicar como poderíamos fazer a Motorola crescer e assumir as empresas ágeis no Vale do Silício.

Como líder, eu poderia ser muito franca e enérgica para garantir que tomaríamos as decisões corretas. Em algumas reuniões, faria comentários bem diretos sobre os planos e, às vezes, apontaria por que achava que a estratégia de uma certa unidade não funcionaria. "Sua estratégia não faz o menor sentido", eu diria. "Não há como você proporcionar o retorno que assumiu no modelo financeiro." Isso não era popular — ou eficaz.

Em dado momento, George Fisher, o CEO, notou meu estilo e me chamou em particular. "Cuidado ao atirar granadas", disse ele. "Você pode desestimular as pessoas, ainda que as intenções sejam boas." George me instruiu a tomar um rumo diferente, com perguntas como: "Você me ajuda a entender

MINHA VIDA POR INTEIRO

como isso vai funcionar? Pelo que vejo, essa plataforma tecnológica exige muito investimento e paciência. É prudente considerar um retorno rápido?" Por mais que eu detestasse essa maneira nova e mais suave de fazer perguntas, descobri que surtia efeito. Eu gostava do modo como George falava comigo — cara a cara, muito direto e com um tom construtivo. Em geral, boas lições.

No entanto, lidar com um escritório de CEO complicado e importantíssimo, presidentes de várias divisões e outros gerentes bem-intencionados que acreditavam que também precisavam influenciar as estratégias corporativas e planejamentos da Motorola tornava tedioso o trabalho cotidiano. Descobri como fazer as coisas em meu cargo de estratégia trabalhando por meio de pessoas que detinham um poder informal, mas isso parecia desnecessariamente demorado.

Certo dia, no fim de 1989, Gerhard me telefonou para dizer que estava saindo da Motorola. Ele aceitara um cargo na ASEA Brown Boveri de Zurique, uma empresa nova e ambiciosa formada pela fusão recente da sueca ASEA A.B. e da suíça BBC Brown Boveri. A ABB seria concorrente da General Electric (GE), da Mitsubishi e outras como a mais importante fabricante de equipamentos elétricos pesados, incluindo equipamentos de geração de energia e de transmissão e controles industriais. Gerhard se mudaria para a Suíça. Por ora, Helga ficaria em Chicago com os três filhos.

Fiquei decepcionada, mas não surpresa. Gerhard começara a administrar os negócios europeus da Motorola há poucos meses, e eu sabia que as divisões globais de produtos não gostavam de seu estilo direto e não estavam cooperando. Ele estava frustrado e seguindo rumo a pastagens mais verdes. Sob sua tutela, meu crescimento tinha sido imenso. Desejei-lhe boa sorte e prometi manter contato, mas sabia que sentiria muita a sua falta.

Enquanto isso, na sede, a equipe de estratégias corporativas foi solicitada a assumir um empreendimento novo e gigante — uma análise completa do portfólio de todas as empresas da Motorola. Trabalhamos dia e noite para analisar os pontos fortes e fracos da companhia, em quais segmentos

93

devíamos investir, e quais apostas em tecnologia de longo prazo faziam mais sentido. Descobri que todo aquele trabalho anterior sobre "X, Y, Z do Futuro" estava surtindo efeito — tínhamos ótimas ideias em que mirar.

Depois de quase um ano, minha equipe de estrategistas fez uma apresentação de 6 horas para o gerente sênior da companhia, uma análise de cima a baixo com um plano de ação claro. Eu estava empolgada e muito orgulhosa de tudo. Era o trabalho mais importante e mais abrangente que eu jamais tinha feito. A conversa foi estimulante e reveladora. Todos se complementavam, e a chefia disse que voltaria a entrar em contato em algumas semanas, com ideias sobre como seguir adiante.

Gerhard voltou a telefonar. Ele chegara em Zurique e logo decidiu que me queria na ABB. Disse a ele que em hipótese alguma me mudaria para Zurique ou iniciaria uma trajetória internacional. Ok, disse ele, isso ele entendia. Mas, já que eu não aceitaria o trabalho, será que poderia ajudá-lo a achar alguém que pudesse auxiliá-lo? Ele já pedira a seu recrutador executivo que lhe encontrasse "uma Indra Nooyi". O recrutador não fazia a menor ideia do que aquilo significava e precisou me ligar para criar a descrição do cargo.

Concordei em ajudar e comecei a analisar candidatos. A pedido de Gerhard, fui a Londres só para conhecer quatro ou cinco novos potenciais estrategistas. Tenho certeza de que ficaram confusos com o porquê de uma pessoa da Motorola estar entrevistando-os para o cargo na ABB, mas isso não importava. Gerhard rejeitou todos eles. Sua secretária de Zurique também me ligava muitas vezes, para falar sobre as solicitações de Gerhard que ela estava tentando entender. Brincávamos que eu era sua "intérprete de 'Gerhardês'". Eu a ajudei nos primeiros dias.

Vários meses se passaram. Eu estava esperando algum direcionamento sobre os próximos passos relacionados à minha análise de portfólio, mas os chefes continuavam me pedindo para ter paciência. À noite, Raj começou a me ouvir reclamando e pela primeira vez me viu lutando contra a ansie-

MINHA VIDA POR INTEIRO

dade. Era uma situação incomum para ele — e para mim. Em geral, eu era bastante determinada, mas agora estava frustrada.

Considerando a cultura da Motorola, talvez eu devesse saber que as decisões importantes sobre todo o futuro da companhia seriam lentas e cuidadosas. Mas eu estava impaciente e estressada, e não sabia se minha impaciência era — e é — um vício ou uma virtude.

Gerhard ligou mais uma vez. A ABB estava em uma farra de compras, disse ele, e absorvera centenas de companhias menores de engenharia e fabricação de equipamentos pelo mundo. A empresa crescera para 200 mil funcionários e vendas de US$ 20 bilhões por ano. Agora, a ABB estava assumindo a Combustion Engineering, uma fabricante de sistemas de geração de energia e outros equipamentos industriais sediada em Stamford, Connecticut. Gerhard estava adicionando as operações da companhia dos EUA a seu cargo. Supervisionava quase um terço da ABB. Ele e Helga estavam se mudando para Connecticut.

Eu me mudaria também?

Na época, Raj estava se saindo extremamente bem na Hewlett Packard e muito feliz com o cargo de executivo de vendas. Ele estava entre os primeiros ganhadores do President's Club Award da empresa, prêmio concedido a muito poucas pessoas. Ele trabalhava com pessoas que considerava amigas íntimas; adorava os negócios e o ambiente.

Preetha frequentava a escola Montessori de Glen Ellyn. Na maioria das noites, ambos estávamos em casa em um horário razoável, jantávamos juntos, brincávamos com nossa filha em fase de crescimento e líamos livros para ela. Alguns fins de semana, Raj a levava ao Morton Arboretum, onde faziam amizade com aves, árvores e flores. Outros, íamos ao museu de ciências ou ao Shedd Aquarium no centro de Chicago. Nossa vida era estável e divertida. As árvores que tínhamos plantado no quintal estavam crescendo. Sim, estava frustrada no trabalho, mas nossa vida estava bem equilibrada.

Não obstante, Gerhard não parava. Depois de conversar comigo, ele falou com Raj sobre o plano de Connecticut e mapeou todos os motivos por que devíamos nos mudar: estaríamos mais perto de Nova York e de minha irmã; escolas melhores; casas lindas; salário maior; e trabalhar para um chefe e uma empresa voltados para a ação. Ele sabia vender o peixe. Raj atendeu a ligação e ouviu com paciência — um verdadeiro tributo a esse príncipe de homem que ele é.

Certa noite, Raj me perguntou se eu achava que alguma coisa ia acontecer com minha análise de portfólio da Motorola. Disse a ele que aquilo não cheirava bem. O problema estava na estrutura de liderança da Motorola — os presidentes de cada divisão, no fim, tinham muito mais influência sobre essas decisões, e o escritório do CEO teve de elaborar um consenso com eles em relação às principais decisões estratégicas. Meu departamento sempre seria uma caixa de ressonância, mas nossas recomendações poderiam levar anos para ser implementadas. Quão recentes elas seriam no mundo tecnológico superacelerado?

"OK", disse Raj. "Então, vamos nos mudar. Quero que seja feliz, e é evidente que você não está."

O fato de meu marido colocar minha felicidade e carreira no centro da conversa foi bem emocionante. Claramente ele havia pensado nisso e estava disposto a ver a esposa e a filha atravessarem o país enquanto ele ficava em Chicago para mais tarde nos acompanhar, Deus sabe quando. Ele sabia que teria de trocar de emprego na HP ou mudar de empresa. Estava disposto a garantir minha satisfação.

O altruísmo de Raj é ainda mais notável porque ele estava assumindo as convenções da época de várias formas. Era um homem ambicioso e instruído, na casa dos 30 anos e na própria ascensão corporativa, com grandes perspectivas de gerência e finanças. Também era um imigrante indiano nos EUA, limitado pelas expectativas comportamentais de familiares e amigos em casa, e pelos homens que estava conhecendo neste novo país. Optando por mudar de vida em prol de minha carreira, ele estava contestando tudo isso. Sua coragem e dedicação a mim e à família é o motivo por que o adoro e o considero a melhor coisa que já me aconteceu.

Quando decidi sair da Motorola, Chris, cujo avô fundara a companhia e cujo pai fora CEO, ficou visivelmente chateado. Em um fim de semana, ele veio de manhã a nossa casa para me convencer a ficar. Seu argumento mais convincente foi que eu não deveria deixar uma instituição — a Motorola — por uma pessoa — Gerhard. Disse a ele que não queria ir embora, mas também não sentia que estava causando um impacto.

Tudo o que eu queria era ver os frutos de meu trabalho.

6

Minha mãe, Preetha e eu nos mudamos para um pequeno apartamento de dois quartos na Strawberry Hill Avenue em Stamford, Connecticut, no fim de 1990. O prédio era um bloco gigantesco de cimento; as paredes eram finas, o carpete, gasto, e Preetha, agora com 6 anos, não tinha lugar onde correr. Ao menos, era temporário.

O plano era Raj vir de Chicago alguns fins de semana por mês, enquanto combinava com a HP uma transferência para o nordeste. Ele era *top performer*, estava escalado para uma promoção e amava o trabalho. Ele estava otimista, mas depois de alguns meses, infelizmente soubemos que o emprego maior em Connecticut não estaria disponível por mais de um ano. Ainda que Raj se conformasse em continuar fazendo viagens de ida e volta, eu não o queria longe de nós por períodos tão longos. Preetha sentia saudades, e eu pensava que não conseguiria ficar sem ele.

Com relutância, Raj optou por se mudar para Connecticut, sem saber o que faria a seguir. Foi uma escolha muito difícil e um sacrifício que fez por amor. Ele deixou um ótimo emprego em uma companhia influente na revolução tecnológica no auge de uma situação incrível lá dentro.

Independentemente disso, nossa casa em Glen Ellyn foi vendida em poucas semanas e estávamos bem contentes por nos mudarmos para perto de Nova York. Meus irmãos estavam próximos, e minha mãe tinha mais amigos da Índia na região. New England era familiar. Estávamos a apenas uma hora de carro de Yale e pude me envolver mais com a SOM, e talvez até ir ao Yankee Stadium assistir aos jogos.

Eu estava empolgada para voltar a trabalhar com Gerhard — instantaneamente satisfeita por estar em um ambiente onde poderia me consultar com ele, tomar decisões e entrar em ação. Nossos escritórios ficavam em jardins arborizados, em um luxuoso edifício com corredores amplos e salas grandes. Meu título era Vice-Presidente Sênior de Estratégias e Marketing Estratégico, e meu portfólio incluía todas as empresas da ABB na América do Norte e o segmento industrial global da companhia. Eu estava entre os cinquenta principais executivos na ABB.

A ABB era uma máquina de aquisições da época. Em seu auge, a Combustion Engineering, empresa que a ABB comprara em Connecticut, foi uma companhia norte-americana icônica, fornecendo equipamento de geração a vapor e de transmissão de energia a quase todos os utilitários nos EUA. Agora, era uma fabricante de turbinas a vapor que perdia dinheiro, com dezenas de milhares de funcionários. A ABB queria aumentar sua presença na América do Norte e completar sua oferta de produção de energia. Na verdade, achei a compra terrível, concluída sem os devidos cuidados. Havia problemas por todos os lados. Gerhard teve de agilizar toda a operação e escalonar a visão de mundo de um conglomerado europeu ambicioso.

O CEO da ABB, radicado em Zurique, era Percy Barnevik, um jovem executivo sueco que 3 anos antes planejara a fusão da ASEA com a Brown Boveri. O estilo operacional de Percy era único — ele descentralizou a companhia em centenas de entidades legais e deu controle total aos gerentes seniores. Então, viria com sete pedras na mão se eles não proporcionassem resultados. Percy fora nomeado 'CEO do Ano' europeu, e seu estilo foi veiculado na imprensa. Todos pareciam impressionados e com um pouco de medo de Percy. Eu estava suficientemente longe dele para apenas observar e aprender.

Nossa maior concorrente era a GE, liderada pelo lendário CEO Jack Welch, que comandava uma ampla sede corporativa a apenas 32 km de nossos escritórios em Stamford. Com inveja e medo, a ABB estudava cada movimento da GE. A GE de Jack Welch era "A" companhia a quem imitar.

A única coisa que intrigava a todos nós da ABB era a realidade de que boa parte dos lucros provinha da GE Capital, uma estratégia arriscada que poderia descarrilhar o desempenho da GE se os mercados financeiros se tornassem voláteis. Isso também significava que a avaliação da GE não era impulsionada por seus negócios manufatureiros. Estávamos nos comparando com a empresa errada.

Mais uma vez, mergulhei nas complexidades dos negócios. Desta vez, equipamentos industriais globais para fabricação de utilidades — tecidos, papel, petróleo e gasolina, produtos industriais gerais. Como os clientes compram acionamentos e motores, controles lógicos programáveis, instrumentos? Eles compram sistemas ou subsistemas? Ou compram produtos independentes e os integram usando engenharia interna? Meu treinamento na BCG, sobretudo meu trabalho com a Trane no complexo de sistemas HVAC, me ajudou a pensar nisso.

Comecei a estudar os aspectos práticos das ofertas da ABB. Iniciei uma série de viagens regulares à Europa, principalmente a Zurique, na Suíça; Mannheim, na Alemanha; e Vasteras, na Suécia, para visitar usinas e trabalhar com colegas e clientes do mundo todo.

Na América do Norte, o trabalho era mais holístico. Além dos clientes industriais, tínhamos que lidar com utilidades públicas. Qual seria a provável demanda por energia nos próximos 20 anos? Quais serviços públicos precisarão de capacidade de produção? Motor a vapor *vs.* a gás? Qual é a idade da base instalada? Criei conselhos de consultoria na indústria e fiz especialistas nos ajudarem a elaborar estratégias. Fornecedores de equipamentos e serviços públicos eram mutuamente dependentes, e era muito proveitoso conhecer clientes assim. Minha equipe, por sua vez, era um grupo coeso, produtivo e genial.

Em meio a tudo isso, eu também era auxiliada por Anita Griffin, que planejava minhas viagens e cuidava de minha agenda, e todos adoravam sua presença no escritório. Ela planejou uma festa surpresa para mim no dia em que fui empossada como cidadã norte-americana — com bandeirinhas, um bolo e chapéus nas cores vermelha, azul e branca. Ela realmente entendeu que aquele era um grande dia para mim: eu estava empolgada por me tornar cidadã dos EUA, mas estava abrindo mão de minha cidadania da Índia, país onde nasci e lugar tão fundamental para minha identidade. Foi um dia muito emotivo.

Eu estava muito ocupada com o trabalho de estratégia, mas também como um par de olhos e ouvidos extra para Gerhard. Com frequência ele ficava na sede em Zurique, porque era membro do *Vorstand*, o comitê executivo, da ABB. Eu me tornei sua intermediária nos EUA — passando mensagens dele para os gerentes e vice-versa, tentando fazer suas grandes ideias funcionarem. Conversávamos várias vezes por dia.

Gerhard se comunicava em inglês, mas seu estilo era alemão. Ele gostava de estruturas simples, dados apresentados com organização e lógica, e apresentações concisas. Às vezes, ele assistiria a uma apresentação e, então, voltando-se para mim, na frente de todo mundo, diria: "Presumo que não tenha lido o material antes que ele chegasse até mim." Eu podia sentir que era isso que aconteceria porque suas orelhas ficavam vermelhas. Eu era a única que reparava.

A consequência daquele tipo de comentário era que a maioria dos meus colegas faziam o trabalho passar por mim antes de encaminhá-lo a Gerhard. Eles gostavam de minha contribuição, e para mim era outra maneira de aprender sobre problemas pelos quais eu não era diretamente responsável. Eu tinha que usar com cuidado meu poder de acesso. Garantia que as pessoas soubessem que eu não estava falando por Gerhard e que ele sabia que minha intenção não era fazer fofoca.

Porém, havia uma desvantagem nesse cargo. Chris Galvin, da Motorola, estava certo. Minha lealdade a Gerhard era total, mas na verdade eu estava trabalhando para a pessoa, não para a instituição. Meu sucesso e longevidade na ABB estavam atados a Gerhard.

Strawberry Hill não era de nosso gosto, e, após alguns meses, comecei a procurar uma casa para alugar enquanto poupávamos dinheiro extra para comprar um lar permanente. Raj e eu pensamos com muito cuidado

MINHA VIDA POR INTEIRO

nesse passo seguinte. Alugaríamos um lugar perto de onde queríamos comprar uma casa e então fincaríamos raízes lá.

Escolhemos o Fairfield County de Connecticut, que é, em grande parte, uma cidade-dormitório, alinhada às estações de trem Metro-North para as centenas de milhares de trabalhadores que entram e saem da cidade de Nova York todos os dias. O município se estende por 50 km até a costa atlântica, de Greenwich, na fronteira do estado de Nova York, com casas grandes em ruas sinuosas e arborizadas, a Bridgeport, que em 1990 estava à beira da falência. Entre eles ficam as comunidades menores de Darien, New Canaan, Norwalk, Fairfield, Westport e mais meia dúzia de cidadezinhas que sintetizam a vida suburbana de New England: boas escolas, bibliotecas públicas, igrejas antigas e abóboras nas soleiras das portas no outono.

Como não consegui uma casa para alugar após várias tentativas, Gerhard deu uma sugestão. Helga e os filhos estavam se mudando de Chicago, mas só chegariam dentro de algumas semanas. Eles tinham organizado uma casa temporária em New Canaan. Por que Raj e eu não ficávamos com a casa? Os Schulmeyers encontrariam outra.

O lugar que Gerhard e Helga alugaram era maravilhoso — maior do que teríamos escolhido —, com árvores adultas e um quintal lindo. Ok, Raj e eu pensamos quando a vimos, vai custar um pouco mais, mas vamos lá. Porém, quando Gerhard informou aos proprietários que a casa passaria para inquilinos de origem indiana, eles voltaram atrás. "A casa não está disponível para aluguel", afirmaram.

Podemos adivinhar por que os proprietários tiraram o corpo fora, mas Raj e eu apenas seguimos em frente. Precisávamos encontrar uma casa e não tínhamos tempo ou energia para lidar com isso. Os Schulmeyers também não ficaram com a casa.

Encontramos um lugar em Darien em um bairro chamado Noroton Bay, com áreas úmidas por todos os lados e repleto de aves e esquilos norte-americanos que Preetha adorava perseguir. A casa continha uma estrutura grande e contemporânea que precisava de reparos, mas era perfeita para alugar. Podíamos ver a água cristalina de quase todos os cômodos.

103

Raj logo conseguiu um emprego no ramo de consultorias da KPMG, com sede em Stamford, focado no gerenciamento de cadeia de suprimentos na indústria eletrônica. Após menos de um ano, ele mudou para a PRTM, outra firma de consultoria afiliada à KPMG. Ele trabalhou lá por 9 anos e se tornou sócio. O trabalho o deixava energizado.

Preetha começou a primeira série na New Canaan Country School, e minha mãe morava conosco e passava um tempo com minha irmã, que agora estava casada e morando em Nova York com um novo bebê, uma menina. Meu irmão se formara em Yale e estava fazendo doutorado no MIT em Cambridge, Massachusetts.

Logo fiquei grávida de novo. Ficamos animados, embora o ciclo de enjoo matinal tivesse começado como antes. Certa vez, desmaiei no escritório e tive que ficar alguns dias em casa. Gerhard fez seu motorista, Frank, ficar na calçada em frente à nossa casa, no caso de eu precisar de carona até o hospital. Quando disse a Frank que podia ir embora, ele se recusou. "O senhor Schulmeyer não vai deixar."

Novamente, precisávamos de uma cuidadora confiável e acessível para Preetha — alguém que cuidasse de uma criança que está no ensino fundamental.

Desta vez, decidimos contratar uma babá fixa por meio de uma agência conhecida, ansiosos para encontrar uma pessoa selecionada, testada e aprovada, de confiança e que pudesse levar Preetha à escola. Escolhemos uma jovem na casa dos 20 anos do norte de Nova York. Gostamos dela, embora parecesse que Preetha via muita TV quando não estávamos por perto. Falamos com a babá sobre se envolver com a criança, ler livros e brincar, mas nada mudou muito. Certa noite, a babá foi à cidade de Nova York com uma amiga e, no dia seguinte, nos informou que houve um incidente envolvendo essa amiga na casa em que a festa aconteceu. Ela disse não fazer parte disso, mas que a polícia poderia aparecer para fazer perguntas. Nós a dispensamos.

Voltamos à agência de babás, que cobrava uma taxa considerável para cada colocação, e escolhemos outra pessoa da base de dados que, esperávamos, pudesse durar mais. Ela era do meio-oeste e parecia simpática e alegre na biografia e na foto. Nós a entrevistamos por telefone. Ela parecia eficiente e organizada. No entanto, após algumas semanas, percebemos que ela não dava conta das demandas da função. Ela era gentil, mas não podíamos estar sempre preocupados com a maneira como ela passaria o dia. Tivemos de dispensá-la também.

Nós nos sentíamos desesperados para que essas babás dessem certo e tínhamos recursos para colocar a pessoa certa em nossa família. Mas o processo era tão atribulado e estressante que, como milhões de outros pais e mães que trabalham fora, apelávamos para qualquer plano formal. De vez em quando Amma segurava o rojão, e encontramos uma aposentada no bairro que cuidava de Preetha quando precisávamos. Frank a levava à escola se Raj ou eu não pudéssemos.

Para mim e Raj, essa foi uma fase de esperança, estresse, empolgação e medo. À medida que minha gravidez avançava, eu transitava de um enjoo matinal brutal a uma intensa fadiga laboral, viajando e tentando corresponder às expectativas de ser uma grande executiva, mãe, esposa e filha. O fato de minha mãe morar conosco trouxe grandes vantagens e, com o tempo, algumas dificuldades. Ela cuidava de Preetha à própria maneira. Os horários de dormir e comer eram bem flexíveis, e assistir TV era igualmente aleatório. Raj queria um pouco mais de rotina e disciplina na vida de Preetha. Minha mãe continuava nos lembrando de que ela criara três filhos e sabia o que estava fazendo. Eu não queria deixá-la nervosa. Raj estava certo em querer deixar a vida de Preetha um pouco mais organizada. Eu não podia mudar minha mãe. Tentei interferir, com muito pouco êxito.

Havia muita tensão na casa.

O convívio entre várias gerações, tão natural em lares asiáticos e muitas outras culturas pelo mundo, pode ser uma vantagem enorme para famílias que trabalham fora. Mães e pais contam com ajuda extra quando precisam, e netos e avós se conectam, construindo aquele tipo de relação profunda e duradoura que tive com Thatha, e que Preetha tinha com minha mãe e os pais de Raj. Esse modelo também funciona para cuidar dos idosos, e permite que adultos jovens tenham suporte da casa de origem ao se aventurarem pelo mundo.

Tenho plena consciência de que não é fácil. Viver dessa forma exige ajustes de todos os lados. Isso limita a privacidade de todo mundo e pode levar a rixas que magoam os mais velhos e causar rupturas nos casamentos. Evidentemente, esse não é o resultado esperado. Lares inteiros devem concordar com certos limites e comportamentos para manter saudáveis as relações.

Em certas culturas em que o convívio multigeracional é comum, pode ser particularmente difícil para mulheres que ficam no meio como mães, filhas ou noras. Essas mulheres podem trabalhar fora, mas também detêm o fardo tremendo de serem donas de casa exemplares, mães e cuidadoras. Cada movimento é passível de vigilância e crítica. Seu salário pode ser depositado em uma poupança familiar contra sua vontade, em que ela não tem controle dos próprios gastos. Ela acaba de sentindo culpada por não corresponder às expectativas dos outros e não tem liberdade para tomar as próprias decisões.

No mundo todo, com uma população envelhecendo rápido e necessidade real de suporte a famílias jovens, descobrir a melhor maneira de organizar coabitações multigeracionais em termos físicos e práticos está se tornando cada vez mais urgente. Fazer isso da forma correta — com arquitetura e desenvolvimento criativos, conectados à infraestrutura comunitária — pode ser uma vantagem e tanto para famílias que trabalham fora de um jeito que reduza pressões, mas contenha os benefícios maravilhosos do convívio.

Raj e eu começamos a procurar uma casa permanente nos arredores de nosso lar em Noroton. Gostávamos de estar perto das águas, os vizinhos eram simpáticos e Preetha adorava a escola. Então, certo dia, em um voo para a Europa, sentei-me ao lado de outra executiva, que também morava no subúrbio de Connecticut. Quando lhe contei sobre nossa busca por uma casa para comprar, ela reagiu, com toda a franqueza: "Espero que não estejam pensando no Darien, segregacionista, ou New Canaan."

MINHA VIDA POR INTEIRO

Fiquei surpresa com o comentário, mas não perguntei o que ela quis dizer.

Curiosamente, algumas semanas depois, estávamos conversando com um vizinho sobre nossa busca por casas e ele usou a mesma expressão. "O que estão fazendo neste Darien segregacionista?", perguntou. Em longo prazo, disse ele, não teríamos sensação de pertencimento nem de acolhida.

Essas duas conversas, em rápida sucessão, nos fizeram perceber como a experiência da casa alugada com Gerhard era muito mais profunda do que tínhamos imaginado. Meu pai sempre me disse para "presumir uma intenção positiva". Mas a mensagem era bem clara: aqueles bairros não eram para pessoas como nós.

Começamos a procurar em Greenwich, uma cidade maior e mais perto da região metropolitana de Nova York. Greenwich também não era exatamente diversa, mas nos disseram que mais famílias estrangeiras moravam lá. O corretor de imóveis nos mostrou tudo o que estava disponível, e encontramos uma casa adorável a uma curta distância de carro da parte comercial da cidade. Custava mais que nosso orçamento, mas correspondia a todos os critérios. Fechamos a compra. Agora, a casa era nossa.

Quando nos mudamos para Greenwich, soubemos que viveríamos em um bairro abastado — um tipo de bolha bem diferente da casa e da comunidade humildes em que morávamos em Chicago. Éramos um pouco ambivalentes, mas a qualidade das escolas, os arredores seguros e nossa crença de que poderíamos proteger nossas filhas pesaram na escolha.

Logo depois da compra, contratamos um empreiteiro para fazer alguns reparos antes de nos mudarmos. Poucas semanas depois, voltei de uma viagem e fui verificar o progresso e descobri que metade da casa fora reduzida às estruturas. O empreiteiro alegou que a casa tinha muito mais problemas que o esperado. Ele começou com uma pequena demolição e não parou mais.

Que desastre. Não tínhamos dinheiro para uma reforma grande. Eu estava grávida de 4 meses. Tínhamos de encontrar uma nova equipe de construtores — esse rapaz era evidentemente desonesto — e refazer esse projeto em um cronograma muito apertado. Raj e eu havíamos perdido o chão. Era

107

uma casa com estrutura de madeira, e nós havíamos crescido com as estruturas de concreto de topo plano da Índia. Não sabíamos nada sobre madeira serrada 2 por 4 ou como avaliar a inclinação necessária para um telhado segurar neve. Estávamos à mercê dos empreiteiros. Felizmente, para segurarmos as pontas, a ABB nos emprestou um pouco de dinheiro como parte de um programa de empréstimo empresarial bem comum à época. E Helga, que era designer e já reformara muitas casas, sabia o que estava fazendo e se colocou à disposição. Ela estava trabalhando na própria casa em Greenwich e acrescentou a nossa à lista.

Continuávamos sendo duas famílias que confiavam uma na outra para dar conta das atribulações de uma vasta gama de trabalhos e obrigações familiares — da transformação da ABB em uma companhia global dominante à garantia de que todos tivéssemos um lugar para dormir à noite.

Em meados de dezembro de 1992, quatro dias depois da mudança para nossa casa reformada, entrei em trabalho de parto. Na manhã seguinte, dei à luz, por cesariana, uma menina linda e saudável — Tara Nooyi. Mais uma vez, meu amor pelo bebê tomou conta de mim. No hospital, não a queria fora da minha vista e nunca deixava que a levassem ao berçário. Eu a contemplava, maravilhada, e rezava a Deus que me desse forças e habilidade para ser uma boa mãe para ela e Preetha.

Nossa família estava completa. Raj e eu estávamos encantados por termos duas filhas. Nós as amávamos de todo o coração e sentíamos o peso esmagador da responsabilidade. Queríamos protegê-las, poupar para seus estudos e casamentos, assim como nossas famílias fizeram conosco. Queríamos garantir que elas sonhassem grande e voassem alto. Conversávamos sobre como elas seriam cidadãs cuidadosas e agregadoras de sua comunidade e país e, talvez, mães responsáveis algum dia.

Duas crianças é mais complicado que uma. Nos primeiros meses de Tara, ficou claro que o trabalho emocional, físico e organizacional de cuidar de nossas filhas seria muito mais complicado do que havíamos previsto.

MINHA VIDA POR INTEIRO

Por exemplo, agora percebo que deveria ter prestado mais atenção à adaptação de Preetha em ter uma irmãzinha. Ela sempre fora o centro da família e gostava, especialmente, dos momentos a sós comigo, quando cantávamos e dançávamos juntas.

Ela já sinalizara que sentia minha falta porque eu trabalhava muito. Uma vez, quando ela tinha cerca de 8 anos, Gerhard perguntou o que queria ser quando crescesse. "Quero seu trabalho", retrucou Preetha. "Porque, se tiver seu trabalho, sempre estarei com minha mamãe."

Quando Tara chegou, Preetha era uma aluna do terceiro ano em uma casa nova em folha. Tínhamos passado por meses de reforma, uma gravidez, obrigações no trabalho e correrias gerais. Achei que ela adoraria ter uma irmãzinha. Mas agora, olhando para trás, percebo que ela ficou com ciúmes e chateada por ter que dividir as atenções com uma irmã. Ela fazia birra e desobedecia. Eu estava preocupada, de pavio curto e, muitas vezes, ignorava o fato de que Preetha também precisava de mim.

Enquanto isso, a pequena Tara começou a se recusar a dormir se não estivesse deitada em minhas pernas estendidas enquanto eu estava na cama. Logo, lá estava eu passando as madrugadas nessa posição, um hábito que não fazia muito bem para o meu humor.

Muitas vezes, enquanto tentava trabalhar um pouco, com o bebê dormindo nas minhas pernas e Preetha cochilando ao meu lado, eu me perguntava o que estava fazendo. Comecei a me questionar: Devo continuar trabalhando? Quais seriam as consequências se eu pedisse demissão? Teria mágoas e arrependimentos que criariam um ambiente negativo em casa?

Eu não fazia a menor ideia de como dar um tempo no trabalho e voltar alguns anos depois. Não conseguia pensar em nenhum exemplo de mulheres que tivessem feito isso. Preocupava-me o fato de qualquer hiato tornar minhas habilidades irrelevantes e que seria difícil, para mim, voltar ao mercado de trabalho, contribuir com o bem-estar econômico de minha família e permanecer intelectualmente ativa. Também não havia exemplos de mães jovens trabalhando de casa, ainda que temporariamente. Era necessário ir ao escritório.

Eu me preocupava com tudo isso e tinha dificuldades para dormir. Mas seguia em frente.

INDRA K. NOOYI

Meu trabalho na ABB continuava implacável. Tirei 3 meses de licença-maternidade remunerada, mas, como executiva sênior, não sentia que podia me desligar e me dedicar à minha família. O trabalho não parava.

Na verdade, no dia seguinte em que Tara nasceu, Gerhard me ligou no hospital para me contar sobre um projeto que seria beneficiado por minhas contribuições. Lembrei-o de que havia acabado de dar à luz e me recuperava de uma cirurgia cavalar no abdômen. "Mas foi seu corpo que teve bebê", brincou. "Seu cérebro ainda está na ativa."

Gerhard me mostrou que precisava e que gostava de mim, e que eu era importante para seu trabalho. Ele também sabia que ter um bebê era um evento e tanto, e me deixou decidir quando gostaria de voltar a trabalhar.

Porém, depois que ele me contou sobre o projeto, imediatamente reuni minha equipe para conversar a respeito. Todos eram homens, mas também sabiam uma coisa ou outra sobre nascimento — e me disseram que eu estava louca por entrar de cabeça tão cedo. Disseram que me ligariam se precisassem de mim. Mesmo assim, eu os fazia vir regularmente à minha casa durante minha licença para discutir o projeto. Essa escolha foi cem por cento minha.

Eu me pergunto por que estou programada desta maneira, em que minha bússola interna sempre me diz para continuar minhas responsabilidades de trabalho independentemente das circunstâncias. Se sinto que posso ajudar a melhorar alguma coisa, não consigo evitar entrar de cabeça para ajudar. Tenho um senso profundo de dever e acho muito complicado negar se alguém pede ajuda.

Amo minha família de todo o coração, mas esse impulso interno para ajudar sem dúvida tem me deixado muito tempo longe deles — para sua indignação.

Às vezes, gostaria de ter uma programação diferente.

Nessa época, dispúnhamos de mais dinheiro para gastar com ajuda doméstica, o que evidentemente aliviou meu retorno ao trabalho. Contratamos uma enfermeira aposentada para cuidar de Tara, ajudar a

MINHA VIDA POR INTEIRO

monitorar as atividades de Preetha e cozinhar algumas coisas. Também tínhamos uma diarista. Nossa vizinha, Mary Waterman, tornou-se uma grande amiga. Seu filho Jamie tinha a idade de Preetha, e Mary conheceu a enfermeira, os pais de Raj e todos os outros parentes, que continuavam fazendo visitas. Mary foi de grande ajuda para eles, respondendo a quaisquer perguntas que fizessem, e depois me mantinha a par dos procedimentos.

Aos poucos, no primeiro ano de Tara, esse coletivo grande começou a funcionar para todos nós. Entramos em uma rotina em que eu sentia existir um grupo cuidando das meninas, e nenhuma pessoa específica estava carregando todo o fardo. Aquilo parecia saudável e familiar para mim.

Por quase 20 anos, Raj e eu saímos muito pouco de férias, embora todo ano fizéssemos uma viagem à Índia em família. Ficávamos em Madras e Mangalore, e Preetha e Tara adoravam esses períodos de férias. Elas se divertiam, riam e brincavam muito com outras crianças, o que me lembrava dos verões de minha infância. Elas corriam pelo jardim sem os pais e nunca reclamavam dos mosquitos, das quedas de energia ou do barulho constante. No instante em que descíamos do avião na Índia, parece que elas assumiam uma certa indianidade. Elas ficavam à vontade usando roupas indianas e fazendo refeições em folhas de bananeira. Encaravam tudo como uma grande aventura.

Quando Preetha entrou no quarto ano, nós a transferimos para uma escola pública da North Street em Greenwich, perto de nossa casa. Após cerca de 6 meses, recebemos um bilhete surpreendente da professora dizendo que ela não estava entregando o dever de casa. Preetha era inteligente, alegre, engraçada e gostava de escola. Cuidávamos muito bem de sua educação. Ela era cercada de livros e sempre teve boletins brilhantes. Ela tinha só 10 anos — e nem tinha tanto dever de casa assim —, mas ficamos preocupados quando recebemos o aviso.

Ao revistarmos o quarto dela, encontramos os deveres feitos, mas não enviados. Perguntamos a Preetha sobre isso e ela não deu uma resposta de verdade. Só deu de ombros. Levando em conta nossa tendência a confiar totalmente nos professores e administradores escolares, ficamos chateados com ela e lhe demos o castigo que consideramos adequado.

Conversei sobre a situação com Mary, nossa vizinha, e ela disse que considerava Preetha uma criança excepcionalmente aplicada, sugerindo que devia estar acontecendo alguma coisa na escola que a estivesse incomodando. Mary recomendou consultarmos uma psicóloga infantil e, com a permissão do diretor, combinamos que a especialista ficaria na sala de Preetha como um observador silencioso.

Levou só um dia para descobrirmos o problema. De acordo com a psicóloga, Preetha levantou a mão para responder a praticamente qualquer pergunta na sala e não foi chamada o dia todo. O professor, um homem, simplesmente a ignorava. Mas isso não era tudo. Na hora do almoço, Preetha comia sozinha, disse ela, enquanto outras crianças se sentavam juntas, conversavam e tudo o mais. Minha filha tentou se sentar com as outras pessoas, mas elas a empurravam e, quando terminavam, faziam Preetha limpar a bagunça. Mais tarde, descobrimos que ela fora forçada a fazer essa tarefa por semanas, e os professores que supervisionavam o refeitório não interferiram.

Ficamos devastados. Raj e eu choramos bem na sala da psicóloga quando ela reconstituiu toda a cena diante de nós. Não conseguíamos acreditar que tínhamos colocado nossa filha em uma situação em que ela era atormentada desse jeito, aparentemente porque era uma entre poucos alunos não brancos na escola. Havíamos falhado em proteger nossa menina nesta bolha de abastados, que era muito mais excludente do que tínhamos previsto.

Sabíamos que deveríamos agir rápido. Ligamos para o Sacred Heart, a escola católica para meninas em Greenwich, e falamos com a diretora, a irmã Joan Magnetti. Dois dias depois, Preetha estava matriculada e estudando. Entre Preetha e Tara, fui uma mãe Sacred Heart pelos próximos 18 anos. Fazer o discurso de formatura quando Tara se formou em 2011 foi um dos momentos mais emocionantes de minha vida. Eu as deixava no Sacred Heart toda manhã que conseguia, e vi suas amigas crescerem com elas. Para mim, foi marcante ver a turma de Tara partir mundo afora naquele dia.

MINHA VIDA POR INTEIRO

Gerhard estava inquieto. Ele era um ótimo líder e muito bem-sucedido na ABB, mas a política do alto escalão da empresa — um embate regular de egos e ideias entre os executivos suecos e suíço-germânicos — estava deixando-o frustrado. Ele mesmo queria gerir uma empresa e, no fim de 1993, saiu da ABB para ser CEO da Siemens Nixdorf, a ala de sistemas de informação da Siemens AG com sede em Munique.

Eu sabia que nossa aventura de 7 anos juntos terminara. Ele perguntou se queria acompanhá-lo, inclusive levando minha família para a Alemanha, mas eu disse não. Seria uma guinada de 180 graus. Eu estava triste, mas totalmente à vontade com a decisão.

Continuei na ABB por alguns meses, mas o clima azedara para mim. O novo chefe, contratado de uma empresa norte-americana de geração de energia, não estava habituado a trabalhar com mulheres e muitas vezes me chamava de "querida". Pela primeira vez na carreira, senti que ali não era meu lugar. Comecei a planejar minha saída, inclusive ajudando as seis pessoas que trabalhavam para mim a encontrar cargos em outras companhias.

Então, tive uma reunião com o chefe. Recapitulei como Gerhard e eu trabalhávamos como uma equipe, e como eu podia ajudá-lo a administrar a grande empresa pela qual agora ele era responsável. "Não estou acostumada a ser chamada de 'querida', mas você e as pessoas que trouxe para cá me chamam assim", eu disse. "Acho melhor eu procurar alguma coisa fora da ABB."

Nossa conversa foi amigável — e ele me disse que não podia mudar. O que eu vira até agora, disse ele, teria de aceitar.

Fiquei feliz por ir embora.

Sair assim da ABB não foi uma bravata. Minha reputação fora da empresa era boa, e os recrutadores estavam sempre telefonando. Eu sabia que encontraria outro trabalho bem rápido. Além disso, Gerhard estava sempre me apoiando. Ele logo providenciou para que eu almoçasse com Jack Welch.

113

Nessa época, Jack estava na metade de seus 20 anos como CEO da GE, e a caminho de criar a empresa norte-americana mais valiosa. Ele demitiria 170 mil pessoas nos 5 anos seguintes, o que lhe valeu o apelido de 'Jack Nêutron'.

Ficamos 2 horas na sala de jantar privativa da GE conversando sobre negócios globais, o futuro da geração e transmissão de energia e os desafios dos líderes em desenvolvimento. Ao fim do almoço, ele me apareceu com uma lista de empregos para escolher, tudo para obter minhas credenciais como executiva-operacional da GE. Os cargos de gerência eram em cidades pequenas como Schenectady, Nova York, ou Lexington, Kentucky. Ele disse que eu poderia voltar a Connecticut depois de uns anos e, então, obter o cargo de CEO.

Recusei ali mesmo. Expliquei que tinha duas filhas pequenas e que meu marido começara em um novo emprego. Eu não me mudaria. Então, Jack sugeriu que eu falasse com Gary Wendt, CEO da GE Capital, que estava comprando corporações financeiras pelo mundo para criar uma central elétrica. Eu poderia ser útil lá também, disse ele, e o trabalho seria em Stamford, Connecticut. Parecia plausível. Terminei o almoço e comecei a pensar naquilo tudo.

Então, recebi uma ligação de Bob Shapiro, CEO da Monsanto, a companhia agroquímica sediada em Saint Louis, Missouri. Eu conhecia Bob de minha época da BCG, quando ele era o cliente da G.D. Searle no projeto sobre aspartame. Queria que eu trabalhasse com ele na Monsanto em Saint Louis. Declinei da oferta de novo, porque não queria me mudar. Teria aprendido muito trabalhando com Bob.

O padrão aqui é muito claro. Eu havia aberto caminho entre as grandes ligas de recrutamento executivo, e estava sendo cortejada de todos os lados por líderes seniores importantes que sabiam que eu poderia ajudar suas empresas a ter sucesso. Eu tinha uma rede dedicada de outras pessoas importantes, todos homens, que me davam aval. Nesse jogo, ninguém se importava com minha aparência ou com quanto tinham de me pagar.

Ao mesmo tempo, todos os trabalhos exigiam que eu colocasse minha vida em casa de cabeça para baixo, e o mesmo era esperado de meu marido e filhas. Esse era o preço da inserção, e muitos homens fizeram essa escolha. Suas famílias entraram na dança.

Eu não podia fazer isso. E também não queria.

O telefone tocou de novo. Desta vez, era um recrutador perguntando se eu compareceria a uma entrevista para o cargo de vice-presidente sênior de estratégias corporativas e planejamento da PepsiCo, a empresa de bebidas, lanches e restaurantes. O cargo incluía a supervisão de cinquenta executivos de alto escalão, novos contratados que entraram no departamento de planejamento por 18 meses ou mais e, então, foram integrados em trabalhos de gerência em toda a companhia. Dar mentoria e treinamento seriam parte importante do trabalho.

Pensei duas vezes antes de entrar em uma empresa de consumo. Por mais que soubesse que era capaz de aprender qualquer coisa, após 8 anos na Motorola e na ABB, estava entrando de cabeça em projetos de engenharia, tecnologia e infraestrutura em massa. Quando soube que a PepsiCo também era dona da KFC, da Taco Bell e da Pizza Hut, me perguntei se o trabalho era realmente para mim. Sou vegetariana. Como poderia me relacionar com esses restaurantes?

No entanto, a sede da PepsiCo era em Purchase, Nova York, perto de casa, e a natureza do trabalho me deixava curiosa. Fui me encontrar com Bob Dettmer, o diretor financeiro, e Ronnie Miller Hasday, chefe das contratações corporativas. Bob e eu tivemos uma conexão instantânea.

Alguns dias depois, conheci Wayne Calloway, CEO da PepsiCo. Wayne era reconhecidamente quieto — ouvia e meneava a cabeça, e não falava muito. Era o jeito dele. Acredito que, em minha conversa inicial de uma hora com ele, falei por 57 minutos e ele, 3. Mas absorveu com atenção tudo o que eu disse. O tempo que ele disponibilizou para eu falar e suas interjeições me atraíram.

Em pouco tempo, tanto a GE quanto a PepsiCo me pressionaram com ofertas de trabalho atraentes. Fiquei pesando as opções, tendo Raj como meu ouvinte. Preetha e Tara torceram pela PepsiCo depois que recebemos uma

INDRA K. NOOYI

grande cesta de presente com guloseimas e camisetas — Ronnie sabia exatamente como cativar o interesse da família.

Eu precisava de um tempo para respirar e disse a Jack e Wayne, que se conheciam porque Wayne fazia parte da diretoria da GE, que eu lhes daria a resposta em uma semana.

Então, recebi um telefonema memorável de Wayne. Ele começou dizendo que comparecera a uma reunião de diretoria da GE, e Jack lhe disse que provavelmente eu iria para a GE. "Entendo por que você faria isso", disse-me. "É uma empresa excelente, e Jack é um bom CEO."

"Porém", continuou, "quero argumentar a favor da PepsiCo uma última vez, já que você disse que tomaria a decisão na próxima semana. Preciso mais de você que Jack", disse ele. "Nunca tivemos alguém como você em nossos cargos executivos. Sei que pode contribuir de forma significativa com a PepsiCo. Você terá todo o nosso suporte para garantir que seja bem-sucedida."

Desliguei o telefone. Eu me senti abalada. O apelo de Wayne continha muita humildade. E foi o máximo que o ouvi dizer.

Naquela tarde, Indra Nooyi, mãe de duas filhas, uma de 10 anos e outra de 18 meses, e esposa de um consultor que viajava muito, foi até a PepsiCo e aceitou o cargo.

Mal podia esperar para começar.

Parte III

OS ANOS NA PEPSICO

A sede do universo da PepsiCo em Westchester County, Nova York, é um marco empresarial chique e moderno da metade do século — um conjunto de sete prédios de concreto cinza-claro projetados pelo arquiteto Edward Durell Stone em formato de 'U', com três pátios ajardinados.

O complexo de escritórios se localiza em 67 hectares de gramados verdes, com sebes e árvores podadas, uma lagoa grande, jardins de flores, um espelho d'água com lírios, bosques de carvalhos e bétulas e uma trilha chamada "Golden Path" [caminho dourado], todos elaborados pelo designer britânico Russell Page e posteriormente realçado pelo paisagista belga François Goffinet. Esculturas monumentais de Auguste Rodin, Barbara Hepworth, Alberto Giacometti e mais uns dez mestres dos séculos 19 e 20 completam a paisagem. Os jardins são abertos ao público. Milhares de visitantes e alunos visitam o local para estudar arte e flora.

Cheguei à PepsiCo para começar no emprego novo no dia 30 de março de 1994. Mas não passei pelo Golden Path ou próximo às esculturas até 2014.

Durante 20 anos, simplesmente não tive tempo.

Nos primeiros meses de primavera, eu me instalei. Conheci minha equipe e outros líderes de departamentos. Meu chefe, o gracioso e disciplinado Bob Dettmer, respondeu a centenas de minhas perguntas sobre a estrutura, o financeiro, a cultura e prioridades da PepsiCo. Para ser

119

sincera, eu me apaixonei imediatamente pelo lugar. A PepsiCo era tão cheia de otimismo e vitalidade! Combinou com meu espírito alegre desde o primeiro dia.

De certa forma, eu não sabia o que estava perdendo. Eu gostava do desafio na ABB, onde trabalhava em projetos importantes de infraestrutura que levavam anos para implementar. A Motorola me apresentou ao mundo da tecnologia. Adorava minha carreira na consultoria, embora sempre tenha saído das empresas clientes antes de minhas ideias serem realizadas. Agora, eu tinha a chance de ver, cheirar, tocar e provar o negócio. Nossas marcas eram nomes conhecidos; nossos clientes, pessoas comuns; minhas filhas podiam se envolver com tudo. Uma vez, Tara tentou explicar meu trabalho a um coleguinha — e simplificou dizendo que eu trabalhava na KFC. "Que legal!", exclamou o amigo. Meu trabalho era totalmente identificável.

A PepsiCo era muito ambiciosa, bem como agradável e divertida. Eu estava empolgada e totalmente apaixonada.

A Pepsi-Cola, o refrigerante, foi originalmente criado em 1898 por um farmacêutico da Carolina do Norte chamado Caleb Bradham. Nos anos 1930, após algumas bancarrotas, a empresa Pepsi-Cola confrontou a Coca-Cola, a líder em refrigerantes de cola, com um jingle de rádio: "*Pepsi-Cola hits the spot, 12 full ounces, that's a lot. Twice as much, for a nickel too. Pepsi-Cola is the drink for you*" [A Pepsi-Cola acerta em cheio, 350 ml, é um montão. E o dobro também, por apenas um vintém. A Pepsi-Cola é a bebida para você].

As guerras de markèting estavam a todo vapor. Em 1963, em um boom publicitário que celebrou todo um estilo Pepsi de ser, imagens da juventude declaravam "A Geração Pepsi". Quando a Coca apareceu com sua própria imagem de campanha, a Pepsi voltou com o "Desafio Pepsi", testes de paladar às cegas em lojas e shoppings que a Pepsi, levemente mais doce que a Coca, tendia a vencer.

MINHA VIDA POR INTEIRO

Então, no fim de 1983, outro golpe: um contrato de US$ 5 milhões com Michael Jackson e os Jackson 5, a primeira onda de apoio maciço de celebridades que então ligavam a Pepsi e a Pepsi Diet a Britney Spears, Beyoncé, Spice Girls, David Bowie, Tina Turner, Shakira, Kylie Minogue, David Beckham, Sachin Tendulkar e dezenas de outros astros e estrelas no mundo todo.

A Pepsi também ganhou força como símbolo da Guerra Fria. Nikita Khrushchev degustou o refrigerante em uma exibição em Moscou da novidade norte-americana em 1959, e Don Kendall, que era CEO há 23 anos, mais tarde conseguiu um contrato que deu início a envasamentos na URSS. A Pepsi foi festejada como o primeiro produto capitalista vendido na União Soviética.

Em 1994, a PepsiCo era a 15ª maior empresa dos EUA, com rendimentos anuais de US$ 25 bilhões. Ela vendia bebidas e alimentos em mais de 150 países e empregava 450 mil pessoas. Campanhas publicitárias para a Pepsi e a Pepsi Diet contavam com a participação de Shaquille O'Neal e Ray Charles. A modelo Cindy Crawford apareceu analisando nossas finanças na capa do relatório anual daquele ano, com a rubrica: "Um investidor típico está olhando para nós."

Em termos estruturais, a companhia era uma banqueta de três pernas. A primeira era as bebidas, incluindo Pepsi-Cola, Diet Pepsi, Mountain Dew, Mug Root Beer, e parcerias bastante recentes com a Starbucks e a Lipton para café engarrafado e bebidas à base de chá. O rendimento da divisão era de quase US$ 9 bilhões.

A segunda perna eram os aperitivos, com rendimento de US$ 7 bilhões. Entre eles, as batatas Lay's, Fritos, Doritos, Cheetos, Tostitos, pretzels Rold Gold, Sun Chips e SmartFood. Fabricávamos Sabritas no México, Matutano na Espanha e Smiths and Walker's no Reino Unido. A Frito-Lay, o braço norte-americano do negócio de aperitivos, tinha sede em Plano, Texas.

A Pepsi-Cola, a companhia original de refrigerantes, e a Frito-Lay, empresa de batatas *chips* com sede em Dallas, haviam se unido 3 décadas antes para fundar a ideia central da PepsiCo — aqueles salgadinhos precisavam de uma bebida para empurrá-los garganta abaixo. Ambos são produtos de "alta velocidade" que desaparecem das prateleiras e necessitam de reposição constante. A fusão desencadeou eficiências de venda e distribuição importantes, além de gerar muito mais negócios fora dos EUA.

A terceira perna da companhia em 1994 foram os restaurantes. A PepsiCo comprou as redes de fast-food Pizza Hut e Taco Bell no fim dos anos 1970, e alguns anos depois acrescentou a Kentucky Fried Chicken, rebatizada como KFC. Éramos proprietários de marcas de refeições casuais, como California Pizza Kitchen e East Side Mario's, e uma empresa de food service que distribuía suprimentos para todas as redes. A companhia operava ou franqueava 28 mil restaurantes no mundo todo, servindo mais de 6 bilhões de refeições por ano. Os rendimentos da divisão de restaurantes era cerca de US$ 9 bilhões.

Dezenas de outras atividades e operações faziam tudo acontecer — cultivo de sementes, uma rede de produtores contratados para cultivar batatas, pesquisa e desenvolvimento e cozinhas para testes, um sistema de entrega direta em lojas que já estava entre os maiores do mundo, com milhares de caminhões e centros de distribuição. A equipe de vendas da companhia, com cerca de 25 mil pessoas, lidava com o relacionamento com os clientes — do CEO do Wal-Mart a gerentes particulares de cada 7-Eleven ou loja de esquina independente de todos os cantos do mundo. Era tudo muito complexo e coordenado.

Wayne Calloway, o CEO alto e ruivo, era exatamente o líder lacônico que eu conhecera em minha entrevista. Mas também era um competidor feroz, além de ex-jogador de basquete universitário que andava de moto Harley-Davidson. Servira o exército norte-americano antes de entrar na Frito-Lay como vendedor. A PepsiCo era conhecida como uma academia de talentos, onde executivos em ascensão assumiam atribuições difíceis e, ou afundavam e deixavam a empresa, ou nadavam e subiam. Wayne era bastante focado em contratações e desenvolvimento de pes-

MINHA VIDA POR INTEIRO

soas. Estava determinado a dobrar os rendimentos a cada 5 anos. Até então, estava conseguindo.

Wayne achava que a PepsiCo precisava mais de mim que a GE. Ele era astuto. Eu tinha perspectiva e experiência internacionais que ajudariam seu resultado. Ele também percebeu, creio eu, que seus cargos executivos há muito tempo precisavam de uma mulher.

Homens brancos norte-americanos tinham quinze dos quinze melhores empregos na PepsiCo quando entrei. Quase todos usavam ternos azul ou cinza com camisa branca e gravata de seda, e tinham cabelos curtos ou nenhum cabelo. Bebiam Pepsi, misturavam bebidas e licores. A maioria jogava golfe e tênis, pescava, caminhava e praticava *jogging*. Alguns caçavam codornas juntos. Muitos eram casados e tinham filhos. Acredito que nenhuma das esposas exercia trabalho remunerado fora de casa.

Não estou detalhando essas características para focar esses homens específicos. Meus colegas eram pessoas inteligentes, criativas, dedicadas e carregavam responsabilidades tremendas e estresse nas costas. Eles construíram uma empresa muito querida. O fato é que a liderança da PepsiCo era o reflexo de quase todo executivo sênior nos Estados Unidos corporativos de 1994. Mesmo as mulheres mais talentosas ainda ocupavam gestões intermediárias. A quantidade de CEOs mulheres entre as quinhentas maiores empresas naquele ano era zero.

Homens desse tipo floresceram na economia norte-americana pós-Segunda Guerra Mundial porque poderiam ser os chamados "funcionários ideais". Em uma sociedade forjada em torno de famílias de renda única, com uma mulher "dona de casa" e um homem "ganhando o pão", os homens eram, de fato, funcionários ideias para as empresas. Eles estavam completamente disponíveis em um horário regular, sem nenhum ruído externo durante as horas demarcadas. Geralmente era de segunda a sexta-feira, das 9 às 17h, mas os horários dos turnos variavam nas fábricas prósperas e sindicalizadas do país.

Os homens que subiam os degraus da gestão, em busca de melhores títulos, salários, opções de ações e cadeiras na diretoria podiam passar mais tempo no trabalho, viajar mais, estudar à noite e passar horas às voltas

INDRA K. NOOYI

com clientes, concorrentes e amigos. Eles eram flexíveis porque as mulheres estavam assumindo a frente no lar. Também podiam fazer as malas para qualquer lugar que a empresa precisasse que eles fossem, com esposa e filhos a tiracolo. A sociedade pavimentou o caminho para esses homens ganharem dinheiro e influenciarem companhias, governos e assuntos mundiais. Todas as outras pessoas os apoiavam.

Quando cheguei ao andar dos CEOs da PepsiCo, ninguém esperava ser um pai muito presente, que dirá uma excelente mãe e esposa. Lidar com professores, médicos, dentistas, compras, vestuário, comida, limpeza, lavanderia, decoração, jardinagem, convidados, aniversários, feriados e férias não era a praia deles. Talvez se envolvessem — só um pouco — na saúde emocional, no sucesso acadêmico e no bom comportamento geral de seus filhos.

Mesmo que estivessem interessados em qualquer uma dessas coisas, esses rapazes simplesmente não tinham tempo.

É importante notar que os homens com quem trabalhei não julgavam uns aos outros em relação à maneira como conciliavam trabalho e vida familiar. Eles eram bem competitivos, mas também cuidadosos e incentivadores durante crises, inclusive divórcio, doença ou problemas com os filhos.

Nada disso passou pela minha cabeça quando os conheci. Eu tinha plena consciência de ser uma forasteira: ainda era a garota de 18 anos do IIM Calcutá; a imigrante indiana usando conjunto de poliéster em Yale; a vegetariana e futura mãe em La Crosse, Wisconsin. Na BCG, havia estado em várias áreas, mas nunca encontrei uma cliente do sexo feminino. Não achava estranho ir a reuniões com dezenas de homens e nenhuma outra mulher. Na Motorola e na ABB, meu mundo era feito de engenheiros, cientistas, robôs e máquinas. Nunca tive uma colega próxima com um emprego como o meu, e nunca vi uma mulher em um ambiente de trabalho que fosse mais experiente que eu.

Quando entrei na PepsiCo, fui calorosamente recebida. Meu novo escritório era no cobiçado '4/3' — apelido da empresa para o Edifício 4, Piso 3 —, no corredor do CEO e do restante dos altos executivos, e tinha cinco janelas grandes, símbolo de status no livro de regras informal da organização.

124

MINHA VIDA POR INTEIRO

Recebi um orçamento razoável para mobiliar meu espaço, embora não o tenha gastado todo. Escolhi um aparador de cerejeira folheado e uma escrivaninha que veio dentro de uma caixa plana, uma mesa de reuniões com seis cadeiras, um quadro branco e um cavalete para blocos.

Naquele mês de junho, cerca de 3 meses depois que cheguei, o 4/3 estava um alvoroço total. A Pizza Hut dos EUA, com 5.100 restaurantes, disse que provavelmente perderia as estimativas de lucro para o segundo trimestre e que o panorama geral era pessimista pelo resto do ano. Os resultados da Taco Bell, KFC e algumas outras de nossas redes de alimentação também pareciam frágeis.

Essa perda dos lucros foi uma crise significativa — provavelmente as ações da PepsiCo cairiam, e foi o que aconteceu. Quando a novidade se espalhou, as ações despencaram 15% e três vezes a quantidade normal de ações negociadas naquele dia. Wayne agiu rápido. Em questão de dias, criou um novo cargo — CEO de Restaurantes Mundiais — e convenceu Roger Enrico, um executivo astuto e veterano da PepsiCo que se afastara para se recuperar de um infarto, a aceitar o cargo.

Mais tarde, naquela semana, conheci Roger a caminho de meu escritório. Ele não sorriu: "Oi. Sou Roger Enrico", disse. "Normalmente, eu teria entrevistado a nova chefe de estratégias. Você é a primeira contratada sem meu aporte."

"Oi, Roger", disse eu, animada. "Ouvi falar muito de você. Estava ansiosa para conhecê-lo."

"Preciso saber tudo sobre a área de restaurantes, e precisamente o que diabos está acontecendo com os nossos", disse ele. "Vejo-a em Dallas em 10 dias. Agora você é minha estrategista-chefe. Dettmer aprovou."

Essa foi toda a conversa. Ele foi embora.

Então, agora eu tinha meu trabalho original de estratégia e planejamento corporativo, em que reportava a Bob, e um segundo cargo, o de estrategista-chefe do grupo de restaurantes, em que reportava a Roger. Meu trabalho estava prestes a dobrar; ninguém falou sobre o pagamento.

125

INDRA K. NOOYI

Roger Enrico era um líder e pensador fantástico que se tornou CEO da PepsiCo 2 anos depois. Ele cresceu entre as minas de ferro do norte de Minnesota, lutou na guerra do Vietnã e entrou na Frito-Lay em 1971 para ajudar a comercializar a Funyuns, os anéis de milho polvilhados com cebola. Vinte anos mais tarde, trabalharia no Japão e na América do Sul, administraria o setor de bebidas da Pepsi-Cola e supervisionaria uma reorganização maciça da Frito-Lay. A proposta favorita de Roger, e sua reivindicação à fama na PepsiCo, era ter feito grandes mudanças em coisas importantes.

A jornada de Roger começava às 10h, e ele se recusava a ler qualquer coisa relacionada a negócios após as 21h. Ele tinha casas lindas em Montana, Dallas e nas ilhas Cayman, e passava semanas em uma ou outra, praticando pesca com mosca, cavalgando, mergulhando, jogando golfe ou visitando museus. Era astuto e político, e muitas pessoas o julgavam rude e grosseiro. Mas era um *showman* de coração. Foi sua ideia contratar Michael Jackson e seus irmãos para endossar publicamente a Pepsi no início dos anos 1980, quando a campanha catapultou nossa fatia de mercado e a Coca-Cola tropeçou ao mudar sua receita para 'New Coke'. Roger escreveu um livro chamado *The Other Guy Blinked*, declarando vitória na guerra entre as bebidas de cola.

Ora, Roger estava falando sobre restaurantes porque essa parte do funcionamento geral da PepsiCo, repentina e surpreendentemente, estava vacilando.

O problema era que o negócio de "quiosques self-service para restaurantes" (QSR) estava saturado. Trocando em miúdos, cada novo restaurante inaugurado absorvia o negócio de todos os outros. Mas a PepsiCo não podia parar de expandir, porque nossos concorrentes continuavam expandindo. Por exemplo, se não puséssemos uma Pizza Hut em um novo centro comercial, a Domino's Pizza ou qualquer outro restaurante conceitual provavelmente ocuparia o lugar. De qualquer forma, as Pizza Huts e outros QSRs no bairro sofreriam.

Essa situação complicada estava aparecendo nas cifras, embora ainda não tivéssemos descoberto tudo. O negócio era enorme e complexo, envolvendo imóveis, franquias, *dine-in*, entrega, *drive-through*, iniciativas com-

126

MINHA VIDA POR INTEIRO

plicadas de recrutamento de pessoal, sistemas de segurança alimentar, marketing e assim por diante.

Eu não sabia quase nada de restaurantes no dia em que Roger se apresentou de repente. Mas queria provar que poderia lidar com qualquer desafio que me fizessem. Nos 10 dias seguintes, minha equipe de estratégia de restaurantes composta por 7 pessoas trabalhou 24 horas para preparar nossa reunião em Dallas.

A apresentação — algumas dezenas de slides e gráficos exibidos na grande sala de reuniões ao lado do escritório de Roger — foi uma análise detalhada que destacou os valores-chave da empresa, examinaram a história da PepsiCo ao longo dos últimos 5 anos e consideraram seus futuros possíveis clientes. Finalizamos com uma lista de perguntas que precisavam imediatamente de respostas. Roger ficou impressionado, mas não disse muito. Ele não acreditava em elogios. Minha equipe voltou a Nova York e, pouco depois, sua secretária telefonou e me pediu para encontrá-lo às 11h na segunda-feira seguinte no hangar privativo de aviões em Atlanta. Eu a pressionei um pouco por detalhes, mas ela não tinha nenhum. Sugeriu que eu fizesse uma mala para 3 ou 4 dias.

Mais uma vez, enchi minha mala de alça e a pasta, voei para Atlanta pela Delta Airlines e fui até onde os aviões particulares paravam. Roger chegou em um Challenger Jet da PepsiCo. Entramos em um carro com motorista e, 10 minutos depois, começamos a parar em todos os QSRs de uma rua comercial agitada próxima ao aeroporto. Entraríamos no restaurante, Roger pediria algo, pegaria a comida, olharia para ela, talvez provaria um pouco e a jogaria fora e, depois, voltaria para o carro. Por ser uma pessoa que cresceu sem desperdiçar nada de comida, essa proposta de degustação me deixou um pouco aterrorizada. Guardei minha opinião para mim.

Após quatro paradas, ele se virou para mim: "Bem, como está o placar?" Eu estava claramente confusa. "O que pensa que estamos fazendo aqui?", exclamou. "É um passeio de marketing! Precisamos entender o negócio do zero!" Ele saiu do carro para fazer um intervalo.

Rapidamente, liguei para Richard Goodman, o CFO da Taco Bell, a quem eu mal conhecia, e expliquei a situação. Com genialidade, Richard

127

INDRA K. NOOYI

me disse para acompanhar os horários dos pedidos, o tempo de espera, a temperatura da comida, a limpeza, os funcionários dos fundos e da frente da construção e qualquer outra variável que pudesse afetar a experiência do cliente. Usei essa sugestão para esboçar um 'placar' em uma folha de papel. No restante do dia, classifiquei quaisquer critérios em que consegui pensar em uma escala de 1 a 5. Foi minha primeira experiência com a cultura nade-ou-afunde da PepsiCo. Não afundei.

Por volta das 17h, voltamos ao avião da PepsiCo e voamos para Chicago. No dia seguinte, voltamos para lá, visitando restaurantes casuais de fast-food *dine-ins* como Olive Garden, California Pizza Kitchen e Cracker Barrel — fazendo o pedido, saindo e pontuando. No terceiro dia, fizemos tudo isso no subúrbio de Washington D.C. Passei a me sentir à vontade com esse procedimento de descobertas e comecei a gostar.

Quando Roger e eu voamos de volta para o Aeroporto de Westchester, abri por acaso o jornal local e cheguei à seção de previsões astrológicas. Sou escorpiana. Meu horóscopo dizia: "Hoje você viajará com alguém muito difícil e que continuará sendo grande parte da sua vida pelos próximos anos." Resumindo, era Roger. Circulei e dei o jornal a ele. Ele o leu e, sorrindo, passou-o para trás, com a anotação: "Também sou escorpiano!"

Nossa excursão de 3 dias em fast-food solidificou minha relação com Roger nos próximos anos. Mal conversamos naquela viagem, mas ele percebeu que eu estava tão curiosa sobre detalhes operacionais quanto sobre a visão geral. Ambos sabíamos que ele próprio estava apreensivo para aprender o negócio.

Nos meses seguintes, Roger e eu trabalhamos juntos no que movia os melhores restaurantes do sistema. A resposta, descobrimos, é que comensais precisam de atenção em um nível muito pessoal. Donos de restaurantes vitalícios que adoravam o próprio trabalho tendiam a inovar os próprios mercados, com promoções locais e outros atrativos. Seus ambientes eram mais limpos, felizes e queridos. Os gerentes adoravam pessoas e tratavam cada cliente como um membro da família. A PepsiCo era uma empresa de produtos embalados que estava abordando de forma impessoal esse negócio que valorizava muito o cliente. Éramos bons em acrescentar unidades, contratar e desenvolver itens

MINHA VIDA POR INTEIRO

de cardápio e, contanto que os negócios do restaurante crescessem dessa maneira, estávamos bem. No entanto, quando tínhamos que conseguir mais vendas de restaurantes existentes, tínhamos dificuldades. Não éramos tão bons quanto devíamos ser na parte do "contato".

Com ousadia, Roger reduziu a construção de restaurantes novos e franqueou as locações existentes de todas as nossas marcas QSR a nossos melhores gestores. Isso aprimorou imediatamente nosso fluxo de dinheiro e retorno sobre o capital. Com uma melhor condução dos restaurantes pelos franqueados, as vendas e ganhos começaram a subir. Roger era visto como herói. Aprendi muito sobre o setor de serviços com esse processo e como ele era diferente de guloseimas embaladas. Também tive minha primeira experiência real na linha de frente, respondendo a investidores. Roger me pressionou a começar a conversar com os analistas de Wall Street que cobriam a PepsiCo — havia dezenas —, e gostei de conhecê-los. Julguei-os inteligentes e bem informados sobre o modelo geral do negócio, embora fossem extremamente deficientes em conhecimento operacional, nunca se aprofundando de fato nas nuanças do que estimulava as vendas ou a concorrência.

No início de 1995, a PepsiCo apresentou seu 10-K anual, o relatório detalhado sobre nosso desempenho financeiro à Comissão de Títulos e Câmbio do governo norte-americano. Meu nome estava sob "executivos": Indra K. Nooyi, 39 anos. Fiquei nervosa e orgulhosa por estar naquela lista. Eu me lembro da responsabilidade do trabalho me acertando em cheio quando a vi.

Além de todo o nosso trabalho de estratégia em restaurantes, eu ainda estava à frente do planejamento corporativo. Agora, a equipe incluía 45 pessoas identificadas como líderes em ascensão que trabalhariam nas sedes por alguns anos e, então, "esticariam" para cargos de gerência em algum outro lugar na companhia. Alguns tinham acabado de entrar na PepsiCo; outros estavam conosco há 1 ou 2 anos. Cerca de um terço era mulher. A cada 3 ou 4 meses, algumas pessoas entravam e saíam.

A equipe que assumi não tinha diversidade internacional. Eles trabalhavam duro e tinham uma presença e tanto, mas eu estava um pouco

129

preocupada com um programa de treinamento sem muita representatividade não estadunidense no grupo. Afinal, a PepsiCo investia fortemente em mercados internacionais, e precisávamos fornecer talentos para essas operações. Pedi a nosso recrutador interno mais diversidade no próximo grupo. Quatro meses depois, ele me apresentou orgulhosamente os últimos contratados. Aquilo me divertiu e me chocou. Todos eram canadenses.

Aparentemente, nosso recrutador estava preocupado com a habilidade da equipe de planejamento corporativo em jogar softball. O departamento ganhara o troféu PepsiCo vários anos seguidos, e eles queriam continuar assim. Ao menos, os canadenses sabiam as regras do esporte e estavam prontos para jogar.

Após minha decepção inicial, sentei-me com a equipe de contratação e especifiquei exatamente o que queria dizer com "diversidade." No ano seguinte, eles realmente cumpriram a promessa, com um grupo excelente de contratações de fato globais, mas a equipe de planejamento corporativo perdeu o troféu de softball. A PepsiCo ainda saiu na frente.

No início de 1996, após quase 2 anos trabalhando como uma louca em estratégia e planejamento, eu estava pronta para meu próprio cargo operacional com responsabilidade por vendas, lucros e perdas. Disseram-me que essa era a carreira dos que estavam em ascensão na PepsiCo, além de crucial para meu sucesso. Wayne me pediu para liderar a linha de aperitivos Western European, com sede em Londres, e Raj e eu ficamos animados em nos mudarmos por alguns anos. Concordamos que Preetha, então com 12 anos, e Tara, com 3, teriam uma experiência maravilhosa morando no exterior. A empresa de Raj tinha escritório no Reino Unido, e eles concordaram em deixá-lo trabalhar de lá. Fui a Londres, encontrei uma casa para morarmos, percorri e selecionei escolas para as meninas. Decidimos alugar a casa em Greenwich; a PepsiCo trabalhou muito rápido em nossa mudança.

MINHA VIDA POR INTEIRO

Infelizmente, na semana que isso aconteceu, Wayne Calloway soube que o câncer contra o qual batalhara havia voltado. Ele decidiu se afastar, e o comitê de diretores da PepsiCo votou em Roger para assumir o cargo de CEO.

Para me preparar para Londres, eu também sondei candidatos para me substituir no cargo de estratégia, uma contratação que exigia o aval de Roger. Então, assim como Gerhard quando estava procurando por "uma Indra Nooyi", Roger rejeitou todos os que enviei para conhecê-lo. Por fim, eu disse: "Olhe, Roger, estou me mudando para a Europa a fim de gerenciar a linha de aperitivos Western European. Você precisa aceitar alguém."

E, sem pestanejar, ele me contou que cancelara nossa mudança. "Tenho muitos executivos operacionais, mas nenhum tão estrategista quanto você para me ajudar", comentou. Vindo do Senhor Rispidez, era um baita elogio. Nossos arranjos em Londres tiveram que ser revertidos, o aluguel da casa, cancelado, as escolas, avisadas, as mudanças, interrompidas.

Raj e Preetha receberam a notícia com tranquilidade. Mas eu estava decepcionada e não sabia muito bem como isso funcionaria para mim em longo prazo: por um lado, estaria mais envolvida em ajudar Roger a reposicionar a companhia; por outro, perderia a oportunidade de gerir um negócio. Era excelente ser apreciada por meu raciocínio estratégico, mas as pessoas do setor responsáveis por lucros e perdas sempre tinham mais respeito. Ficar certamente restringiria o crescimento de minha carreira.

Em cargos de gerência seniores na maioria das empresas, ficar onde está ou fazer um movimento lateral pode indicar à organização que você não é, de fato, digno de ser promovido e, muitas vezes, pode ser substituível. Quando se transpõem as hierarquias aclamadas, não há como desacelerar. Eu também sabia que, por ser mulher, tinha de ser melhor que os homens.

Raj e eu conversamos a respeito e concordamos que não era o momento de me preocupar com minha própria carreira, mas com o bem da empresa em geral. O novo CEO tomara sua decisão; era hora de começar a trabalhar.

131

INDRA K. NOOYI

Certamente, foi um momento muito árduo para Roger assumir o controle. Ele estabilizara os restaurantes, mas precisava definir as prospecções de longo prazo dentro da PepsiCo.

Uma crise independente também estava se formando. A Pepsi-Cola International, que correspondia a um terço das vendas totais de bebidas, era a próxima divisão a perder significativamente estimativas de lucros. Nosso engarrafador venezuelano desertara para a Coca-Cola, colocando em risco 85% de nossa fatia de mercado naquele país. As nossas engarrafadoras no Brasil e na Argentina estavam falindo. Alguns executivos importantes, inclusive Bob Dettmer, decidiram se aposentar. Roger foi forçado a organizar essa parte da empresa durante os 6 meses seguintes.

Ao mesmo tempo, ele pediu de forma confidencial que eu começasse uma análise estratégica independente e completa do setor de restaurantes e nossas perspectivas de negócios. Reuni uma equipe experiente e mergulhei nesse trabalho.

Eu não tinha um cargo oficial de lucros e perdas, mas estava profundamente envolvida nas finanças de toda a empresa porque meu departamento modelava vendas trimestrais e projeções de crescimento para cada uma das divisões. Esse trabalho era separado das previsões financeiras de cada divisão individual — e causava um pouco de atrito. Os números do meu departamento costumavam ser um pouco diferentes dos deles, e frequentemente mais precisos.

Todos os índices eram analisados a cada trimestre em uma reunião com Roger e os onze líderes seniores da companhia, o que eu achava muito estressante. Eu era a única mulher à mesa. Apresentaria a análise das sedes, usada para manejar as expectativas dos investidores, e então, os presidentes da divisão contribuiriam com a própria perspectiva.

Se os números fossem diferentes, as críticas de meu departamento podiam ser bem ruins. Fiquei particularmente insultada por acusações de alguns presidentes da divisão que "o planejamento corporativo estava tentando gerir a empresa". Na realidade, a coisa toda era uma farsa. Alguns presidentes de meu setor ficariam explicitamente chateados se os modelos de meu departamento sugerissem que eles poderiam fazer melhor, mas

MINHA VIDA POR INTEIRO

também amedrontados se disséssemos que estavam otimistas demais. Eles simplesmente não queriam decepcionar o CEO, de qualquer modo.

Isso continuou trimestre após trimestre, e eu ficava cada vez mais irritada por ninguém na sala me apoiar. Eu era a única mulher no quadro e temia cada reunião. Certa vez, nos reunimos em Londres e, quando o mesmo cenário se desenrolou, saí ao meio-dia e peguei um voo de volta para Nova York. Aquilo era totalmente atípico para mim. Roger percebeu, mas não disse nada. Conforme as semanas se passavam, isso também começou a me incomodar.

Em setembro de 1996, finalizamos toda a análise de serviços de restaurantes e a resumimos em uma apresentação de 3 horas para o comitê de diretores. Foi a primeira vez que me expus de fato à diretoria da PepsiCo, e eu não tinha a menor ideia de como seria vista por esses baluartes do setor.

No dia anterior à reunião da diretoria — dia em que tivemos uma das reuniões trimestrais com os presidentes da divisão —, fui ver Roger em seu escritório.

"Roger, estou pronta para a reunião de amanhã", disse. "Depois dela, vou sair da PepsiCo. Aguentei um sem-número de reuniões em que fui humilhada. Não vou mais passar por isso. Não quero nada da PepsiCo. Só estou indo embora."

Muito embora sempre estivesse disposta a ir até o fim por meus patrões, eu tinha um limite relacionado a respeitar a sinceridade de meu trabalho. Naquele dia, não pensei aonde minha carreira me levaria a seguir, apenas queria sair de uma situação que eu sentia como inaceitável.

Roger estremeceu. Ele estava segurando uma caneta, girando-a nervosamente para frente e para trás na mesa. Devo dizer que o deixei perturbado. Mas, então, ele disse: "Já volto a falar com você."

Não sei o que ele fez depois que conversamos. A reunião daquele dia atrasou várias horas, e, quando aconteceu no fim da tarde, o clima havia mudado completamente para mim. Todos me deram um apoio incrível.

133

INDRA K. NOOYI

No dia seguinte, apresentei à diretoria nossa análise estratégica dos serviços de restaurantes e fiquei muito satisfeita com a maneira com que meu trabalho foi recebido. Ainda me lembro de Ray Hunt, então CEO da Hunt Oil, dizendo que foi a melhor apresentação estratégica que ele já vira na PepsiCo — ou em qualquer outra companhia. Fiquei nas nuvens.

Agora, tínhamos 2 meses para pensar em opções detalhadas para o negócio, incluindo como sair por completo do ramo de restaurantes. Isso significaria dividir um terço dos rendimentos da PepsiCo. Em termos culturais, isso seria muito difícil para várias pessoas na PepsiCo — nossas três divisões eram uma família, e eu sabia que a de restaurantes se sentiria traída. Mas eu considerava qualquer forma de separação um modo de libertar os restaurantes de uma empresa de produtos embalados que os estava tolhendo. Os restaurantes precisavam ser uma companhia pública independente.

Foi um momento para uma objetividade brutal. Essa é uma situação em que me encontrei muitas vezes seguidas ao longo dos anos. Bons negócios exigem decisões difíceis, baseadas em análises rigorosas e seguimentos inabaláveis. Emoções não podem aparecer. O desafio que todos nós, líderes, enfrentamos, é deixar as emoções se agitarem dentro de você mas, depois, apresentar uma aparência calma, e eu aprendi a fazer isso.

Após aquela reunião da diretoria, Steve Reinemund, o presidente da Frito-Lay, ele próprio ex-dono de restaurante, veio a meu escritório cheio de entusiasmo. Roger também apareceu. "Mãos à obra", disse ele. Nenhuma menção à nossa conversa. Obviamente, ele pensou que o apoio explícito dos presidentes da divisão e da diretoria durante as 24 horas anteriores foi o bastante para provar que todos me davam valor, e nenhuma outra conversa era necessária.

Nove meses depois, desmembramos o negócio de restaurantes em uma empresa de capital aberto chamada Tricon Global Restaurants. Mais tarde, a companhia mudou seu nome para YUM! Brands, e ainda detém e opera as prósperas redes da Pizza Hut, Taco Bell e KFC.

Juntamente com um jovem executivo de finanças que me impressionou em uma reunião da divisão, Hugh Johnston, vendemos nosso negócio de serviços alimentícios e todas as nossas redes de refeições informais. O traba-

MINHA VIDA POR INTEIRO

lho foi punitivo e intenso, mas esse foi meu aprendizado sobre como os bancos de investimento e o processo de liderar alienações, cisões, adaptações, ofertas públicas iniciais e outras transações financeiras realmente funcionavam. Observei o estilo de vida e o *modus operandi* de banqueiros investidores e advogados durante todo o processo. Fiquei feliz por não ser uma deles.

Em janeiro de 1998, a PepsiCo comemorou o centésimo aniversário da Pepsi-Cola com uma festa de gala gigantesca na Big Island do Havaí. A celebração foi magnífica: brisa do mar, comida incrível e centenas de executivos da companhia dançando com suas esposas madrugada adentro, enquanto os Rolling Stones se apresentavam em um palco intimista.

Mas o trabalho não estava em modo de espera. Certa manhã, Roger me chamou em particular e observou que a relação preço/lucro da Coca-Cola girava em torno de 45 e a da PepsiCo oscilava em torno de 20. Ele queria outra análise aprofundada — agora, da Coca-Cola.

Voltei para Nova York, e, com uma equipe de cerca de dez pessoas, mergulhei na empresa mundial de bebidas. Lemos todos os documentos internos e públicos em que conseguimos pôr as mãos. Contratamos a Mars & Co., firma de consultoria especializada em análise da concorrência e, ao longo de 4 meses, examinamos como a Coca estava fazendo dinheiro e por que investidores valorizavam mais as ações dela do que as nossas. O relatório final da Mars tinha trezentas páginas, e eu tinha de assimilar tudo, resumir e apresentar as conclusões à diretoria.

Após muito debate, sintetizamos a mensagem em seis pôsteres gráficos, fáceis de entender, e os apoiamos em cavaletes pela sala de conferências. Em outra reunião importante com a diretoria, levei os diretores da PepsiCo de uma tabela para outra a fim de explicar tudo e, então, encerrei meu caso: o preço das ações da Coca era insustentável. O crescimento dos ganhos de nossa concorrente foi, em grande parte, retido por itens únicos, incluindo vendas regulares de peças de interesses minoritários em suas companhias de engarrafamento. Muitos anos atrás, a Coca havia destinado seu sistema de engarrafamento e distribuição de refrigerantes a empresas públicas inde-

135

INDRA K. NOOYI

pendentes que misturam xarope com água e outros ingredientes para fabricar o produto final engarrafado. Essa propriedade pode ser aumentada ou reduzida, dentro de uma faixa, praticamente a bel-prazer.

Na reunião, mostrei que o retorno sobre o capital investido da Coca, que impulsionava a proporção preço/lucro, era mais elevado que o da PepsiCo porque a Coca estava concentrada principalmente em fabricar e vender o xarope.

A PepsiCo era proprietária de nossos engarrafadores, mas a engenharia financeira de nossa concorrente intrigava Roger. Começamos a discutir como também poderíamos separar nossos engarrafadores norte-americanos. Fiquei nervosa com isso porque acreditava que ceder o controle de nossa distribuição de bebidas nos EUA poderia ser complicado. Engarrafadores independentes desejariam definir as próprias metas de crescimento, e eu me preocupava que isso pudesse acabar nos prejudicando nos anos posteriores.

No entanto, eu não estava no comando. Roger pesou todas as opiniões e decidiu que a PepsiCo deveria criar uma nova empresa engarrafadora de capital aberto, sobretudo com nossos ativos na América do Norte. Ficaríamos com 20% dessa empresa.

Nossa análise estratégica da Coca revelou muita coisa a nossos executivos e à diretoria sobre como nossa concorrente estava entregando seus números. Sua conclusão também se provou correta. Uma vez que Roger decidiu seguir a mesma estratégia, os investidores se acalmaram. O preço das ações da Coca caíram 34% durante o terceiro trimestre de 1998.

Não parei de fechar acordos durante esse período. No meio das transações de engarrafamento, banqueiros da Seagram telefonaram para Roger e perguntaram se compraríamos sua subsidiária de sucos de frutas, a Tropicana.

Achei uma ótima ideia. Agora eu conhecia a PepsiCo por dentro e por fora, e conseguia enxergar as lacunas. Uma era que os clientes não se envolviam com nossas bebidas ou aperitivos antes das 10 da manhã. Certa vez, a PepsiCo testara um produto para aficionados por café chamado Pepsi A.M., mas foi um fracasso. A Tropicana, principal fabricante de suco de laranja, era uma grande marca de supermercados com negócios internacionais em ascensão.

Após uma análise intensa de 3 semanas, em que fui às pressas para a Flórida, a Bélgica e a Inglaterra para finalizar as devidas diligências, compramos a Tropicana em julho de 1998 por US$ 3,3 bilhões em dinheiro.

Afirmei estar pensando mais sobre como deveríamos nos atentar ao valor nutricional dos produtos da PepsiCo. A venda de refrigerantes estava caindo. Os clientes estavam mudando para bebidas sem gás e mais saudáveis. A Aquafina, nossa água de garrafa, lentamente ganhava tração, e nossos chás e cafés estavam se saindo bem. Não tínhamos mais os restaurantes, e nosso balancete estava preparado para fazer uma mudança substancial.

"Saúde e bem-estar", para mim, era uma categoria inegável que comportava uma oportunidade imensa. Percebi isso acontecendo em casa. Achei mais que curioso, na festa de aniversário de um ano de Tara, o fato de algumas crianças perguntarem se podiam telefonar às suas mães a fim de conseguirem permissão para provar a Pepsi que servimos. Para mim, aquilo foi um sinal vermelho.

Certo dia, pedi à equipe de marketing que me ajudasse a pensar a respeito. Decidimos criar um comitê de consultoria sobre saúde e bem-estar composto de seis profissionais de fora da empresa, e adicionamos ao grupo alguns professores e especialistas em nutrição. A certa altura, também pegamos uma sala de conferências pouco usada e montamos um mercado falso com prateleiras cheias de produtos mais saudáveis que imaginamos para nosso portfólio no século 21. Roger deu uma olhada no ambiente e ficou intrigado. Steve o viu e ficou cético, em parte porque acreditou que era uma distração. Tiramos a mostra e dissolvemos o comitê de consultoria sobre bem-estar.

Por vários meses, me perguntei se eu havia cedido cedo demais. Deveria ter voltado com fatos e índices para provar esse ponto de vista? A realidade era que, considerando-se todas as minhas outras prioridades, essa era uma montanha que eu tinha de escalar depois.

INDRA K. NOOYI

De 1994 a 1999, trabalhei sem parar. Voltava para casa à noite, tomava um banho, colocava minha camisola de flanela para mostrar às meninas que eu não estava indo embora, as colocava na cama e ficava lendo e-mails e recebendo arquivos até 1h ou 2h. Quase nunca jantava em casa.

Eu não me exercitava. Mal dormia.

Ao menos duas vezes por mês, viajava de um lado para outro pela empresa no mundo todo. Fui à China pelo menos oito vezes nesse período — incluindo várias viagens com Henry Kissinger, cuja firma, a Kissinger Associates, estava nos ajudando no exterior — para descobrir como investir em um setor no qual a Coca tinha três vezes mais fatia de mercado que a Pepsi. Uma vez, Roger me pediu para acompanhá-lo à Ásia por 2 semanas. Tínhamos reuniões de negócios de segunda à quinta-feira, e passávamos longos fins de semana nos encontrando com executivos locais. Roger achava importante conhecer essas pessoas em um ambiente descontraído. Eu queria ficar em casa com minha família.

Eu não parava. Minhas responsabilidades no trabalho eram imensas, mas me sentia obrigada a garantir que o trabalho das outras pessoas também estivesse à altura. Eu dava orientações e mentoria, revisava e reescrevia apresentações para dezenas de colegas.

De todas as vezes que exagerei, uma em particular ainda me abala. Mary Waterman, nossa amada vizinha, morrera de câncer de mama. Mas perdi o funeral dela porque fiquei trabalhando na reescrita de slides relacionados ao *spin-off* do restaurante para a diretoria, que na verdade era responsabilidade do CFO e do tesoureiro. Esses homens simplesmente jogaram a tarefa para mim, dizendo: "Você faz isso muito bem e Roger confia em você."

Deveria ter dito não, simples assim. Nunca me perdoei por priorizar meu trabalho naquele dia, em vez de minha querida amiga Mary.

Independentemente do impacto causado por minha vida profissional em minhas funções em casa, eu ainda tinha a ajuda de Raj. Agora ele era sócio da firma de consultoria, trabalhando e viajando feito um louco e, ainda assim, uma fonte estável de apoio. Também tínhamos uma gover-

MINHA VIDA POR INTEIRO

nanta que dirigia e cozinhava para nós, e uma babá, que mantinham a casa funcionando e as crianças bem cuidadas. Naqueles anos, minha mãe passou mais tempo com as famílias de minha irmã e meu irmão em Nova York, embora sempre estivesse disponível para ajudar quando necessário. Os pais de Raj também davam uma mão sempre que pedíamos.

Tara começou na escola Montessori aos 18 meses e mudou para a pré-escola em Sacred Heart aos 3 anos. Durante o dia, ficava ocupada e tomavam conta dela, e muitas noites também vinha à PepsiCo e ficava no andar dos executivos, correndo e conversando com quem quer que estivesse lá. Ninguém parecia se importar. Às vezes, ela se enrolava e dormia embaixo de minha mesa.

Preetha sentiu muito a minha falta nesses anos. Ela era adolescente, e a maioria do que via era uma mãe ocupada e estressada. Todas as vezes que cantamos e dançamos juntas em Chicago e nossos primeiros dias em Connecticut foram substituídos por uma espécie de competição de Tara, sentia ela. Eu era amorosa e presente em épocas difíceis, mas não estava por perto no dia a dia. Ela expressava sua angústia por explosões verbais, e eu tinha dificuldade para lidar com elas.

Tara era uma criança mais calma e tranquila. Certa vez, ela me escreveu um bilhete, que ainda guardo na gaveta da escrivaninha, em que revela as emoções daqueles anos. Em uma folha grande de papel-cartão, enfeitado com flores e borboletas, ela suplica que eu volte para casa. "Vou amar você de novo se você voltar para casa, por favor", diz o bilhete. Com sua grafia doce e sinuosa, a expressão 'por favor' é enunciada sete vezes.

Por muitos anos, sempre que eu viajava escrevia bilhetes e cartas a Preetha e Tara, e as deixava em casa para que fossem abertas quando eu estivesse fora. Sempre que possível, arranjaria tempo para compor as mensagens — à minha mesa, dentro de carros ou aviões, ou à noite em um hotel antes de ir para a cama. Nas lojas de presentes do aeroporto, estava sempre à procura de adesivos ou pequenos brinquedos e bugigangas para incluir com os envelopes. Acabamos com praticamente uma coleção de bonecas com roupas nacionais — da Finlândia, do Japão, do Brasil. Esses bilhetes e lembranças eram um pequeno projeto particular e constante para

139

INDRA K. NOOYI

mim, enquanto dava prosseguimento às minhas outras funções. Isso me mantinha mais próxima de minhas filhas, embora soubesse que era um substituto fraco para a presença física. Por muitos anos, a culpa por não ser mãe em tempo integral para minhas filhas em seus primeiros anos me corroía. De certa forma, penso nesses dias com grande tristeza.

Muitas vezes eu me perguntava por que continuava. O trabalho era intelectualmente estimulante, e eu realmente amava o que estava fazendo. Tinha certeza de que ficaria infeliz se pedisse demissão, e não tinha vontade de sair de uma vez por todas. Em termos mais práticos, ainda estávamos pagando algumas dívidas pela reforma da casa, e nossas despesas, com duas mensalidades de escolas particulares eram altas.

Também definimos uma meta financeira — uma poupança em dólares para a aposentadoria e mais uma reserva para garantir independência econômica às meninas. E, lá no fundo, sempre nos preocupávamos com o que aconteceria se um de nós perdesse o emprego. O trabalho de Raj e o meu eram nossa rede de segurança — provavelmente, mais da mentalidade típica de imigrantes.

Um dia, na primavera de 2000, Roger casualmente foi até meu escritório e disse que Mike White, diretor financeiro da PepsiCo, havia ido à Europa para liderar o ramo de aperitivos. Roger estava me tornando CFO, além de todas as outras responsabilidades que eu já tinha. Disse a ele que eu precisava refletir. Eu já tinha muita coisa para fazer e não queria assumir mais.

Dois dias depois, em uma sexta-feira, ele veio e disse que anunciaria minha indicação na semana seguinte. Então, acrescentou: "Basicamente, você já está fazendo esse trabalho. Vá se sentar naquele escritório."

Logo depois, empacotei minhas coisas e fui para o escritório do CFO, ao lado da sala do CEO. Tinha seis painéis com janelas. Agora, nove departamentos se reportariam a mim — controle, impostos, tesouraria, relacionamento com investidores, gerenciamento de riscos, aquisições globais, tecnologia da informação, M&A e planejamento corporativo.

140

MINHA VIDA POR INTEIRO

No fim de semana, peguei meus velhos livros de finanças do MBA e comecei a revisar tudo que precisava para reaprender a ser CFO. Sempre havia muito o que fazer.

O tempo era a moeda crucial em minha vida, e eu o passava quase todo na PepsiCo. Para ser bem-sucedida entre os funcionários ideais, eu mesma tinha que ser um.

O departamento de RH da PepsiCo oferecia programas de trabalho compartilhado para alguns funcionários juniores, e meus primeiros dois assistentes administrativos compartilharam um único trabalho. Ninguém mais — certamente não do meu nível — parecia pedir horários reduzidos, provavelmente porque ficavam nervosos com o chamado "estigma da flexibilidade".

Nessa época, outra mulher atingiu os cargos mais altos da PepsiCo. Brenda Barnes foi nomeada CEO da Pepsi-Cola North America em 1996, após 20 anos na empresa. Ela tinha 3 filhos abaixo de 12 anos e, depois de menos de um ano na nova função, Brenda pediu demissão. Ela se mudou para Chicago e passou 8 anos em casa com os filhos e prestando serviços à diretoria. Ainda era uma excelente executiva. Em 2005, assumiu o cargo de CEO da Sara Lee.

A decisão de Brenda, como a de milhares de mulheres talentosas e ambiciosas que saíram de grandes empresas, fez total sentido. As regras do envolvimento na liderança corporativa eram absolutamente implacáveis. O compromisso para acomodar a vida doméstica era impensável.

Brenda não tinha o mesmo apoio de família estendida com que eu podia contar. E, em empregos com viagens sem fim, não tínhamos tecnologia para uma conexão real com as atividades diárias dos filhos à distância. "Todo o problema se resume ao tempo", disse ela à imprensa em 1997, ao ser entrevistada sobre seu novo caminho. "Um dia, quem sabe, a América corporativa poderá lutar contra isso."

INDRA K. NOOYI

Os dias ainda têm 24 horas, e precisamos usá-las com sabedoria. Quando assumimos responsabilidades extras, como cuidar de filhos ou de um familiar doente, o melhor a fazer é usar com ainda mais eficiência as horas que temos, sem sacrificar nosso desempenho no trabalho.

Agora que temos ferramentas para comunicação remota e contínua, acredito que horários flexíveis e trabalho remoto para qualquer pessoa que precise disso deveriam ser rotina. Isso dará às famílias a chance de cuidar das obrigações da vida doméstica durante o expediente sem se sentirem sobrecarregadas por consequências emocionais.

Quem trabalha em turnos teve de lidar por muito tempo com ligações no último minuto ou mudanças de agenda que atrapalharam sua habilidade de planejar dias e semanas. Horários fixos, com auxílio de tecnologia de programação disponível em todos os lugares, deveria ser a norma para todas as pessoas que trabalham em turnos, sobretudo para quem tem qualquer tipo de responsabilidades como cuidador(a). Os patrões não têm nenhum bom motivo para negar essa cortesia.

Aliviar o problema do tempo também inclui mais um fator: abordar a cultura da urgência que consome nossa economia e ambientes de trabalho. Prazos são extremamente importantes. Porém, com muita frequência, arbitrários.

Eu estava envolvida em centenas de projetos com prazos apertados que provavelmente poderiam ter se prolongado por mais alguns dias. Isso teria feito diferença para o projeto? Na maioria das vezes, não. Teria feito diferença para a vida doméstica de meus colegas, como cuidadores ou membros de suas comunidades? Acho que a resposta é um retumbante sim.

Em setembro de 2000, eu acabara de ser admitida no cargo de CFO quando Roger recebeu uma ligação de Bob Morrison, CEO da Quaker Oats, perguntando se a PepsiCo poderia considerar comprar a empresa dele.

Essa era das grandes.

A Quaker Oats Company, sediada em Chicago há quase um século, certamente era um nome familiar — conhecida por seus cilindros verme-

MINHA VIDA POR INTEIRO

lhos e azuis com uma imagem confiante de um Quaker de cabelos compridos e chapéu de abas largas. A Quaker era uma empresa de alimentos, mas, ao longo dos anos, fez muito dinheiro em outros setores também, incluindo os brinquedos da Fisher-Price, que ela vendeu em 1991.

Agora, com cerca de US$ 5 bilhões anuais em vendas, suas marcas eram as barras de cereais da Quaker Oats, cereais da Life e Cap N'Crunch, mistura para panquecas e xarope da Aunt Jemima, e arroz com sabor, cuscuz e outros grãos da Rice-a-Roni e Near East. O que deixava os investidores muito mais intrigados — e motivo porque as ações da Quaker dobraram de valor naquele ano – era a popularidade crescente de sua bebida esportiva: o Gatorade.

A PepsiCo cobiçava a Quaker Oats há muito tempo. Dois anos antes havíamos conversado informalmente sobre fundir as duas empresas, mas nada aconteceu. Sem dúvida queríamos a fantástica fatia de mercado que o Gatorade nos proporcionaria no setor de bebidas isotônicas. Mas também adorávamos a marca registrada Quaker, que faria uma combinação perfeita com a Tropicana em nossa programação matinal. Nossas tentativas de lançar opções para o café da manhã não estavam indo tão bem — algumas barras experimentais da Frito-Lay eram moles, não tinham um gosto bom e não eram nada atraentes.

A venda da Quaker não foi um leilão aberto. A PepsiCo foi discretamente chamada para ouvir o lance de venda. Roger, Steve, eu e alguns de nossos executivos operacionais voamos para Chicago para um dia inteiro de apresentações. Bob Morrison nos encontrou na sala de reuniões de um hotel e nos impressionou com sua história. Eles haviam estabilizado a empresa após alguns anos difíceis e acreditavam que a Quaker precisava de uma escala empresarial maior para crescer fora dos EUA.

Conversamos sobre tudo isso e, depois de alguns dias, fizemos um lance. Em questão de horas, vazaram notícias de que a PepsiCo e a Quaker estavam em negociações e, então, a pressão ficou realmente forte. A Quaker concordou com nosso preço, mas adicionou uma proteção ao acordo que resguardaria seus acionistas se as ações da PepsiCo caíssem abaixo de um certo preço.

143

INDRA K. NOOYI

Fizemos uma reunião com nossos banqueiros e discutimos os prós e contras mais uma vez. Roger decidira que nós três — ele, Steve e eu – tínhamos de estar plenamente de acordo com tudo relacionado a essa transação. Steve não estava à vontade com a proteção e recuamos, mas a Quaker não se mexeu.

Após 2 semanas de negociação, desistimos, para surpresa de Bob.

Na semana seguinte, com o mundo inteiro sabendo que a Quaker queria se vender, a Coca-Cola fechou o acordo. Nossa rival ficaria com o Gatorade, pensamos, e provavelmente venderia as outras marcas da Quaker. Ficamos um pouco preocupados, mas decidimos não olhar para trás.

Mais algumas semanas se passaram. Então, no fim de novembro — na semana do feriado de Ação de Graças —, Roger, Steve e eu estávamos juntos na reunião orçamentária anual da Frito-Lay em Dallas. Parecia que a Quaker estava no espelho retrovisor, mas sabíamos que a diretoria da Coca estava votando na própria aquisição transformacional da Quaker naquele dia. Naquela noite, voamos de volta para Nova York, ficando 3 horas sem notícias. Quando pousamos, nossos Blackberries se iluminaram. A diretoria da Coca-Cola, inclusive um cético Warren Buffet, rejeitara o plano de gastar US$ 14 bilhões com a Quaker. Presumimos que foi porque eles não queriam uma empresa de alimentos sobre a qual nada sabiam.

Nós três ficamos pasmos – por uns 5 segundos. Isso queria dizer que Bob Morrison, CEO da Quaker, estava sem opções e provavelmente voltaria para a PepsiCo. Ele realmente precisava de um comprador. Decidimos passar o feriado de Ação de Graças em casa com nossas famílias e pensar a respeito.

Roger lidou perfeitamente com a situação. Naquele fim de semana, em longas chamadas telefônicas, ele esclareceu que, se déssemos a Bob um lance mais baixo do que o que tínhamos oferecido, ele ficaria desmoralizado. Se realmente quiséssemos a Quaker — as marcas, as pessoas, os clientes, a imagem do rapaz sorridente de chapéu grande —, precisaríamos de seu CEO em nossa diretoria para orientações conforme integrávamos as empresas. Roger propôs que mantivéssemos o lance original, mas pediu à Quaker que modificasse sua exigência das proteções financeiras.

MINHA VIDA POR INTEIRO

Uma semana mais tarde, anunciamos que a PepsiCo compraria a Quaker por US$ 13,4 bilhões.

Inesperadamente, Roger adicionou uma mudança de gestão. Ele abandonaria o cargo de CEO e presidente da PepsiCo quando o negócio fosse fechado e Steve assumiria. Roger e Bob Morrison ficariam na diretoria como vice-presidentes. Steve e Roger também decidiram, juntos, que eu seria nomeada presidente da PepsiCo e me juntaria à diretoria. Estava no meu escritório na sexta-feira à noite, 1º de dezembro, quando Steve me ligou de Dallas para compartilhar a novidade.

Fiquei nas nuvens. Era uma mudança e tanto. Presidente da PepsiCo. A diretoria. Uau!

Fiz as malas no trabalho imediatamente.

Fui para casa. Era cerca de 22h, e as estradas de inverno estavam tranquilas e escuras. Naqueles 15 minutos atrás do volante, eu me permiti ficar feliz por minha realização. Eu trabalhara tão duro, aprendera tanto e conseguira meu lugar.

Entrei em casa pela porta da cozinha, deixando as chaves e a bolsa na bancada. Eu estava explodindo de empolgação — louca para contar para todo mundo. Então, minha mãe apareceu. "Tenho a novidade mais incrível de todas!" exclamei.

"A novidade pode esperar", disse ela. "Preciso que você vá comprar leite."

"Por que não pediu a Raj que pegasse o leite?", perguntei. "Parece que ele chegou em casa faz tempo."

"Ele parecia cansado, então não quis incomodá-lo", disse ela.

Peguei as chaves, voltei para o carro, fui até a Stop & Shop a 1,5km de distância e comprei um galão de leite integral. Quando entrei de novo na cozinha, estava "p" da vida. Bati a garrafa de plástico na bancada.

"Acabei de me tornar presidente da PepsiCo, e você não foi sequer capaz de parar e ouvir a novidade", disse eu, em voz alta. "Você só quis que eu fosse buscar leite!"

145

INDRA K. NOOYI

"Ouça", retrucou minha mãe. "Você pode ser presidente ou sei lá o quê da PepsiCo, mas quando volta para casa é esposa, mãe e filha. Ninguém pode tomar seu lugar. Então, deixe essa coroa na garagem."

Comprar a Quaker Oats Company por US$ 13,4 bilhões era como andar em uma montanha-russa em alta velocidade, com Roger, Steve e eu com os cintos afivelados passando pelas voltas e curvas – um pouco assustador, mas, no fim, emocionante e muito gratificante.

Os acionistas da PepsiCo focaram totalmente o Gatorade, a bebida esportiva número 1 em um mercado crescente e em expansão. Eles viam possibilidades brilhantes de *tie-ins* com superastros mundiais do esporte. Michael Jordan, o melhor jogador de basquete, já estava na TV como o rosto da marca, inspirando jovens atletas a "Ser Como Mike", com um jingle que todos estavam cantando. Adicionar o Gatorade à nossa linha de bebidas não gaseificadas, com a água da Aquafina e os chás gelados da Lipton, mais que dobraria as ações da PepsiCo nessa categoria para 30% das vendas nos EUA.

Eu também adorava a parte Quaker da equação. Farinha de aveia, barras de granola, panquecas, cereal – imaginava cada uma delas acompanhada de uma Tropicana Pure Premium na mesa de café da manhã estadunidense. Eu tinha em mente alimentos mais saudáveis. Preetha e Tara, agora com 14 e 6 anos, iam para a escola toda manhã de uniforme, curvadas sob o peso das mochilas cheias e pegando na saída saquinhos cheios de cereais ou um café. Eu tinha uma boa noção das refeições que uma família ocupada e em crescimento poderia querer — convenientes, nutritivas, gostosas, de preço acessível — e que a PepsiCo sem dúvida poderia ajudar a alimentar mais pessoas em mais períodos do dia.

Anunciamos com grande alarde o acordo com a Quaker na sede da PepsiCo. Roger fez uma apresentação exaustiva aos investidores, que eu nervosamente aperfeiçoei ficando acordada durante toda a madrugada. Então, ao contrário de todos os CEOs que reivindicam lances multibilionários como realização pessoal própria, ele falou sobre como nosso trio realizou a façanha. Ele me enalteceu como membro do círculo interno e crucial para o futuro da PepsiCo. Era a primeira vez que estava na frente e no centro de um evento tão marcante para a companhia.

Nós nos organizamos para fotos com Bob Morrison, da Quaker Oats, atrás de três dúzias de garrafas do Gatorade e da Pepsi. Com orgulho, Roger agarrou barras duras de granola, Steve ficou com a Fritos e eu segurei uma caixa de meio galão de suco de laranja. Seria o retrato da evolução das empresas norte-americanas – uma mulher imigrante indiana tomando seu lugar nas posições mais altas? Será que isso era um presságio de mais oportunidades de liderança para mulheres?

Negociar e anunciar nosso grande acordo foi a viagem emocionante. Agora, tínhamos de fazê-la dar certo. Havíamos prometido ao mundo que acrescentar a Quaker Oats à PepsiCo desbloquearia eficiências tremendas, com pelo menos US$ 350 milhões em economia de custos por 5 anos. Isso amorteceria nossos compromissos financeiros de curto prazo e ajudaria a PepsiCo a investir em mais ideias importantes, inclusive expandir nosso setor de aperitivos fora dos EUA.

De volta ao 4/3, todos sabíamos que uma integração pós-fusão mal concebida poderia condenar o sucesso da aquisição — já tínhamos visto isso acontecer anteriormente no setor. Uma péssima execução continuaria em nosso balancete e na cabeça dos investidores por anos a fio, afetando nossa credibilidade. Descobrimos que tínhamos cerca de 3 meses para surgir com um plano muito detalhado para juntar as empresas, e devíamos fazer tudo certinho. Também precisávamos da aprovação do governo norte-americano, que exigia provar à Federal Trade Commission (FTC) que a Gatorade, respaldada pelo peso da PepsiCo em marketing e distribuição, não impediria a concorrência de entrar no mercado de bebidas esportivas ou prejudicar consumidores com preços mais altos. O maior empecilho parecia ser o fato de que éramos proprietários de outra bebida esportiva, a AllSport, que era bem pequena e estava em declínio. A Coca detinha a única concorrente real da Gatorade, a Powerade.

Se a FTC bloqueasse o acordo, a Quaker permaneceria rival da PepsiCo. Logo, nossa equipe de planejamento teve de operar totalmente no sigilo. Convocamos Brian Cornell, que dirigia a Tropicana Europe, e John Compton, chefe de vendas e marketing da Frito-Lay, para trabalhar com vários consultores, isolados do restante da companhia. Eu conversava com Brian e John várias vezes por dia. Toda sexta-feira às 7h, fazíamos uma teleconferência de 2 horas para analisar todas as economias de custo possíveis e de que maneira faríamos isso. Foi um período intenso.

Enquanto isso, Roger Enrico, o *showman* que sintetizou o próprio estilo com o pronunciamento "faça mudanças grandes em coisas grandes", estava saindo. Como CEO, ele consertara o setor de restaurantes da PepsiCo e o desmembrou, separou os engarrafadores norte-americanos para uma empresa pública e iniciou a PepsiCo no caminho para um portfólio de produtos mais equilibrado. Não acho que essa ampla reconsideração teria acontecido sem Roger no comando, já que a diretoria confiava totalmente nele. Em termos financeiros, a PepsiCo também estava em boa forma.

Aprendi muito com Roger; ele era intuitivo e corajoso. Gostava de poucas pessoas — seus padrões eram "interessantes", para dizer o mínimo —, mas gostava de mim. Ele foi meu mentor, e, para as outras pessoas, isso demonstrava que eu estava destinada a coisas maiores. Ainda que o jeitão de Roger fosse confuso e irritante às vezes, eu o admirava imensamente e nos entendíamos. Sua inteligência e amizade me impulsionaram.

Steve Reinemund, no lugar de Roger como CEO, era uma personalidade totalmente diferente, um rapaz sério, certinho e religioso que usava sapatos envernizados de salto baixo e camisas brancas engomadas com suas iniciais nos punhos. Ele entrara na PepsiCo através da Pizza Hut no meio dos anos 1980 e criou um serviço de entrega em domicílio que adquiriu a Domino's, nossa rival, e transformou o setor de pizzas norte-americanas.

Em 7 anos como CEO da Frito-Lay, Steve continuou ardentemente focado em operações. Ele sabia tudo sobre fabricação de salgadinhos e de sua distribuição aos varejistas, perfeitamente crocantes e a tempo. Era um vendedor maravilhoso, que visitava CEOs das varejistas e gerentes de lojas, e dirigia os caminhões de entrega. Construções suntuosas de marca e marketing nunca foram sua prioridade. Enquanto a Pepsi-Cola estava ocupada assinando um contrato multimilionário com as estrelas pop britânicas Spice Girls em uma parte da empresa, os Tostitos da Frito-Lay estavam ganhando mercado com anúncios mostrando The Beverly Hillbillies fazendo nachos no micro-ondas.

Embora agora ele fosse gerenciar a empresa toda, Steve odiava passar muito tempo em funções corporativas, como tecnologia da informação ou pesquisa e desenvolvimento. Ele acreditava na descentralização e na independência ferrenha de cada divisão. Steve estava tão preocupado com despesas que correram rumores de que o serviço de limpeza na sede da Frito-Lay foi reduzido para duas vezes semanais, e o papel higiênico de duas camadas foi trocado pelo de uma camada. Roger, com seu jeito característico, o apelidou de "Camada Única".

Steve nasceu no Queens, em Nova York; passou a infância com sua mãe solteira e se formou na Academia Naval dos EUA em Annapolis, Maryland. Serviu 5 anos na marinha, incluindo deveres uniformizado da cabeça aos pés na Casa Branca e Camp David para os presidentes Nixon e Ford. Certa vez, lhe perguntei, em tom de brincadeira, se ele nunca relaxava e se divertia. Uma hora depois, ele foi ao meu escritório com a gravata torta, os cabelos desarrumados e um largo sorriso. Steve podia ser engraçado e discreto, mas tinha que se esforçar.

Ao mesmo tempo, ele sempre tentava fazer a coisa certa. Achou muito extravagante a comemoração do centésimo aniversário da Pepsi-Cola no

MINHA VIDA POR INTEIRO

Havaí e escolheu não participar. Quando Roger levava executivos seniores no jatinho da PepsiCo para Montana ou as Ilhas Cayman, para longos fins de semana com a finalidade de formação de equipes, geralmente Steve optava por ficar em casa com sua esposa, Gail, e seus quatro filhos.

Eu, é claro, nunca era convidada para as viagens de Roger, pois eram sempre um "clube do Bolinha". Por mim, tudo bem, já que eu queria passar mais tempo em casa e tinha certeza de que Roger não faria nada significativo sem me consultar ou me envolver.

A atitude contida e a atenção aos detalhes de Steve eram exatamente do que a PepsiCo precisava quando assumimos em 2000. Agora, éramos uma pura companhia de produtos embalados — sem os restaurantes — e precisávamos obter lucros superiores com nosso novo núcleo simplificado.

Em 1999, quando Steve estava em transição para os escritórios corporativos, ele me estimulou a aprender mais sobre o que chamava de "o lado direito da vírgula decimal" — os centavos — me pedindo que supervisionasse um projeto grande de logística da Frito-Lay. Ele tinha razão em pedir isso. Steve sabia que eu negociara transações de dezenas de milhões e bilhões de dólares, e tinha facilidade em lidar com os números grandes do lado esquerdo da vírgula decimal. Mas eu não havia calculado como frações de um centavo, em volumes grandes, catapultaram a lucratividade da PepsiCo. Na verdade, eu não lidava com incrementos minúsculos nos negócios desde que andei de loja em loja vendendo linhas e tecidos estampados para a Mettur Beardsell na Índia.

A tarefa da Frito-Lay me levou a Plano toda semana durante 7 meses. Saía de casa às 4h30 para ir ao aeroporto nas manhãs de segunda-feira e morava em um quarto de hotel sem graça da Marriott até quinta-feira à noite. Sentia uma falta terrível da minha família, e, naturalmente, a tecnologia que hoje nos conecta com smartphones, mensagens de texto, FaceTime ou Zoom não existia. Falava com Raj ou as meninas por telefone, mas essas chamadas no fim do dia geralmente eram curtas e nossa comunicação não era imediata ou espontânea. Contávamos com os

INDRA K. NOOYI

serviços de uma babá e uma governanta, e Raj estava em casa quase toda noite em que eu me ausentava. Havíamos concordado em nunca deixar as meninas sem um familiar para passar a noite com elas, quaisquer que fossem as circunstâncias. Isso exigia muito planejamento da nossa parte. Preetha estava começando o ensino médio, e Tara, o primeiro ano; era um período muito precioso para mim para precisar deixá-las durante vários dias por vez.

Eu me joguei de cabeça na tarefa — uma reformulação maciça do sistema "entrega direta na loja" que era um marco em levar os produtos da Frito-Lay ao mercado.

Lay's, Doritos, Walker's e a maioria dos outros aperitivos da Frito-Lay são embalados a vácuo para que os salgadinhos não quebrem, e isso resulta em cargas muito grandes e leves. Os produtos também são vendidos rapidamente, logo, as prateleiras das lojas precisam de reposição constante. Tudo isso significa que a melhor maneira de mover milhões de sacos de aperitivos da fábrica onde são feitos até o consumidor é entregá-los diretamente na loja quando possível, sem intermediários. A Frito-Lay tinha o maior e mais sofisticado sistema de entrega direta em loja do mundo, com 47 plantas fabris somente na América do Norte, apoiada por 230 depósitos grandes, 1760 compartimentos menores e uma grande frota de caminhões com representantes de vendas munidos de dispositivos portáteis para registrar pedidos.

Ao longo da década de 1990, a Frito-Lay criava dezenas de novos sabores, formatos e outras linhas extensivas, com lançamento de produtos a cada 3 ou 4 meses. Os consumidores adoravam variedade, e oferecer novas coleções/séries não era caro para nós na etapa de fabricação. Quase tudo tinha como base alguma variação de milho ou batata *chips*. Além disso, novidades significavam vendas. Quando lançávamos um sabor novo e o colocávamos como destaque nas prateleiras, muita gente o experimentava.

Essas coisas sobrecarregavam o sistema DSD. Cada tipo de loja precisava de embalagens diferentes, e cada nova variedade deixava a distribuição mais complexa. Lojas de conveniência, por exemplo, queriam

MINHA VIDA POR INTEIRO

vender os Doritos Jumpin' Jack sabor queijo em pacotes de 90 gr para os adeptos do pegar-e-comer; por outro lado, atacados como a Costco preferiam embalagens múltiplas para pessoas que as compravam a granel uma vez por mês. Tínhamos de criar e movimentar centenas de opções.

Steve queria dobrar a capacidade do sistema DSD e reconfigurá-lo para lidar com 30% a mais de variedades. Tivemos que remover os resíduos da operação atual para encontrar esse espaço e, então, atualizar tudo, dos computadores de mão ao sistema de distribuição e a maneira como personalizávamos os sortimentos das prateleiras por lojas e área de vendas. Era um trabalho de Hércules.

É claro que, enquanto eu explorava os detalhes na Frito-Lay, não fazia a menor ideia de que estaríamos comprando a Quaker um ano depois. Em retrospecto, a experiência em Plano foi realmente crucial porque me ensinou como procurar a menor economia de custos. Na época em que trabalhei no planejamento de integração pós-fusão com Brian e John, eu tinha certa expertise em descobrir as pepitas de ouro.

Esses dois, trabalhando em sua bolha confidencial, descobriram como alavancaríamos a escala combinada da PepsiCo e da Quaker para gastar menos com todas as coisas, dos materiais de nossas embalagens e móveis até pneus de caminhões e ingredientes como trigo e aveia. Eles planejaram como poderíamos consolidar escritórios e funções como recursos humanos, contabilidade e jurídico. Detalharam como a equipe de vendas de um depósito da Quaker poderia assumir a Tropicana, e itens da Frito-Lay de pouco volume que não se davam bem com DSD. Descobriram quase 200 projetos que nos poupariam de algumas centenas de milhares de dólares a 10 milhões de dólares. Cada um teve que ser examinado, pontuado, guiado e aterrado dentro de um ano. A maior parte teve que acontecer nos primeiros 4 meses.

Com esses esforços, proporcionamos uma economia de mais de US$ 700 milhões para os resultados financeiros da PepsiCo em 5 anos, mais que o dobro dos US$ 350 milhões que tínhamos calculado.

INDRA K. NOOYI

Infelizmente, a aprovação governamental não teve um progresso tão bom como esperávamos. Após um exame inicial, os membros da comissão da FTC decidiram rever se a compra da Gatorade dava à PepsiCo um poder excessivo no setor de refrigerantes. Então, tivemos de fornecer muito mais dados, modelagem econométrica detalhada e análise para defender nosso caso.

Um dia, Steve apareceu no meu escritório e me pediu para assumir o processo da FTC, trabalhando com nossa equipe jurídica. Que campo minado, pensei. Nosso conselho geral, que era responsável por esse projeto, ficaria compreensivelmente confuso e ofendido. Eu não tinha experiência com reguladores de Washington e já estava com problemas em outra tarefa, para não falar da minha família em casa. Tentei fazer Steve desistir, mas ele também era novo nisso e disse que só ficaria à vontade se eu assumisse o caso. Se nosso acordo arduamente conquistado com a Quaker fosse desfeito, disse ele, ao menos nós dois poderíamos dizer que fizemos nosso melhor.

Tive que subir mais um degrau em minha eficiência.

Convenci minha mãe a voltar a morar conosco em tempo integral, porque Raj estava atolado de trabalho. Nos meses seguintes, eu estava em minha escrivaninha às 6h. Depois, pelo menos três vezes por semana, às 9h eu embarcava em um avião da PepsiCo que estava à minha espera e, junto com os advogados, voava para Washington. Encontramos a equipe da FTC, discutimos o caso e coletamos perguntas. Às 15h, estávamos novamente no ar e, às 16h30, eu estava em meu escritório. Distribuí tarefas para obter respostas às perguntas, revisei as respostas dos dias anteriores e prossegui no meu outro trabalho. Cheguei em casa às 22h e fiquei sentada na cama até depois da meia-noite revisando e-mails e elaborando listas de coisas a fazer. Toda a nossa equipe deu um duro danado nesses meses.

Em agosto de 2001, o plano da PepsiCo de comprar a Quaker Oats finalmente foi votado por quatro membros da comissão da FTC. A decisão foi a mais próxima possível: um empate 2 a 2. Isso significava que nosso acordo foi aprovado. Steve e eu ficamos indescritivelmente aliviados.

MINHA VIDA POR INTEIRO

Saí desse processo totalmente impressionada com a equipe da FTC. Eles eram dedicados, focados e aprenderam rápido os meandros de nosso negócio. Eles não o conheciam no começo, mas leram tudo o que lhes enviamos e fizeram perguntas difíceis e perspicazes. Esses funcionários do governo federal não são tão bem remunerados quanto nós, de empresas privadas. E naqueles meses úmidos de verão, as pessoas com quem trabalhei sequer tinham ar-condicionado, porque seu prédio estava sendo reformado. Ainda assim, passaram cuidadosamente em revista quase duzentas caixas com documentos nossos, com a única intenção de proteger o consumidor norte-americano dos efeitos adversos da concorrência reduzida. A transação recebeu uma análise bastante minuciosa.

A certa altura, eu me lembro de ter desejado que todos os norte-americanos pudessem ver o dinheiro de seus impostos em ação na FTC, pois ficariam orgulhosos desse trabalho bem-intencionado. Anos depois, fiquei contente em aceitar um convite para proferir o discurso inaugural em ocasião do centésimo aniversário da FTC. Contei minha experiência com a FTC e agradeci tardiamente a todos pelos esforços diligentes nessa transação.

Um mês após fecharmos o acordo, mudei novamente de escritório — um espaço enorme com dez janelas, sete de um lado e três do outro. Era magnífico em vários aspectos — espaçoso, com um lindo piso de madeira clara, e, por insistência minha, a mesma mobília que comprei em minha primeira semana na PepsiCo. A sala era tão grande e dispersa que alguns móveis antigos de Roger — alguns sofás e cadeiras — foram levados para lá a fim de preencher os espaços. Eu sentia como se tivesse "aterrado", o que quer que isso significasse.

Também recebi um aumento considerável. Quando Steve se tornou meu chefe e me tornei presidente, ele notou que minha remuneração não tinha sido ajustada conforme minhas responsabilidades além de diretora financeira. Roger não se incomodara com isso; o RH nunca se pronunciara a respeito, e eu também não.

155

INDRA K. NOOYI

Eu amava meu trabalho e sentia que era um privilégio estar naquele escritório. Eu sentia que devia à PepsiCo meu trabalho árduo. Meu estímulo não era o dinheiro e meu salário era impressionante, pensava eu, considerando meu início na BCG. Eu não me comparava com os homens ao meu redor, que, conforme soube mais tarde, vinham recebendo de Roger generosas concessões de ações especiais o tempo todo. Nos meus primeiros 6 anos na empresa, não recebi nada parecido. Agora, o novo CEO havia me dado um aumento do salário-base e pedido à diretoria que me desse uma concessão especial de ações.

Ainda me pergunto por quê, ao longo de tantos anos, os departamentos de recursos humanos ignorarem o fato de as mulheres não receberem o mesmo que os homens. Por que o pessoal do RH tolerava isso? Não parecia importar se o chefe do RH era homem ou mulher. Eles eram bastante enérgicos sobre os programas de diversidade, mas ficavam na defensiva se eu perguntava por que uma jovem executiva promissora não estava ganhando o mesmo que um homem num cargo similar.

Sabemos que, em geral, o salário médio de mulheres nos EUA é cerca de 80% do salário dos homens. Na minha bolha, a disparidade salarial era expressa em incrementos menores — uma mulher receberia 95% do pagamento-base de um homem que fizesse o mesmo trabalho. Se eu perguntasse por que ela estava recebendo 5% a menos, alguém me diria: "É uma diferença tão pequena, não se preocupe com isso." Às vezes, eu revidaria um pouco: "Então, por que não pagamos a ela 105% do que ele está ganhando?" Era sempre uma batalha difícil, quando, na realidade, o RH deveria ter sinalizado esses problemas e abordado-os sistematicamente.

Em todo caso, descobri que as mesmas pessoas que administram orçamentos salariais estão presas à ideia de que homens ganham só um pouco mais. Eu me pergunto se é porque os departamentos de RH ainda veem, de maneira intrínseca, os homens como mais "ideais". Conversei com amigos de vários ramos de atuação, e esse padrão persiste independentemente do quão ultrajadas ficamos com o fato de as mulheres receberem menos.

MINHA VIDA POR INTEIRO

Fechar o contrato da Quaker com aval da FTC também precedeu, por assim dizer, um período mais tranquilo em nossa vida familiar. As meninas estavam ficando um pouco mais velhas e mais independentes, Raj estava trabalhando em uma start-up e passava um tempo razoável nos EUA e na Índia, e eu estava ocupada com projetos nos EUA. Agora, eu também contava com a vantagem de um avião da empresa.

Isso era revolucionário para mim. Durante toda minha permanência na PepsiCo até o momento, eu testemunhara outros executivos seniores usando os jatinhos da empresa para viagens de negócios e, às vezes, pessoais. Até o trabalho da FTC, sempre fiz voos comerciais. Mesmo quando fui sozinha a fábricas de suco na Europa e na Flórida por 2 semanas para as devidas diligências no acordo com a Tropicana, Roger não me ofereceu um avião da empresa. Não pedi, e talvez deveria ter feito isso. Ninguém parecia notar ou considerar minha situação como mãe de duas filhas pequenas em casa, para quem o tempo era tão precioso.

Sei que é muito mais que elitismo conversar sobre voos em aviões de empresas. Mas a realidade é que milhares de jatinhos transportam homens e mulheres de negócios pelo mundo o tempo todo, sobretudo se eles administram empresas globais. Já que eu era presidente da PepsiCo e tinha essa conveniência, era muito mais produtiva. Eu podia trabalhar em silêncio, com privacidade para ler documentos confidenciais ou discutir informações de propriedade enquanto viajava. O avião era um escritório voador. Eu podia fazer várias viagens de um dia só.

Chegava em casa para jantar com mais frequência que no início da carreira e ajudava minhas filhas com as tarefas escolares. Quando elas iam dormir, eu lia e examinava trabalhos em nossa sala de convívio, muitas vezes com o jogo dos Yankees ao fundo, sem som.

Preetha era uma aluna talentosa, semifinalista acadêmica de mérito nacional em sua escola, além de uma garota vivaz e espirituosa. Porém, sua adolescência não foi fácil. Em geral, esse é um período difícil para meninas, mas ver a mãe dela, a quem era tão apegada, viajando constantemente e com flexibilidade zero para tirar uma folga e trabalhar em casa quando apenas me queria por perto foi difícil para ela. Depois de tantos

INDRA K. NOOYI

anos, ela também não estava mais gostando do Sacred Heart, frustrada com as panelinhas e brigas tolas que podem aparecer quando meninas em fase de crescimento ficam juntas por tanto tempo.

Além disso, percebi que Raj e eu estávamos restringindo-a por remetermos a nosso sistema de valores arraigados da Índia de 1970. Naquela época, as roupas estilosas para garotas da faixa etária de Preetha continham muitas alças finas, de que não gostávamos; aos sábados, queríamos que ela estivesse em casa às 20h; perguntávamos por que ela simplesmente — sempre — não trazia seus amigos a nossa casa. Para nós, tudo isso parecia razoável à época. Olhando em retrospecto, talvez não.

Tudo isso foi demais para Preetha. Ela escolheu ir para um colégio interno a algumas horas de carro em Connecticut para terminar o ensino médio. Após se formar, ela foi para o Hamilton College para se formar em Geologia e Ciências Ambientais, adquirindo uma avidez por proteger o futuro de nosso planeta. Ficamos muito orgulhosos dela.

Tara, nos anos do ensino fundamental, era feliz no Sacred Heart, e eu a levava de manhã a caminho do escritório. Quando ela saía do carro, eu abria a janela e gritava, com alegria: "Você é a coisa que mais amo neste mundo!" Acho que ela adorava isso, porém, à medida que ia ficando mais velha, começou a se virar e a sussurrar alto: "Mamãe, pare. Você está me deixando com vergonha!" Isso nunca me impediu.

Durante vários desses anos, também recebíamos uma jovem professora da escola, que vinha passar um tempo com Tara no fim da tarde e ajudá-la com o dever de casa. Esse acordo funcionava muito bem.

Raj ajudou Tara com matemática por anos, com resultados variados. Muitas vezes, eu recebia telefonemas em pânico: "Mamãe. Me ajude. O jeito que papai me ensina matemática não é o jeito que nossa professora ensinou. Estou ficando mais confusa." Eu conseguia ouvir Raj murmurando ao fundo: "Esses professores não sabem de nada..." Obviamente, o método utilizado na escola dele na Índia era extremamente diferente da abordagem do Sacred Heart.

As frustrações mesquinhas de ser uma mãe que trabalha persistiam em mim, e eu ainda sentia muita culpa incômoda e rasa. A escola, por

MINHA VIDA POR INTEIRO

exemplo, tinha um 'Class Coffee [Café da Turma]' para mães às 9h30 em algumas quartas-feiras. Perdi quase todos. Preetha havia aceitado com relutância, mas Tara começou a expressar que queria que eu também fosse uma "mãe de verdade" e aparecesse nos Class Coffees como as outras. O que fazer? Liguei para uma professora da escola com quem simpatizava e perguntei quantas mães participavam de fato. Então, descobri quem não estava lá. Na próxima vez que Tara mencionou isso, dedurei as outras mães da turma dela que também não compareceram. Era minha maneira de lidar, mas talvez não tenha sido uma resposta satisfatória para minha filha pequena.

Mesmo com todo o estresse do trabalho, das viagens e horários impossíveis, eu realmente tentava garantir que era uma mãe cuidadosa e envolvida na medida do possível. Cada uma das festas de aniversário das meninas era planejada e executada com muito amor e atenção a todos os pequenos detalhes, ciente de que esses dias eram especiais e passavam rápido. Ia a todos os eventos ou competições escolares de que minhas filhas participavam e, durante 5 anos, fiz parte do conselho de administração da escola. Acho que nunca perdi uma reunião.

Se alguém se machucasse ou ficasse doente, lá estava eu, pois faz parte da minha natureza. Desde meus primeiros anos como mãe, quando Preetha teve catapora, me infeccionou e deixou meu rosto seriamente descamado por meses, acalmava minhas filhas além do que Raj achava necessário. Uma vez, larguei tudo e corri para a escola quando Preetha machucou o tornozelo ao fazer ginástica e acabei ficando de lado enquanto essa mesma filha me disse para parar de envergonhá-la. Não importava. Eu precisava garantir que ela estava bem.

Outra vez, eu estava na Califórnia e recebi uma ligação de Tara, histérica. Ela tinha dois coelhos em uma gaiola no quintal, e um deles havia morrido. Fiz o melhor para consolá-la. Meia hora depois, ela voltou a ligar. O outro coelho também estava morto. Ela ficou fora de si. Cancelei minhas reuniões e voei para casa.

Também não é exagero o quanto dependi de minha assistente na PepsiCo de 2000 a 2006, Barbara Spadaccia, uma mulher inteligente, ado-

159

INDRA K. NOOYI

rável e incrivelmente generosa na casa dos 50 anos que não tinha filhos e assumiu a mim e a minhas filhas como se fôssemos sua própria família. Ela era meu apoio inabalável e uma voz suave em tudo o que eu estava tentando fazer, muitas vezes ao mesmo tempo.

Sempre defini que as meninas poderiam me ligar no trabalho a qualquer hora, e elas frequentavam o escritório. Mas eu também recebia ligações que não podia atender, e era aí que Barbara entrava. Ela tratava de pequenas crises de todos os tipos, de materiais escolares em falta a tarefas esquecidas. Às vezes, levaria Preetha para um café no fim do dia ou um passeio apenas para conversarem sobre as pressões da vida escolar. Basicamente, Barbara era parte de nossa família e trabalhava muito duro para tornar minha vida mais fácil.

Uma vez, Barbara me substituiu com Tara no evento da liturgia Mãe e Filha na escola, um serviço especial na capela com uma procissão, cantos, reflexões de uma mãe do grupo e um sermão. Então, todas as mães e filhas trocavam cartas entre si e almoçavam. Sempre adorei esse dia e garanti presença. Porém, desta vez tive reunião com um investidor que eu, simplesmente, não podia perder. Naquela noite, quando voltei para casa, pedi mil desculpas a Tara, abraçando-a e chorando por ter perdido nosso tempo juntas. Tara não estava preocupada. "Foi um dia maravilhoso", disse ela. "Será que a Barbara pode ir de novo no próximo ano, mamãe? Ela foi incrível."

Steve e eu também nos tornamos amigos mais próximos quando ele era CEO e eu, presidente da PepsiCo, em parte porque ele tinha gêmeos da mesma faixa etária de Tara. Ele fazia um esforço e tanto para dar a eles atenção completa todos os fins de semana. Certa vez, lembro-me de ir ao colégio interno para ver Preetha e de Steve buscando Tara depois da escola para levá-la em casa. Não conheço nenhum outro CEO que tenha dado tanto apoio.

Nossos substitutos — todas as pessoas especiais na vida de nossas filhas que lhes dão apoio, estímulo e também as amam — têm um papel profundamente importante para todos nós. Afinal, é preciso uma aldeia inteira para criar uma criança.

160

MINHA VIDA POR INTEIRO

Basicamente, meu trabalho na PepsiCo era interminável. À noite, eu nunca ia para a cama pensando "O que devo fazer amanhã?". Eu estava sempre fazendo atualizações, respondendo a perguntas, seguindo em frente. Certa vez, peguei um voo para Moscou em uma sexta-feira à noite para ajudar uma equipe de jovens europeus a elaborar uma lógica convincente para uma aquisição russa que eles queriam propor. Dois dias depois, embarcando em um avião de volta para casa em uma tarde de domingo, exclamei: "Vocês percebem que abri mão de meu fim de semana e voei até Moscou para ajudá-los a preparar uma apresentação para MIM na próxima sexta-feira?"

"Sabemos", respondeu um deles. "Obrigado por ser Indra Nooyi, nossa professora. Agora nos sentimos muito melhores sobre como agir diante de Indra Nooyi, presidente e CFO com padrões extremamente altos!"

Nos mesmos anos, comecei uma imensa refação de todo o sistema de tecnologia da informação da PepsiCo. O projeto surgiu com a crise. Em um dia de primavera em 2002, o sistema de pedidos da Frito-Lay colapsou e tivemos de contratar centenas de funcionários temporários para processar pedidos enquanto prosseguíamos para o agitado fim de semana do Memorial Day. O acúmulo era imenso — em um período de pico nas férias, a Frito-Lay tinha mais de 150 mil pedidos por dia, e humanos simplesmente não conseguiam dar conta de tudo. Estávamos lidando com sistemas legados antigos, e a maioria das pessoas que sabiam como eles funcionavam — e como consertá-los — estavam aposentadas. Nós as chamamos também.

Tínhamos muitos sistemas como esse em toda a PepsiCo — uma tecnologia fragmentária cada vez menos confiável e de manutenção cara. Não éramos os únicos nesse dilema. Muitas grandes empresas estavam enfrentando o mesmo problema, e, para pagar por tecnologias atualizadas, estavam cobrando taxas únicas distintas de seus gastos constantes, para que as despesas fossem vistas como temporárias e não impactassem os ganhos operacionais subjacentes.

Concluí que precisávamos de um sistema empresarial 100% novo que pudesse lidar com o crescimento da PepsiCo — um investimento signifi-

INDRA K. NOOYI

cativo que alcançaria cada parte de nossas operações. Precisávamos dar o tom na PepsiCo de que uma tecnologia da informação de alta qualidade era crucial para nosso sucesso. Eu também tinha um motivo pessoal para vê-la implementada. O novo regulamento federal financeiro, a Lei Sarbanes-Oxley, exigia que CFOs e CEOs assinassem documentos todos os anos garantindo a integridade das finanças de suas empresas. Eu disse a Steve que precisávamos de sistemas robustos de TI para assinarmos com tranquilidade.

Steve relutou. Isso ficaria realmente caro e levaria tempo. Mas ele me disse que, se eu encontrasse o dinheiro, poderia cuidar disso. Por vários meses, trabalhei com consultores de TI e externos em um plano que acabaria custando US$ 1,5 bilhão — US$ 300 milhões por ano durante 5 anos — apenas na Fase 1. Alguns meses depois, um documento de aprovação de 25 páginas estava na minha mesa, com todas as explicações.

Vinte pessoas já tinham assinado, e eu era a penúltima pessoa que deveria aprová-lo. Steve era a última. Eu sabia que, se ele visse minha assinatura, iria adiante.

Eu não podia fazer isso. Não podia assinar um gasto de capital de US$ 1,5 bilhão que era tão técnico a ponto de eu não o entender completamente. Então, como nos velhos tempos, apelei para os livros. Comprei tudo o que pude encontrar sobre sistemas empresariais, mapeamento de processos, armazenamento de dados e gerenciamento de dados-mestres. E, ao longo das 6 semanas seguintes — durante as temporadas de férias de dezembro e Ano-Novo —, estudei tudo. Cancelei nossa viagem anual à Índia, a que minha família protestou mas teve de aceitar. Em janeiro, voltei à equipe com uma lista comprida de perguntas e, quando responderam a todas, acrescentei meu nome aprovando os gastos. Pagamos pelo sistema, que demorou 7 anos para ser construído, vendendo algumas ações da PepsiCo de propriedade de nossas empresas engarrafadoras de capital aberto.

Acredito que líderes têm de compreender os detalhes por trás do que estão aprovando antes de assinarem qualquer coisa. Isso não tem a ver com confiar nas pessoas que trabalham para você. Tem a ver com responsabili-

MINHA VIDA POR INTEIRO

dade básica. Não seja um "atravessador". Acho que as pessoas que trabalharam para mim gostaram do fato de eu ler tudo o que me enviavam, tanto como um sinal de respeito por elas e por seu trabalho quanto por isso ser minha responsabilidade. Sei que deixava as pessoas loucas de tanto fazer perguntas, mas era meu trabalho. Minha intenção era fazê-lo bem.

Mas que tal deixar minha coroa na garagem? Honestamente, nos meus primeiros anos de presidência na PepsiCo, eu nem sequer ficava em casa o bastante para pensar muito em como estava lidando com a relação entre meu sucesso profissional e meu papel de mãe, esposa e filha. Certamente eu não me sentia muito digna, já que corria de um projeto para outro, incluindo todas aquelas viagens para Washington. Estava apenas tentando acompanhar as tremendas responsabilidades do trabalho em um mundo no qual não havia ninguém como eu.

Não obstante, o comentário de minha mãe naquela noite me atingiu — de maneira vaga o suficiente para possibilitar um sem-número de interpretações.

Primeiro, acredito que ela disse uma coisa profundamente importante sobre como aliamos trabalho e família. É claro que ela estava certa em relação ao fato de que, independentemente de quem somos e do que fazemos, ninguém pode tomar nosso lugar na família. Eu desfrutava de muito sucesso, mas a estabilidade de nosso lar significava que eu seria igualmente valorizada e importante se tivesse ou não tivesse sido nomeada presidente da PepsiCo, sugeriu ela.

Então, minha mãe deveria apenas ter me deixado compartilhar a excelente novidade? Sim. Naquela noite, minha empolgação não se relacionava a meu novo título em si. Queria aproveitar o momento e minha realização com as pessoas mais próximas de mim, e compartilhar o orgulho delas. Tenho a impressão de que, se eu fosse um homem, marido e pai, poderia ter tido um pouco mais de liberdade de ação.

Acredito que as mulheres sigam um padrão diferente quanto se trata de comemorar realizações profissionais. Não importa o que fazemos, nunca somos o suficiente. Às vezes, conseguir uma promoção ou um prêmio fora de casa passa a impressão de que foi fácil obter esse prêmio ou que estamos deixando as tarefas domésticas de lado.

Esse jogo de soma zero para mulheres quando se trata de conquistas no trabalho ou familiares é nocivo. É importante que os homens, em particular, percebam que isso prejudica todas nós. Por que não permitir às mulheres que voem alto em todas as áreas da vida e comemorem o que fazem bem quando o fazem? Todos adoramos ver nossas filhas vencerem competições esportivas ou concursos de soletrar quando crianças. Então, por que prejudicamos mulheres adultas bem-sucedidas no campo profissional comentando, com frequência, se elas são igualmente fabulosas em casa?

Para ser franca, mulheres não ajudam a si mesmas ou umas às outras nesse sentido. Sei que é mais fácil falar do que fazer, mas realmente precisamos abandonar a perfeição. Muitas vezes, ainda que estivesse ganhando influência e poder no mundo corporativo, senti que estava falhando com minha família por não estar mais em casa. Olhando em retrospecto, fico um pouco magoada por ter gastado tanta energia me preocupando com isso. Certa vez, me senti tão bombardeada por comentários de minhas filhas sobre como meu trabalho consumia tudo que disse a elas: "OK, vou sair da PepsiCo. Meu coração é de vocês, e claramente isso é demais e vou desistir e ficar em casa." Naquele momento, pareceu uma ótima decisão. Mas então peguei o pivô — "Não, mamãe! Você não pode sair!", exclamou Tara. "Você trabalhou tão duro por isso! Sonhe grande, mamãe! Sonhe grande!" Preetha queria que existissem duas de mim — uma mãe dedicada e sempre presente com quem ela poderia contar, e uma mãe CEO de quem tanto se orgulhava. Gostaria que isso fosse possível.

De algum modo, tive que aprender a somente deixar passar essas ondas de emoções entre nós. Talvez isso seja endêmico à função de mãe. Sou supercomprometida e conectada com minha família, e, independentemente do que eu esteja fazendo fora, ainda tinha um papel importante na absorção dos sentimentos de todos. Às vezes me sentia um saco de

MINHA VIDA POR INTEIRO

pancadas, em que os problemas de todo mundo eram atribuídos ao fato de eu ser uma alta executiva da PepsiCo.

Embora eu lutasse contra esses sentimentos, eu sabia que tinha uma sorte e tanto em ser casada com Raj. Nos anos difíceis para mulheres que trabalham — com os filhos crescendo e um trabalho exigente —, acho que nossos cônjuges realmente ficam em segundo plano e têm de conseguir lidar com isso. Muitas vezes, Raj me diria: "Sua lista é sempre PepsiCo, PepsiCo, PepsiCo, depois suas filhas (como se fossem só minhas), sua mãe, e por último, eu." Ele estava certo. Mas minha resposta brincalhona era: "Pelo menos você está na lista!"

Na realidade, Raj transcende listas. Tenho certeza de que ele sabe disso. Nosso casamento só dá certo e dura porque estamos juntos nessa jornada pelo sucesso de toda a família. Mas minha fase na PepsiCo tinha muitas demandas, e sei que Raj muitas vezes se sentia bastante ignorado.

Para qualquer mulher com filhos que trabalhe fora, um marido que dê apoio pode compensar toda a culpa que carregamos. Como disse várias vezes, ser mãe é um trabalho em período integral, ser esposa também, e ser executiva é ainda mais que isso. Todas essas coisas exigem constantes prioridades e reprioridades, às vezes várias vezes por dia. E, dependendo da pessoa com quem estamos conversando, sentimos que nunca acertamos. Para mim, o fato de Raj estar lá a cada passo me dava um chão onde pisar. Ele nunca me fez sentir culpa por não estar em casa com as crianças.

Também sinto que uma teia de amigas-irmãs pode fazer uma diferença enorme. Há momentos em que não queremos que nos digam que estamos erradas, e não queremos que digam para agir diferente. Queremos desabafar e ser ouvidas, não julgadas. Tenho amigas próximas, queridas, as melhores — mulheres que conheço na Índia, em Israel e nos EUA — em quem posso confiar cem por cento para apenas ouvir o que está me incomodando. Elas não fazem parte da família nem de minha vida profissional; e de modo algum sinto que tenho de impressioná-las ou provar quem sou em nenhum aspecto. Nossos fusos horários são muito diferentes, mas isso nunca parece um problema.

165

INDRA K. NOOYI

O comentário sobre a "coroa na garagem" também trata da relação mais ampla entre poder e humildade. Esta é uma lição incrível para os que ascendem na carreira e terminam em funções que lhes conferem autoridade real no ambiente de trabalho e na sociedade.

Ao longo dos anos, comecei a deixar de lado meu trabalho com minha família estendida. Quando eu era executiva de nível médio, era mais fácil conversarem comigo, cuidarem de mim e apenas me permitirem ser quem sou. Quando subi para níveis mais altos, de certa forma alguns começaram a me tratar como a uma estranha. Eles presumiam que eu estaria ocupada demais para falar com eles ou que era importante demais para lidar com pessoas "normais". Outros, simplesmente, ficavam ressentidos com meu sucesso. Tudo isso gerava um certo climão na família.

Eu me adaptei guardando minhas observações, experiências e estresses para mim mesma, mais do que teria feito em outras situações, e garantindo bom humor ao voltar para casa ou ficar com minha família. Isso era muito difícil quando refletia sobre decisões que afetariam centenas de milhares de funcionários da PepsiCo, clientes em todo o mundo ou um relatório financeiro que poderia influenciar mercados globais. Mas acredito que essa abordagem era necessária para manter a sanidade e o equilíbrio em minha vida fora do trabalho.

Ao mesmo tempo, minha carreira era extremamente interessante, eu era boa no que fazia e estava tentando ajudar a dirigir uma empresa muito grande. Eu adorava a PepsiCo e o rumo que estávamos tomando. Adorava nossos produtos e nossas ótimas ideias. Admito que às vezes ficava decepcionada por não poder comemorar tudo isso sem me preocupar que as pessoas pensassem que eu era algum tipo de egomaníaca.

Por exemplo, quando em 2007 recebi do governo indiano o prêmio Padma Bushan, a terceira maior honraria civil na Índia, senti um orgulho genuíno. Imaginei como Thatha e meu pai ficariam satisfeitos em saber que eu estava em uma lista que incluía artistas de destaque, cientistas, advogados e assistentes sociais. Quem me entregou o prêmio foi o presidente A.P.J Abdul Kalam no imponente palácio Rashtrapati Bhavan, em Delhi. Era o mesmo palácio que eu visitara aos 15 anos para tomar

166

MINHA VIDA POR INTEIRO

chá, e agora eu estava sendo homenageada lá. Raj pegou um voo dos EUA para ficar comigo. Minha mãe também foi conosco. Fiquei triste por Preetha e Tara estarem na escola e terem que perder o evento. Nenhum outro familiar telefonou para me parabenizar.

Em nosso mundo, fica fácil aceitar e adaptar os ornamentos da liderança — dinheiro, viagens, encontros com pessoas famosas e fascinantes, uma vida e ambientes de trabalho bonitos. Mas líderes de verdade devem manter os pés bem firmes no chão e focar as responsabilidades das próprias funções. Sempre foi isso que tentei fazer. Sentia que era um modelo a seguir, com todo mundo me observando. Eu tinha tarefas muito difíceis para fazer e tentava manter todas as outras coisas nos eixos.

Líderes mulheres têm muito mais dificuldade nisso que líderes homens, porque o mundo do poder é feito para eles. Mulheres estão sempre inovando ao navegar em áreas superiores nas empresas, governo ou finanças. Temos de demonstrar seriedade em um mundo no qual autoridade e brilhantismo, para muitas pessoas, ainda têm cara de homens mais velhos, e temos de engolir dezenas de sapos simples e pequenos que mostram que as mulheres ainda não estão cem por cento representadas.

Certa vez, como chefe da PepsiCo, saí de um avião no México com uma equipe de rapazes. Cada um de nós foi cumprimentado pelo oficial da imigração: "Bem-vindo, senhor X", "Bem-vindo, senhor Y", "Bem-vindo, senhor Z." "Oi, Indra."

Obviamente, mulheres têm de gastar muito mais tempo com a aparência e não podem economizar nesse setor sem arriscar a própria credibilidade. Mas há muito mais. Fiz discursos em centenas de conferências, e sempre me preocupei se conseguiria me sentar confortavelmente na cadeira que disponibilizavam porque ela podia ser funda ou alta demais se eu estivesse de vestido ou saia. Em 2 anos diferentes, usei o mesmo lindo vestido azul de baile em dois eventos de gala em Nova York, e ouvi comentários de fotógrafos que queriam que eu comprasse um vestido novo para que eles não tivessem as mesmas fotos antigas. Provavelmente, todos os homens naquele evento estavam com o mesmo smoking que vinham usando há uma década.

167

INDRA K. NOOYI

Certa vez, fui capa da Greenwich Magazine e usei meu casaco favorito da Armani, que me fazia sentir elegante e confortável. Achei que estava bem bonita. Então, uma vendedora da loja de departamentos local Saks Fifth Avenue telefonou e sugeriu que, no futuro, eu lhe fizesse uma visita para um visual mais atualizado antes de qualquer sessão de fotos importante. "Usar um casaco da coleção passada não foi legal", observou ela.

Mulheres têm vozes graves ou agudas demais, ou são consideradas baixas ou altas demais, gordas ou magras demais para serem grandes líderes. Esse julgamento nos esgota. Sabemos que, quando ouvimos isso sobre outras mulheres, também estão falando muito de nós por aí. Acho que as mulheres não conseguem fugir dos lembretes de que devemos pesar constantemente nosso poder — qualquer que seja ele — contra os "padrões" da sociedade de que precisamos, a qualquer custo, nos recordar de que somos imperfeitas.

De todas as maneiras que podem ser analisadas, também não posso me esquecer de quem proporcionou a série "coroa na garagem".

Naquela noite, na cozinha, minha mãe era a mesma mulher de sempre — dividida entre querer ver a filha vicejar no mundo lá fora e garantir que eu cumprisse meu papel de esposa dedicada e contente por cuidar de todos os outros. Quando eu era garotinha, ela me pedia para fazer discursos como se eu fosse a primeira-ministra da Índia. Ela também se preocupava em me arranjar um marido.

Um pé no acelerador, outro no freio.

Saia e pegue a coroa, mas deixe-a na garagem.

Em abril de 2006, Raj se afastou do trabalho para ir à Índia cuidar do pai, que estava com câncer. Senti falta dele e fiquei triste por saber que seu pai, que sempre me deu tanto apoio, estava morrendo. Como esposa do filho mais velho da família, esperava-se que eu me oferecesse para ajudar. Mas meus sogros, sempre compreensivos, insistiram que eu ficasse

MINHA VIDA POR INTEIRO

em casa para cuidar das crianças e do meu trabalho importante. Raj foi o principal cuidador do pai por quase 6 meses até ele falecer, em novembro.

No mês de agosto daquele ano, com Raj na Índia, decidi tirar uma semana de folga para passar um tempo em casa sozinha. Meu plano era relaxar, organizar um pouco as coisas e sair com Tara. Preetha estava visitando uns amigos em Maine. Eu não tinha nada em mente e apenas queria dormir — se conseguisse —, ler e reorganizar os armários.

Porém, na segunda-feira de manhã, no dia 7 de agosto de 2006, Steve apareceu. Ele entrou na cozinha, sentou-se segurando o pequeno bloco de notas que sempre carregava e me informou que estava voltando para Dallas. A diretoria da PepsiCo definira minha nomeação para CEO, disse ele.

Em 3 meses, a icônica fornecedora norte-americana de Pepsi-Cola, servida pela primeira vez em 1898, estaria sob minha liderança.

Fiquei chocada. Eu sabia que me consideravam para liderar o local um dia, mas não fazia a menor ideia de que Steve sairia tão cedo. Desenvolvemos um ritmo de trabalho confortável e produtivo, e com frequência brincávamos que nos aposentaríamos juntos.

Steve me disse que um avião me aguardava no hangar da PepsiCo no aeroporto de Westchester, e às 10h eu estava voando para Nantucket, a ilha na costa de Massachusetts. Era lá que John Akers, o presidente do comitê de nomeação da diretoria, estava passando as férias, e ele queria me contar a novidade oficialmente. Quando pousei em Nantucket, John, de bermuda e camisa polo, entrou no avião, contou que a decisão da diretoria seria oficialmente ratificada no sábado seguinte, desejou-me sorte e disse que estava orgulhoso de mim. Apertamos as mãos. Ele foi embora.

Então, decolei de novo e voei 15 minutos até Cape Cod para ver Mike White, chefe de operações internacionais da PepsiCo, em sua casa de veraneio. Éramos bons amigos, e eu sabia que Mike era o outro candidato ao cargo. Na verdade, alguns meses antes, fomos solicitados a sair de uma reunião da diretoria em que eles discutiam um "assunto confidencial".

INDRA K. NOOYI

Com algumas horas livres naquele dia, fomos à Times Square para ver "Jersey Boys", o espetáculo da Broadway. Depois, fomos jantar e conversamos sobre todas as coisas engraçadas que vivemos ao longo dos anos com os colegas da Pepsi e da Frito-Lay. Tínhamos ido a inúmeras festas de fim de ano, muitas organizadas por mim, que se transformaram em noites de caraoquê ou cantorias com Mike ao piano. Eu tinha compilado livros com letras de 275 músicas populares, e todos tínhamos nossas cópias dobradas apenas para essas festas. Ríamos por Roger sempre insistir em cantar "My Way", o clássico de Frank Sinatra, pelo menos três vezes, e "American Pie", a canção épica de Don McLean, ao menos duas. Nosso grupo restrito dedicara boa parte da vida ao trabalho na PepsiCo. Apesar de toda a pressão, também nos divertíamos muito.

Agora, prestes a me tornar CEO, eu realmente queria que Mike permanecesse na empresa, pelo menos por alguns anos. Eu disse isso a ele, e conversamos um pouco sobre possíveis trocas de liderança e a transição. Então, Mike se sentou ao piano e cantamos algumas músicas. Saímos para tomar sorvete e andar na praia, e ele me levou ao aeroporto, me deu um abraço forte e me garantiu seu apoio.

Quando cheguei em casa, a tarde ainda estava no meio. Liguei para Raj na Índia, e imediatamente ele disse que voaria para casa e ficaria 1 ou 2 dias, para garantir que estivesse comigo na nomeação. Então, sentei-me sozinha, chorando, e deixei uma enxurrada de emoções tomar conta de mim. Eu estava empolgada, nervosa, preocupada com a luz dos holofotes. Pensei em tudo — em minha origem, minhas realizações, o que eu faria com a PepsiCo.

Pensei em minha linda família e que, para mim, não haveria pausa por um longo tempo.

Vinte e quatro horas depois, tudo começou. Eu estava encarregada do pronunciamento e tive que ajudar a estruturá-lo. A troca de CEOs é extremamente confidencial por conta da maneira como os mercados podem reagir a uma mudança de liderança, e somente poucas pessoas po-

MINHA VIDA POR INTEIRO

diam saber o que estava acontecendo. Convidei o conselheiro-geral, o chefe de RP e o chefe de RH para irem à minha casa e fizemos os esboços do pronunciamento, cartas aos funcionários, parceiros varejistas e afiliados. Refletimos sobre cada palavra. Tínhamos de comemorar as realizações de Steve. Tínhamos de demonstrar estabilidade e transição organizada. Tínhamos de ser otimistas, confiantes.

Na quinta-feira, liguei para Preetha e avisei que uma coisa muito importante exigia a presença dela na segunda-feira seguinte. Com um pouco de relutância, ela concordou em aparecer, vestida de maneira apropriada. Tara estava em casa, curiosa em relação a tudo o que acontecia. Eu não podia compartilhar as novidades com nenhuma delas.

No sábado, confidencialmente informei minha mãe, que estava em Manhattan com meu irmão. Sua reação imediata? "Ah, não! Deixe-me ligar para Steve e convencê-lo a não sair", disse ela. "Ele vai me ouvir. Você tem muito o que fazer e filhas para cuidar. Não precisa de mais responsabilidades." Gentilmente, eu a convenci a se conter.

Às 6h na segunda-feira, no dia 14 de agosto de 2006, saiu a notícia: "Pepsi Apresenta CEO Mulher", lia-se em uma manchete. "Pepsi Escolhe uma Mulher para Comandar o Show" bradava outra. Minha família na Índia disse que, naquele dia, dominei o ciclo de notícias — tanto na imprensa quanto na TV. Os tios e tias que não conseguiam parar de cantar "Yummy, Yummy, Yummy" em Madras muitos anos atrás estavam muito orgulhosos de sua sobrinha moleca.

O dia foi um turbilhão. Funcionários lotaram o refeitório da PepsiCo para uma reunião geral na prefeitura que foi transmitida a toda a empresa. Steve fez um discurso sobre me passar o bastão. Então, falei como futura CEO. Disse que a PepsiCo já era uma empresa fantástica e que a deixaríamos ainda melhor. Vamos arregaçar as mangas.

Raj, Preetha e Tara se alinharam por perto, observando os acontecimentos e se perguntando o que tudo aquilo significava para eles.

Senti o peso daquele cargo. Por fora, estava otimista e confiante, mas por dentro a realidade tomava conta.

171

9

Não queria passar de novo pela ladainha de mudar de escritório. O meu, que ficava no canto, era incrível — minha casa longe de casa —, ensolarado de manhã, com vista das copas de árvores que mudavam de cor no outono e, ao longe, um enorme *stabile* vermelho de Alexander Calder chamado "Hat's Off". Eu adorava minha escrivaninha simples, minha mesa grande para reuniões em que Tara fazia as tarefas escolares, e minhas plantas em pequenos vasos de cerâmica asiática. As prateleiras de vidro eram repletas de fotos de família e suvenires de minhas viagens.

Não obstante, Steve estava deixando "o escritório do CEO", um espaço exatamente do mesmo tamanho na outra ponta do corredor que também tinha pertencido a Wayne Roger. Eu frequentara várias reuniões naquela sala, sempre deferente à sede do poder. Em um dos lados havia uma mesa pesada de mogno; no outro, uma espécie de sala de estar, com cadeiras estofadas ao redor de uma mesa de vidro para café, um tapete persa e uma lareira. O espaço exalava a autoridade corporativa tradicional norte-americana — relembrando os clubes privativos masculinos repletos de retratos e antros esfumaçados de banqueiros onde, por décadas, dizem que os acordos reais teriam acontecido.

173

O que eu faria? Eu tinha que reivindicar meu cargo de diretora-executiva e presidente da diretoria às vistas de todos. Rapidamente me perguntei se precisava daqueles velhos engodos. Então, decidi ficar quieta. Mandei remover a lareira e os painéis de madeira das paredes, e o espaço se transformou em dois elegantes escritórios para pessoas que se reportavam a mim.

Senti que conhecia os ritmos e responsabilidades de um CEO da PepsiCo. Trabalhara lealmente com os últimos três líderes, profundamente envolvida em todas as decisões importantes, desde tirar os restaurantes e comprar a Tropicana até separar as engarrafadoras em uma empresa pública e reformular os sistemas de TI. Eu era sensível às pressões de gerenciar uma companhia famosa e cara, e também às fases e climas da economia mundial.

Em sintonia com minha personalidade, provavelmente eu estava preparada até demais. Em 12 anos como estrategista corporativa da PepsiCo, CFO e depois presidente, eu viajara com motoristas de caminhão, andara por hectares de fábricas e visitara parceiros varejistas em todos os cantos do mundo. Provara centenas de salgadinhos experimentais e sabores de molhos, degustara dezenas de misturas de bebidas e podia opinar sobre todos os tipos de texturas. Estava aprendendo como plantar batatas no interior da Mongólia e reduzir o uso de água em arrozais. Conhecia cada alavanca de nossos lucros, perdas e balancetes, e gozava de credibilidade entre nossos investidores e analistas. Estava mais apaixonada pelo espírito da PepsiCo do que nunca, e tinha intimidade total com sua estrutura e pontos fracos.

O mais importante era que eu sonhava e agia, e podia pintar um retrato vívido do futuro da PepsiCo e levar as pessoas a proporcionar essa imagem. Em retrospecto, compreendo por que a diretoria me escolheu como CEO.

Mas eu também sentia um frio na barriga. Quando entrei no prédio como CEO, no dia 2 de outubro de 2006, tive aquela sensação estranha

MINHA VIDA POR INTEIRO

que muitos altos líderes vinham tentando explicar: eu era "o alvo", como em uma brincadeira de pega-pega. Sentia que todo mundo estava olhando para mim, esperando que eu lhes dissesse o que fazer a seguir.

Fui catapultada para o olhar do público. Eu era a 11ª CEO mulher da Fortune 500, um clube muito restrito que incluía Meg Whitman, do eBay, Anne Mulcahy, da Xerox, e Patricia Russo, da Lucent Technologies. Eu também era uma mulher imigrante indiana de um mercado em desenvolvimento assumindo uma companhia icônica norte-americana de artigos de consumo. E isso me tornou um objeto de curiosidade.

Nos primeiros meses, a atenção da imprensa era constante e bem extenuante. Tive uma conversa com um jornalista experiente de Nova York, a quem eu conhecia socialmente, que me marcou. Ele disse que, por certo tempo, eu seria o centro das atenções. A imprensa teria a alegria de me apresentar como uma nova CEO brilhante e diferente, para que, quando os problemas inevitáveis aparecessem, eu tivesse para onde cair. Esse é o jogo, alertou-me ele.

Até então, minha relação com a mídia vinha caminhando bem. Em meus primeiros dias na PepsiCo, eu não tinha uma persona pública, embora conversasse com analistas de Wall Street sobre nossa estratégia e finanças para seus relatórios de investidores sobre as perspectivas de ações da PepsiCo. Como CFO, a cada trimestre eu apresentava os índices da PepsiCo em teleconferências com os mesmos analistas e gestores de fundos de investimento. Achava tudo muito cordial e rotineiro.

Depois do acordo com a Quaker, meu perfil alavancou. A revista *BusinessWeek* publicou uma história comparando o estilo de liderança de Steve e o meu. Olhando em retrospecto, essa foi uma amostra de como eu seria constantemente percebida e apresentada de maneira diferente dos homens poderosos. Éramos uma "dupla estranha", dizia a história. Steve era um ex-oficial da marinha dos EUA que corria maratonas. Eu era uma mulher com um "hábito chato de cantarolar durante reuniões para se acalmar". O artigo chama meu guarda-roupa de "empresa indiana", incluindo "qualquer coisa, de um lenço esvoaçante a um sári". E continua:

175

INDRA K. NOOYI

"Ela fará comentários excêntricos que você nunca esperaria de uma alta executiva" e "Ela tem uma certa inocência e desembaraço".

Em 2003, a *Forbes* estava preparando um artigo sobre a PepsiCo sob liderança de Steve, e organizou às pressas uma sessão de fotos comigo em nosso estacionamento para que as imagens acompanhassem uma legenda. Então, eles usaram minha foto na capa da edição. Indra Nooyi tem uma "franqueza agressiva", dizia a história. Incluía uma frase de Roger: "'Indra é como um cão segurando um osso', afirma Enrico. Isso foi um elogio." Eu me senti horrível sobre a reportagem de capa da Forbes, já que Steve, como CEO, merecia a atenção. Não fazia o menor sentido eu ser o destaque.

Esse episódio afetou para sempre minha relação com os jornalistas. Estava sempre pisando em ovos. Aprendi que, por mais que empresas como a nossa tentassem conduzir a mensagem com meios de comunicação amplos e departamentos de relações-públicas, aquela era uma subida íngreme. A mídia escreverá o que quiser, para melhor ou para pior.

Muitas vezes, eu descobria reportagens bem diretas e objetivas sobre a PepsiCo em jornais, revistas e outros meios, embora as manchetes pudessem ser sensacionalistas e bem distantes de nossas novidades. Alguns repórteres publicavam histórias com base em rumores falsos e geravam um burburinho na empresa que era difícil de acalmar. Ainda assim, com todos os desafios que a mídia joga para figuras públicas como eu, continuo convencida de que a imprensa é um elemento crucial da democracia, e deve ser respeitada e fomentada. Exorto jornalistas que fazem cobertura de empresas a se comprometerem novamente com sua missão central de publicar reportagens e análises cem por cento objetivas e aprenderem de fato sobre as empresas e indústrias complexas que eles cobrem. Os escritores também não deveriam sacrificar a essência da história por uma manchete dramática. A precisão é fundamental para o funcionamento do sistema.

Quando me tornei CEO em 2006, novamente a imprensa se sentiu estimulada a homenagear meu exotismo como mulher e imigrante indiana.

MINHA VIDA POR INTEIRO

Eu era representada de sári e, às vezes, realçada por pés descalços. Eu não usava sári para trabalhar desde meu estágio na Booz Allen Hamilton em Chicago, 25 anos atrás. Vez ou outra, eu tirava os sapatos no escritório após às 18h, como quase toda executiva que usava salto alto.

Quando assumi, uma reportagem do *Wall Street Journal* com a manchete "A Nova CEO da PepsiCo Não Mantém Suas Opiniões Engarrafadas" me descreve, no primeiro parágrafo, usando sári e homenageando Harry Belafonte cantando "Day-O". Na realidade, fiz uma breve apresentação do senhor Belafonte e, em grupo, todos cantamos "Day-O" em um evento de 2005 pela diversidade e inclusão. Estava usando um terno e meu notório lenço esvoaçante. Talvez tenham pensado que fosse um sári.

Para que fique claro, desde minha conversa emocionada com Jane Morrison em seu escritório de Yale após aquela entrevista desconfortável, eu adotara a ideia de que qualquer pessoa — inclusive eu — deveria vestir qualquer roupa limpa e discreta com que se sentisse à vontade. Adotara uma filosofia de que as pessoas deveriam conseguir trazer todo o próprio eu ao trabalho. Vejo isso como fundamental para uma cultura inclusiva em qualquer organização. Entretanto, admito que era desanimador o fato de, quando passei a liderar a segunda maior empresa de comidas e bebidas do mundo, eu ser frequentemente descrita como uma espécie de forasteira doida com uma queda por trajes indianos tradicionais.

Separadamente, vivenciei uma onda de apoio da comunidade indiana e da indo-americana. Por muito tempo, imigrantes indianos como eu foram vistos como nerds da ciência, capazes apenas de gerir startups no Vale do Silício. Ouvi de um amigo bancário que ele e outros indo-americanos em empresas estadunidenses estavam erguendo um pouco mais a cabeça e sentindo que podiam ser levados mais a sério como líderes potenciais nas próprias firmas porque, pela primeira vez, finalmente uma indo-americana estava liderando uma empresa de produtos norte-americana por excelência.

177

INDRA K. NOOYI

Em minhas primeiras semanas como CEO, tive que organizar minha equipe. Era uma tarefa complicada. Queria me cercar de líderes fortes para garantir um feedback sempre honesto. A mudança de gerência de Steve inspirou algumas aposentadorias, e isso era normal.

A única coisa que me surpreendeu foi a saída de Barbara. Sua mãe tinha morrido alguns meses antes, e ela se afastou para cuidar do pai doente. Por um tempo, minha sensação era de ter perdido a mão direita, embora eu tenha tido a sorte de contratar Ann Cusano, uma veterana da PepsiCo que trabalhara na empresa por mais de 2 décadas e fora assistente executiva de Steve.

Ann realmente sabia como lidar com as prioridades conflitantes e inconstantes de um cargo de CEO. Estava sempre pronta para sorrir quando alguém a procurava, mas desempenhava a função de guardiã com grande desenvoltura. Ela criara os próprios filhos, habilmente fizera malabarismos com a maternidade e as pressões do trabalho, e conquistou naturalmente o amor de Tara e Preetha. Ela tinha o apoio de Jan Niski, uma pessoa adorável e cuidadosa que parecia ser a extensão da eficiência de Ann. Juntas, elas comandavam o escritório do CEO das 8h às 19h, lidando com as pilhas de e-mails e telefonemas que chegavam todos os dias. Ann ficou comigo até eu ir embora da PepsiCo. Não consigo enfatizar o bastante como essas mulheres, durante quase 2 décadas, mantiveram minha vida em ordem e contribuíram com minha sanidade.

Promovi Richard Goodman, o CFO da unidade internacional de nossos negócios, a CFO da PepsiCo. Ele era respeitado, metódico e não tinha medo de dar opiniões. De maneira similar, persuadi Cynthia Trudell, ex-executiva da General Motors que fazia parte da diretoria da PepsiCo, a entrar como chefe de recursos humanos. Eu queria uma executiva operacional para me ajudar a repensar muitos de nossos processos e práticas de RH para décadas à frente. Cynthia tinha ideias excelentes, as quais frequentemente expressava nas reuniões de diretoria. Eu precisava dela por perto.

Foi importante manter Larry Thompson, um ex-procurador-geral adjunto dos EUA, como nosso conselheiro geral. Mas tinha que ser uma escolha minha, não um resquício de Steve, que o havia contratado. O advo-

178

MINHA VIDA POR INTEIRO

gado principal de uma companhia pública é o conselheiro mais próximo do CEO, a par de quase tudo e profundamente envolvido em assuntos da diretoria. Larry era bem quieto, sempre ouvindo e absorvendo tudo à sua volta. Porém, em reuniões a sós comigo, ele dizia exatamente o que estava certo ou errado e nunca escondia nada.

Um dia, fui até a sala de Larry e, sem planejar de fato, disse-lhe que estava demitido. Ele ficou confuso. Dez segundos depois, com um largo sorriso, recontratei-o como conselheiro geral. Sei que isso foi um golpe para Larry, e talvez não tenha sido uma técnica das mais brilhantes de um CEO. Ainda assim, mais tarde ele me disse que, embora tivesse ficado em choque durante aqueles segundos, ele compreendeu como era valioso para eu "re-recrutá-lo" para o cargo. Desde aquele momento, Larry era meu CG, e estava animado por fazer parte da minha nova equipe.

Por fim, para manter meu escritório de CEO em perfeito funcionamento, dei continuidade a uma prática que Steve iniciara — fazer rodízio de executivos promissores para atuar como chefe de equipe por 18 meses seguidos. Comecei com John Sigalos, com quem eu trabalhara no setor de estratégias corporativas e agora estava em Bangkok. Ele voltou para Nova York, e sua chegada trouxe a ordem e a estrutura necessárias para acompanhar as novas exigências que recaíam sobre mim.

Nos 12 anos seguintes, confiei em um grupo precioso de líderes de destaque e em ascensão na função. Desde o início, minha intenção era viajar muito, e a expectativa era de que o chefe da equipe viajasse comigo. Essas viagens, é claro, envolveriam passar um tempo com nossos negócios, mas eu também queria fazer mesas redondas com funcionários jovens, reuniões separadas com mulheres, visitas com oficiais do governo locais e, com muita frequência, a pedido de nossas equipes locais, compromissos públicos com câmaras de comércio ou grupos de mulheres.

Em todas as reuniões, eu solicitava a essa pessoa que preparasse um documento com um briefing detalhado. Além disso, todas as minhas falas deveriam incluir minha contribuição inicial e, então, um trabalho cuidadoso com um escritor de discursos para garantir que cada palavra

179

INDRA K. NOOYI

estivesse culturalmente correta. Essa pessoa também mantinha uma lista de itens a seguir para garantir que eles fossem abordados.

Como se não bastasse, meu chefe de equipe tinha mais uma tarefa muito importante: preocupar-se comigo em um ambiente público. Esta cadeira é adequada para uma mulher? Em um palco, devo usar vestido ou calça? Qual a cor do fundo, para que eu não suma no meio ou entre em choque com ele? Posso fazer uma refeição vegetariana? Acima de tudo, eu também precisava de intervalos, para não ficar sobrecarregada com atividades intermináveis. Acho que todos ficavam bem exaustos no fim dos turnos, mas cada um saía com um conhecimento aprofundado do funcionamento interno do escritório de um CEO global.

Conforme eu avançava, podia perceber incentivadores e detratores, entusiasmos e ressentimentos. A equipe internacional da companhia estava contente por eu ter uma visão global e com o fato de Mike White continuar sendo seu chefe. Fui facilmente aceita pelos executivos de bebidas da Pepsi e da Frito-Lay, com quem eu trabalhara durante anos. Roger e Steve estavam presentes, embora me permitissem ser eu mesma. Sempre gostei disso.

Naturalmente, algumas pessoas eram fiéis à própria ideia que faziam da PepsiCo. Uma delas escreveu para Steve, furiosa porque a diretoria promovera alguém tão diferente dos antigos CEOs. Como resposta, Steve lhe escreveu uma carta maravilhosa, destacando todos os motivos por que eu era a melhor pessoa para gerir o lugar.

Em meus sonhos, eu criava uma nova era para a PepsiCo. Imaginava uma corporação que definiria o século 21, que duraria muito no futuro, orgulhosa de suas raízes norte-americanas, ainda que mundial e ágil o bastante para refletir a mudança dos tempos. Esse tipo de longevidade corporativa não é tão comum. Das quinhentas maiores companhias dos EUA em 1965, quando a Frito-Lay e a Pepsi-Cola se fundiram, apenas 77, cerca de 15%, continuaram na lista 50 anos depois. Meu desejo era configurar a PepsiCo para ser bem-sucedida por décadas a fio, não apenas para

MINHA VIDA POR INTEIRO

ter um êxito fugaz durante minha fase como CEO. Meu instinto era que a PepsiCo tinha de repensar seu propósito na sociedade e desenvolver um novo modelo para conduzir seus negócios.

Também fui influenciada por meu treinamento formal na Índia — pelas conferências que me ensinaram sobre democracia e capitalismo, e por meu estágio no departamento de energia atômica em Bombaim, onde vi como companhias de energia ocidentais interagiam com o mundo em desenvolvimento. A Yale SOM me inspirara a atravessar oceanos atrás de uma educação focada na interseção entre empresas e sociedade, e os casos que estudei lá abriram meus olhos para a maneira como as companhias estão inseridas em um universo de política, governo, organizações sem fins lucrativos, comunidades e famílias. Todas precisam trabalhar juntas para criar um futuro melhor.

Nos meses depois que Steve foi até minha cozinha naquela manhã de verão de segunda-feira, ponderei tudo isso, mesmo em meio ao trabalho atarefado, à empolgação e ao medo de assumi-lo.

A tarefa era monumental. A PepsiCo era uma empresa icônica, que fabricava e comercializava 17 marcas com vendas varejistas de mais de US$1 bilhão por ano cada uma, mais do que qualquer companhia de itens de consumo daquela época. As pessoas comiam e bebiam mais de um bilhão de produtos da PepsiCo todos os dias. Funcionávamos em mais de 180 países e territórios.

Mas a PepsiCo — e toda a nossa indústria — também estava sendo bombardeada com críticas de que o açúcar, a gordura e o sal de nossos produtos contribuíam com o flagelo da obesidade, hipertensão e diabetes nos EUA e, cada vez mais, no restante do mundo. Havíamos adquirido a Quaker Oats e começado a alavancar nossos produtos nutritivos. Tínhamos eliminado a gordura trans. Estávamos adicionando ômega-3 à Tropicana. Havíamos tirado das escolas as bebidas com muito açúcar. Entretanto, considerando o escopo de nossos negócios, tudo isso parecia insignificante. A PepsiCo ainda era vista como uma empresa de "junk food".

181

INDRA K. NOOYI

A pressão de especialistas em saúde pública, grupos de pais e mães e governos era intensa. Mas tendências de consumo também direcionavam a mensagem da saúde. Isso estava claro inclusive dentro de nossa própria atividade. Uma vez, eu estava no Egito jantando com outros líderes locais e suas esposas, e uma das mulheres me contou que relutava em deixar seus filhos consumirem nossos produtos porque eles eram carentes de valor nutritivo. Aquilo foi tremendamente honesto – e útil para mim. O fato de uma pessoa ser tão franca, mesmo que sua renda familiar dependesse da PepsiCo, amplificou meu senso de urgência para fazer alguma coisa a respeito.

Até os hábitos de nossos executivos estavam mudando. Às vezes, eu reparava que era a única pessoa bebendo Pepsi com açúcar em reuniões de conferência. Ficava frustrada por ter de argumentar a favor de mais apoio de marketing para nossas marcas mais saudáveis. Mais de uma vez apontei que, se nós mesmos preferíamos bebidas de baixa caloria e água mineral, por que achávamos que outras pessoas não passavam por essas mudanças? Todos éramos consumidores. Devíamos apoiar a escolha do consumidor, é claro, mas nossas decisões de marketing e inovação tinham de refletir a mudança dos tempos.

Nossa rivalidade com a Coca-Cola não ajudava. A Coca não tinha nenhum setor de comida, mas o "Coca vs. Pepsi" estava firmemente incorporado no pensamento popular. Nossas estratégias e estoques eram constantemente comparados, e qualquer divergência surpreendia ou preocupava o mercado. Isso fazia com que mudar fosse mais difícil para nós. Estávamos sempre presos na guerra entre colas.

Porém, na realidade, as duas empresas eram bem diferentes. Os analistas de bebida de longa data e repórteres que nos cobriam estavam presos na zona de conforto das antigas comparações, em contraste com a nova realidade de nossos portfólios divergentes. Era realmente frustrante.

Por exemplo, em 2006, bebidas homônimas da Coca-Cola renderam cerca de 55% de ganhos. A Pepsi-Cola, por outro lado, rendeu cerca de 17% de nossos ganhos. No total, nosso negócio de bebidas representava somente 40% das vendas da PepsiCo. Para ser franca, bebidas gaseifi-

MINHA VIDA POR INTEIRO

cadas ainda eram um negócio bem lucrativo para ambas as empresas, mesmo em meio à popularidade em declínio.

Em alguns anos como CEO, cogitamos trocar o nome da PepsiCo para um apelido relacionado a "Anderson Hill", o endereço de nossa sede, visando separar de uma vez por todas nosso imenso portfólio da marca de refrigerantes. Algumas pessoas do alto escalão da PepsiCo sentiam que um nome novo daria à empresa uma imagem mais apropriada à sua linha de produtos. Porém, após trabalharmos com logos e um plano de implantação e, então, calcularmos o custo, cancelamos a ideia. Não podíamos conceber gastar centenas de milhões de dólares para aposentar o nome icônico 'PepsiCo' sendo que quase nenhum cliente que comprava Sabra Hummus, batatas *chips* da Lay's, Quaker Oats ou Naked Juice percebia que todos os produtos eram ligados à PepsiCo.

A discussão sobre saúde não era nossa única grande provação. Eu também me preocupava com a PepsiCo e o meio ambiente — todas aquelas garrafas e saquinhos, todo aquele desperdício de água e combustível. Aonde quer que eu fosse, particularmente a mercados em desenvolvimento e emergentes em que a coleta de lixo não era organizada, via plástico e embalagens do setor de itens de consumo. Era impossível evitar. Eu ficava envergonhada.

E me senti ainda pior quando, por volta da mesma época, recebi duas cartas pelo correio. Primeiro, um grupo de legisladores norte-americanos dos estados da costa leste escreveu aos chefes de todas as empresas de itens de consumo embalados, chamando atenção para o lixo acumulado em seus litorais. Lembro-me da pergunta na carta: "Como você pode ajudar?" Então, recebi uma foto pelo correio da Grande Porção de Lixo do Atlântico Norte, uma ilha gigantesca de resíduos flutuando no oceano que tem sido registrada desde 1972. A imagem estava cheia de garrafas de bebidas e embalagens de comida processada. Reconheci algumas de nossas garrafas plásticas e pacotes de batatas.

183

INDRA K. NOOYI

A imagem daquele caminho de lixo, sobre o qual muito tempo depois alguém escreveu na revista *National Geographic*, evocou em mim um senso de responsabilidade ainda mais profundo. Eu crescera em um lar em que um pequeno cesto de lixo por semana era demais. Agora, eu estava à frente da "cultura de conveniência" — em que o uso único e o hábito de descarte era o leitmotif predominante.

Quando conversei com meus executivos seniores sobre a carta e a ilha de lixo, não obtive muita reação. Eu me senti estranhamente sozinha. Não foi nenhuma surpresa. O documentário de Al Gore sobre a mudança climática, *Uma Verdade Inconveniente*, acabara de ser lançado, e o mundo todo estava falando sobre o planeta. Mas acredito que, para alguns executivos principais da PepsiCo, o problema do descarte de embalagens parecia colossal demais, algo que exigiria um avanço tecnológico para resolver. Além disso — e eles estavam certos —, a cultura da conveniência estava incorporada em nossa sociedade e levaria muito tempo para mudar.

Outro problema ambiental para mim era a questão da água. A valorização da água está em meu sangue. Em Madras, nossas vidas eram reguladas pelo fluxo da água pura e límpida, e pelas horas do dia em que as torneiras estavam abertas ou fechadas. Em minha mente, consigo ver meu pai na pia da cozinha aguardando as gotas para encher as panelas e tigelas; consigo me ver tomando banho com minha pequena xícara de aço; consigo ver a fila de mulheres em Madras, aguardando sua vez em um poço público.

Na PepsiCo, usávamos 10 litros de água para cada 4 litros de Pepsi-Cola e das outras bebidas que fabricávamos. A apenas 25 quilômetros de Chennai, vi nossas fábricas tirando água dos aquíferos usando bombas potentes, enquanto as pessoas da cidade estavam com sede. Sob meus cuidados, tive de descobrir como tornar nossas fábricas extremamente eficientes em termos de uso da água e, acima de tudo, utilizar nossos métodos de manejo do líquido para ajudar comunidades inteiras a aprimorar sua eficiência de uso da água.

MINHA VIDA POR INTEIRO

Quanto mais eu pensava no futuro da PepsiCo, mais sentia que estava incumbida de conectar o que era bom para os negócios com o que era bom para o mundo.

Eu precisava de um plano identificável, universal. Ele tinha de refletir a cultura de nossa juventude e assinalar uma evolução sábia de nossa empresa histórica. Precisava trazer dezenas de milhares de funcionários e parceiras engarrafadoras, muitos dos quais haviam trabalhado para a PepsiCo durante décadas e a adoravam exatamente como era. Comecei a ler tudo o que podia sobre transformar grandes organizações, sobre lidar com mudanças e sobre responsabilidade corporativa. Consultei-me com membros da diretoria e amigos de confiança na BCG.

Finalmente, decidi que o caminho a seguir era repensar a empresa sob a rubrica "Performance com Propósito".

Essa era minha tarefa. Teríamos um desempenho excelente, como era esperado para a PepsiCo, mas acrescentaríamos três imperativos ao trabalho à nossa frente: *nutrir* a humanidade e as comunidades em que vivemos; *recuperar* o meio ambiente; e *valorizar* as pessoas na empresa. Não se tratava de responsabilidade corporativa social ou filantropia focada em doar nosso dinheiro. A PcP transformaria o modo como a PepsiCo fazia dinheiro e vincularia o sucesso de nossos negócios a estes objetivos: *Nutrir. Recuperar. Valorizar.*

Nutrir focava a "sustentabilidade humana". Tínhamos que alimentar pessoas e a responsabilidade social, e contribuir com alimentos e bebidas mais saudáveis estimulando consumidores a fazer escolhas alimentares conscientes. Tínhamos que continuar apoiando os itens que chamávamos de "Fun for You", como a Pepsi-Cola e os Doritos originais, mas descobrir como reduzir seus níveis de gordura, açúcar e sal. Precisávamos marcar nossos produtos "Better for You", as opções de zero e baixas calorias, inclusive pretzels e refrigerantes diet; e tínhamos de intensificar a inovação e a comercialização de nossos produtos "Good for You", incluindo nossa linha de sucos, chás e aveia.

185

INDRA K. NOOYI

Nossa nova meta era nobre, mas tínhamos um grande obstáculo: o sabor. Tudo o que fabricávamos havia sido otimizado ao longo dos anos para ter um sabor fantástico. Agora, eu estava propondo que mexêssemos em receitas e ingredientes para reduzir os mesmos elementos que contribuíam para dar aquele sabor — a gordura, o açúcar e o sal. Isso representava um desafio técnico complicado — e uma oportunidade e tanto.

Recuperar significava garantir "sustentabilidade ambiental". Tínhamos que repensar como usávamos energia e água, reduzir o uso de plástico de nossas embalagens e instalar sistemas de reciclagem; precisávamos ajudar nossos parceiros agrícolas a usar menos água em suas plantações. Reduzir emissões de gás carbônico. Unirmos ao esforço global de restaurar a saúde do planeta, e não podíamos esperar por mais evidências sobre o aquecimento global. Precisávamos ter a mente bem aberta, buscando e abraçando totalmente novas ideias de negócios nessas áreas. Caminhões híbridos e elétricos, energia solar, métodos atualizados de lavagem de garrafas e de irrigação — a lista de ideias a analisar e implementar era longa e estava crescendo.

Valorizar estava relacionado a garantir "sustentabilidade de talentos". A PepsiCo precisava ser um ambiente de trabalho incentivador e empoderador onde todas as pessoas poderiam prosperar. Isso estava inextricavelmente conectado com outra questão urgente – atrair e preservar grandes talentos para fazer tudo dar certo. Sabíamos que homens e mulheres millennials, que enchiam os ambientes de trabalho, não escolheriam a PepsiCo a menos que melhorássemos em termos de saúde e meio ambiente. Essas eram apostas críticas.

Ainda mais importante, pensava eu, era ajudar esses jovens a integrar trabalho e família. Os millennials vinham enfrentando um estresse enorme para equilibrar dinheiro, casamento e filhos. Eles haviam testemunhado seus pais lutando com os mesmos problemas. Não faziam a menor ideia de como passar por tudo isso. Qualquer ajuda que pudéssemos oferecer nos daria uma vantagem sobre a concorrência. Tínhamos que tomar consciência de que, ao contratarmos alguém, não se tratava apenas de um par de mãos, uma pessoa. A família inteira vinha junto. A

MINHA VIDA POR INTEIRO

companhia tinha mais de 250 mil funcionários, e precisávamos valorizar cada um deles.

Talvez não surpreenda que o termo "valorizar" tenha gerado muita controvérsia ao longo dos anos. Disseram-me que era suave e feminino demais para ser um imperativo de negócios. Em um bilhete para mim, um colega comentou que a palavra era um prato cheio para "suspiros audíveis acompanhados por um virar de olhos como em máquinas caça--níqueis" e que não tinha "absolutamente *nenhuma* credibilidade e, pelo contrário, agora é motivo de chacota".

Bem, acho que isso atingiu um ponto nevrálgico.

Já em meu novo cargo, viajei para a sede triangular da Frito-Lay em Plano, no Texas, para minha primeira reunião na prefeitura como CEO. O auditório estava lotado. Falei sobre nosso trabalho árduo e desafios, e enalteci a influência da Frito-Lay na companhia. Propus a "Performance com Propósito", e então, em uma reunião particular com a equipe sênior, falei tudo.

Aquilo foi um teste. Os gerentes da Frito-Lay sempre foram céticos — em geral, rejeitavam ideias de fora da própria empresa. Mas eu sabia que precisava deles comigo, portanto, fiz deles meus protagonistas. Após uma discussão interessante, eles prometeram voltar a me procurar na semana seguinte, dizendo o que pensavam. Eu estava otimista, mas pé no chão.

Três dias depois, o CFO da Frito-Lay e o chefe de estratégias voaram para Purchase e me contaram que toda a equipe tinha adorado a PcP. Eles compreenderam e concordaram que chegara o momento de trabalhar duro para tornar nossos produtos mais saudáveis e, ao mesmo tempo, preservar o sabor e toda a diversão da Frito-Lay. Ficaram superempolgados, em particular, com os caminhões híbridos e energia solar, e viram que a PcP poderia ser uma ótima ferramenta de recrutamento.

Também compartilhei a PcP e todos os seus componentes com Derek Yach, um especialista em saúde global que trabalhara na Organização

187

INDRA K. NOOYI

Mundial da Saúde. Derek era um crítico assumido de nossos produtos e do impacto ambiental. Achei que um crítico dentro de nosso pavilhão me ajudaria a fazer as coisas do jeito certo. Contratei-o para me ajudar a pensar em como transformar a companhia e comunicar as mudanças aos especialistas em políticas públicas. Derek acreditava que a direção proposta por mim era ousada, e ele a apoiava. Esse era um selo de aprovação importante para mim.

Algumas semanas depois, no salão de um hotel em Scottsdale, Arizona, apresentei novamente a PcP, desta vez para os quatrocentos principais gerentes da PepsiCo do mundo todo, que estavam reunidos para nossa conferência particular anual. Falei durante mais de uma hora, refletindo sobre nossa história e pessoas maravilhosas. Então, revelei todos os detalhes da PcP. Expliquei que não se tratava de doar a boas causas o dinheiro que fazemos. Havia lugar para isso, mas eu estava falando sobre uma nova maneira de fazer dinheiro. Se não transformássemos nosso portfólio para atender aos clientes em constante mudança, não poderíamos crescer; se não focássemos o meio ambiente, nossos custos aumentariam e alguns países negariam nossa licença para operar; se não permitíssemos às pessoas que fossem cem por cento elas mesmas no trabalho, não conseguiríamos os melhores funcionários.

E, se não oferecêssemos performance, não poderíamos bancar o propósito. Performance e propósito reforçavam um ao outro. Era um círculo virtuoso.

Fiz meu discurso com a mente e o coração — queria que todos sentissem meu comprometimento profundo. Funcionou. Era possível ouvir um alfinete cair enquanto eu falava. Eles ficaram eletrizados. Não se mexiam nas cadeiras. E, quando concluí, o grupo me aplaudiu de pé. Fiquei aliviada e pronta para colocar o discurso em ação.

Acredito nas empresas. Acredito que o mundo fica melhor com organizações grandes e privadas, não somente porque elas conferem estabilidade, mas porque inovam. Empresas geram empregos e oferecem produtos

MINHA VIDA POR INTEIRO

que satisfazem as demandas das pessoas. Elas contribuem com a base tributária e geram um senso de comunidade.

Mas também acredito que as empresas devem ser boas tanto em termos éticos quanto comerciais. Algumas pessoas acharam estranho que um CEO atual se esforçaria tanto para levar uma organização para além da ideia de que uma boa empresa existe para deixar os acionistas felizes e vencer a concorrência, dentro dos limites da lei. Mas a noção de que uma companhia é apenas um centro de lucros é muito recente. Ao longo da história, as empresas se orgulharam de suas raízes sociais e do legado que deixavam nela. Nenhum negócio é capaz de prosperar de fato em uma sociedade fracassada.

Acredito que o impacto de uma empresa na sociedade precisa ser escrito em todo o planejamento de negócios, e essa reflexão não pode ficar para depois. Coisas boas para o comércio e boas para a sociedade precisam andar juntas.

Com a Performance com Propósito, eu tinha uma estratégia — simples e ponderada — para levar a PepsiCo para o futuro. Fiquei bastante empolgada com o fato de os gerentes da Frito-Lay terem aderido logo a ela e de nossos líderes mundiais também a terem apreciado. Quando repassei os detalhes com nosso quadro de diretores, tive quatro apoiadores abertos — Dina Dublon, ex-CFO da JPMorgan Chase, Sharon Percy Rockefeller, CEO da rede pública de TV WETA em Washington, D.C. e filantropa, Victor Dzau, então chefe do sistema de saúde Duke, e Alberto Ibarguen, CEO da Knight Foundation. Alberto encerrou a conversa afirmando que aquela parecia ser a única forma sensata de a PepsiCo avançar. Eu tinha a faca e o queijo na mão.

Vale ressaltar que eu também estava empolgada com o fato de a PcP ressoar entre nossos funcionários jovens. Eu sabia que seus amigos e parentes os questionavam sobre a ética de trabalhar para uma empresa que produzia calorias vazias e aterros sanitários entupidos. Agora, eles tinham como responder — estávamos trabalhando na evolução da PepsiCo para abordar esses mesmos problemas. A iniciativa vinha do alto escalão, mas atraía nossos mais novos contratados e estagiários. Eles tinham orgulho dela.

Os investidores e o público da mídia foram muito mais duros na queda. Os acionistas não apoiariam nada que pudesse afetar as metas de lucro de curto prazo da PepsiCo, e, quando contei a eles sobre o plano, as reações foram decididamente mistas. Alguns deixaram muito claro que haviam comprado ações da PepsiCo porque acreditavam em refrigerantes e batatinhas. Eles queriam aumento de ganhos hoje, não uma estratégia para amanhã. Se estivessem interessados em uma empresa diferente de comidas e bebidas, disseram, eles procurariam em outro lugar.

O comentário mais memorável foi de um gerente de portfólios em Boston: "Quem você pensa que é?", perguntou. "A Madre Teresa?"

Segui em frente. No fim das contas, a Performance com Propósito transmitiu todas as minhas decisões por mais de uma década. A estratégia perdurou durante a crise financeira mundial, o debate a respeito dos impostos sobre refrigerantes e uma campanha fracassada de vários anos feita por um investidor ativista para alterar o direcionamento de nossa companhia. A PcP era meu teste constante de determinação — e proporcionou algumas das experiências mais gratificantes e alegres da minha vida. Doze anos depois que lancei a PcP, em novembro de 2019, 180 membros do Business Roundtable, uma associação de CEOs das maiores empresas dos Estados Unidos, assinaram uma declaração de compromisso com as partes interessadas, em oposição a um foco limitado nos acionistas. Ainda resta saber quantas pessoas articularão planos e medidas específicas apoiando a declaração, mas o fato de terem assinado um contrato mais amplo e sensato para negociações é realmente gratificante. Eu me senti vingada.

Quando tive a honra de ser incluída na Galeria Nacional de Imagens da Smithsonian em 2019, posei para uma pintura com quatro objetos em composição em uma estante atrás de mim: uma foto de meus pais; uma foto de Raj, Preetha e Tara; um boné de beisebol da Universidade de Yale; e um relatório anual da PepsiCo com as palavras "Performance com Propósito" na capa.

MINHA VIDA POR INTEIRO

Grandes mudanças não têm atalhos. Exigem honestidade, agilidade e coragem. Uma vez que me comprometi a transformar a PepsiCo, senti minha formação e experiência se mesclando para servir a essa missão. Eu estava pronta para ela. Sabia o que fazer.

O primeiro passo crítico era formular a mensagem para que todos a compreendessem e abraçassem. Eu falava sobre a Performance com Propósito em todos os lugares, descrevendo em termos diretos por que a mudança era tão necessária. "A sociedade e os consumidores estão mudando, e não podemos ser deixados para trás", dizia eu, em todos os espaços possíveis. "Isso se relaciona à maneira como fazemos dinheiro, não ao modo como gastamos o dinheiro que fazemos", dizia. "É essencial para nossos funcionários e suas famílias. É o caminho para prosperarmos juntos."

Tudo isso era incrível. Mas eu também sabia que ninguém levaria meu plano grandioso a sério se não contratasse os talentos necessários para nos guiar nessa nova direção e deixar os recursos financeiros em segundo plano.

Logo, comecei a elaborar uma operação de desenvolvimento e pesquisas globais totalmente nova. Até então, cada divisão da PepsiCo tinha sua própria pequena unidade de pesquisa e desenvolvimento, algumas equipes espalhadas que respondiam amplamente ao que os gerentes de produtos e profissionais do marketing pediam. Eles eram especialistas em sabores, cores e designs de embalagens, mas não haviam feito nenhuma mudança radical em termos de engenharia desde a mudança da sacarina para o aspartame na Diet Pepsi, em 1983.

Os esforços de P&D da PepsiCo nunca foram conectados à nutrição, à fisiologia ou às complexidades da maneira como seres humanos realmente comem. Achei que, no mínimo, precisávamos de novos laboratórios e químicos para descobrir como reduzir o sal nas batatas *chips* da Lay's, o açúcar na Pepsi-Cola e adicionar grãos integrais aos Cheetos — e, ao mesmo tempo, tornar a experiência de comer essas guloseimas mais satisfatória do que nunca. Mas eu era muito mais ambiciosa que isso. A

INDRA K. NOOYI

ciência da PepsiCo podia estar no cerne da reconfiguração do sistema alimentar mundial.

Esse era um empreendimento, esperava, que duraria muito mais que eu na PepsiCo.

Precisávamos de um diretor científico para supervisionar tudo, alguém que fizesse parte da equipe executiva que reportava a mim. Entrevistei algumas pessoas para o novo cargo e, então, conheci Mehmood Kahn. Ele era chefe de pesquisa e desenvolvimento dos EUA na Takeda Pharmaceutical, a empresa biomédica japonesa, e já liderara a unidade de testes de diabetes, endocrinologia e nutrição na Mayo Clinic. Durante um almoço longo e uma conversa fascinante, senti que nos demos totalmente bem. Mehmood exalava tudo aquilo de que a PepsiCo precisava — liderança, experiência, entusiasmo, visão. Animada, ofereci o emprego a ele.

Mehmood recusou. Por que ele viria à PepsiCo para reformular batatas *chips*, perguntou, se a Takeda lhe dava tanta amplitude para trabalhar salvando vidas na indústria farmacêutica? Boa colocação, pensei, mas eu tinha uma resposta: "Porque, na PepsiCo, você pode provar tudo o que cria." Pesquisas sobre remédios continuam por anos com progressos pequenos, disse eu. Conosco, Mehmood poderia construir uma ala inteira da PepsiCo. Ele conduziria as conversas sobre o que as pessoas comem. Causaria um impacto imensurável na saúde pública.

Ele não estava convencido. Algumas semanas depois, voltamos a conversar e Mehmood recapitulou como seria difícil convencer o mundo de que a PepsiCo levava a sério a ciência, calorias e lixo. "Você tem estômago para isso?", perguntou ele. Garanti que tinha. Não havia como voltar atrás. Não pensava que teríamos tido qualquer outra escolha para viabilizar nossos negócios em longo prazo além de fazer isso, e eu realmente queria Mehmood comigo.

Em dezembro de 2007, após 6 meses conversando sobre isso, Mehmood finalmente concordou em se juntar à PepsiCo, mudando-se com a família de Chicago para Greenwich. Ele começou com um orçamento bem modesto que triplicou ao longo de 8 anos. Contratou dezenas de novas

MINHA VIDA POR INTEIRO

pessoas com habilidades que a PepsiCo nunca antes empregara — biologia molecular, fisiologia, farmacologia, modelagem por computador, engenharia ambiental. Ele trouxe cientistas da Merck, DuPont e Unilever. Expandiu nossas instalações em Valhalla, Nova York, e Plano, Chicago, e instituiu centros de pesquisas na China, no México e na Rússia, em parte para expandir o cenário e a etnicidade das pessoas que pensavam sobre saúde e desafios científicos. O departamento de Mehmood definiu como devíamos pensar em dieta e cultura de um jeito totalmente novo, e abriu nosso caminho para pensar de forma global e agir de maneira local.

Por mais de 10 anos, sob a orientação criativa e firme de Mehmood, a PepsiCo reformulou bebidas gaseificadas, reduzindo aos poucos a doçura da Pepsi-Cola, para que o mesmo produto agora tivesse de 10 a 20% menos açúcar que em 2006 nos principais países, sem afetar seu sabor marcante. Reduzimos o sódio de nossos aperitivos, em parte diminuindo o tamanho dos cristais de sal para que a língua humana sentisse o sabor original, mas com uma quantidade significativamente reduzida de sal. Em muitos mercados, um pacote individual de Lay's agora continha menos sal que uma fatia de pão. Exploramos nossos meios de formular bebidas cítricas gaseificadas com stevia, um adoçante natural sem calorias; fizemos aveias Quaker livres de glúten e inventamos novos métodos manufatureiros para fazer batatas 3D como as Poppables da Lay's.

Trabalhando em conjunto com a equipe de operações, o setor de P&D também inspecionou mudanças na tecnologia de entregas, fabricação e embalagens que cortou nosso consumo de combustível e reduziu o uso de água e plástico. Também criaram tecnologias de lavagem a seco de garrafas e novas formas de incorporar níveis maiores de plástico reciclado em garrafas de refrigerante. O trabalho de Mehmood e sua equipe nos rendia muitos elogios. Todos os anos, publicávamos relatórios de sustentabilidade honestos e detalhados.

Em 2012, a PepsiCo ganhou o Stockholm Water Prize, o maior prêmio do mundo para preservação e proteção de recursos hídricos. Com tecnologia e equipamento de economia de água, reciclagem e reúso hídrico e novos planos de gerenciamento de água em nossas instalações, chegamos a economizar 16 bilhões de litros em 5 anos.

O prêmio foi simbólico para mim. Ele enfatizou como nenhuma tarefa orientada a um propósito é impossível se você se concentra nela. Eu contava às pessoas sobre a escassez de água durante minha juventude e descobria várias outras em nossa empresa global com experiências semelhantes. Uma vez que as emoções tomavam posse, a tarefa ficava mais fácil. Também tínhamos a enorme vantagem de poder comprometer recursos científicos do mundo desenvolvido para um problema crescente de mercado.

Transformar a PepsiCo com as ideias da PcP nunca aconteceria em uma bolha. Também tivemos de levar nossa indústria a confrontar os desafios mundiais de saúde e meio ambiente. Também assumi isso. Aceitei o convite para fazer o discurso de abertura de 2008 na conferência anual do Food Marketing Institute, uma associação do setor que representava varejistas alimentícios, novamente em Scottsdale. Eu estava de volta ao palco em um salão de baile, desta vez diante de um mar de executivos que controlavam boa parte do abastecimento de alimentos nos EUA, incluindo os CEOs das maiores companhias de itens embalados, supermecados e agrícolas. Eu me reapresentei brevemente à multidão, pela primeira vez como CEO da PepsiCo. Falei um pouco sobre meus objetivos para nossa empresa.

Então, comecei a falar sobre obesidade. As pessoas naquele recinto representavam companhias com ganhos totais anuais de US$900 bilhões, disse eu, o que nos tornava, juntos, a 13ª maior economia do mundo. Tínhamos que usar nossa influência e recursos com responsabilidade. Tínhamos de confrontar a angústia contemporânea com o excesso de calorias, pouquíssimos exercícios, a saúde devastadora e fardos econômicos em nossa sociedade. Tínhamos que agir em conjunto.

Sugeri que todos adotássemos uma rotulagem nutricional razoável, controle de porções e o estímulo à boa forma física. Falei sobre cidades onde é

MINHA VIDA POR INTEIRO

possível andar a pé, reformas legalizadas para segurança em parques infantis e incentivos fiscais para desenvolver uma "nutrição positiva". Lancei muitas ideias para a multidão e, por fim, pedi que nos uníssemos como líderes empresariais e civis — e "como pais e mães e cidadãos cuidadosos" — a fim de mudar a trajetória da indústria alimentar para uma população mais saudável. Esse era um problema sistêmico, disse eu, e precisávamos promover coletivamente uma mudança comportamental complexa.

"Sejamos uma boa indústria que faz o possível – não de má vontade, mas de bom grado, não como último recurso, mas como primeiro", concluí.

Foi um apelo estimulante aos tomadores de decisão mais poderosos de nosso universo corporativo. Após o discurso, lembro-me sobretudo de Steve Burd, que liderava a rede de supermercados Safeway há mais de 20 anos, e Ric Jurgens, CEO do Hy-Vee, um varejista do meio-oeste, virem até mim cheios de entusiasmo para trabalharmos juntos.

Acredito que aquele discurso, que desencadeou a Healthy Weight Commitment Foundation, a iniciativa subsequente da indústria alimentar, ajudou a virar o jogo em relação à maneira como a indústria alimentícia dos EUA abordava a saúde e o bem-estar. A fundação se estabeleceu como uma organização sem fins lucrativos para ajudar a reduzir a obesidade e passou a incluir mais de trezentas indústrias parceiras e ONGs. Nós nos comprometemos a remover pelo menos 1,5 trilhão de calorias do sistema alimentar durante 5 anos, e, 3 anos depois, havíamos eliminado mais de 6 trilhões de calorias. Fizemos parceria com a campanha "Let's Move", da primeira-dama Michelle Obama, e financiamos programas de saúde comunitários em 34 mil escolas.

Esse tipo de trabalho em conjunto para abordar uma questão social foi muito estimulante para mim. Isso é possível. Apenas não acontece o bastante. A indústria privada — com sua incrível capacidade de mudar com rapidez e eficiência — em parceria com o governo, com seu amplo mandato, é talvez a força mais poderosa que temos para mudar positivamente a sociedade.

INDRA K. NOOYI

Ao longo de toda essa mudança sistêmica na PepsiCo, eu ainda estava, naturalmente, atrelada à minha vida doméstica. Tara estava no ensino médio, e Preetha, agora com 20 e poucos anos e trabalhando, estava considerando fazer pós-graduação em administração. Eu sentia que agora tinha mais tempo para a família, mas eles não precisavam tanto de mim. Meu trajeto era conhecido e fácil. Havíamos feito mais algumas reformas na casa e trabalhado no jardim, plantando árvores e vegetações perenes. Instalamos uma piscina, embora eu não tivesse nenhuma vontade de aprender a nadar.

Tínhamos ajudantes excelentes em casa. Antonia, nossa governanta, era confiável e dedicada à nossa família. Indira, que cozinhava para nós, nos mantinha saudáveis fazendo todas as comidas vegetarianas mais saborosas. Entre Antonia e Indira, o clima em casa transcorria sem problemas. Raj continuava viajando, mas tínhamos de coordenar menos as agendas. Aos poucos, a tecnologia nos ajudava. Eu tinha meu Blackberry para conversar regularmente com as meninas sempre que estava fora.

No dia a dia, basicamente meu tempo era voltado a meu trabalho insanamente agitado. Mas nunca abandonei a sensação de que a família estava sempre presente, inclusive em relação às pessoas que trabalhavam para mim. Todos vínhamos de algum lugar. Eu adorava ouvir as histórias dos funcionários quando viajava para as instalações da PepsiCo pelo mundo, e sempre aproveitava as horas extras para me encontrar com alguém, apertar mãos, dar abraços e tirar fotos. Tentava notar quando mais uma pessoa queria me cumprimentar no chão de fábrica ou em um escritório de vendas. Eu achava excelente para a empresa que todo funcionário da PepsiCo me conhecesse, e eu sentia que era uma pessoa acessível. Eu queria humanizar meu cargo e mostrar que a empresa era de todo mundo. Eu gostava do significado real de meu trabalho como CEO por causa das pessoas que conheci e pelo modo como elas me convidavam a fazer parte de suas vidas. A valorização é muito natural para mim.

Não era incomum executivos trazerem suas filhas adultas a assembleias organizadas por mim para que elas me conhecessem. Executivos seniores me procuravam com muita frequência, compartilhando detalhes de crises pessoais que poderiam afetar sua função no trabalho. Sempre ouvia seus problemas e fazia questão de acompanhar.

Em dezembro de 2007, como havíamos feito várias vezes antes, Raj, Preetha, Tara e eu viajamos de férias para a Índia por algumas semanas, a fim de visitar nossa família estendida. Certa manhã, na casa em G.N. Chetty Road em que minha mãe ainda passava alguns meses do ano, ela pediu que eu me sentasse com ela na sala de estar dos homens porque receberia alguns convidados. Eu ainda era a relativamente nova CEO da PepsiCo e não estivera na Índia em nenhum momento desde minha nomeação. Eles estavam loucos para me ver, disse ela.

Durante várias horas, fiquei sentada em uma cadeira enquanto os amigos de minha mãe vinham prestar suas homenagens. Cada um deles passava por mim, acenava com a cabeça e então ia direto parabenizar minha mãe e dizer que ela fizera um ótimo trabalho em minha criação, sua filha bem-sucedida, a CEO da PepsiCo. Eu realmente gostava de vê--la como centro das atenções e queria que meu pai estivesse lá também. Como ele ficaria orgulhoso. Eu sentia demais a sua falta.

Quando voltei aos EUA, refleti sobre aquela manhã, conectando minha vida como empresária executiva de alto escalão nos Estados Unidos com minha infância, em que meus pais e avós me deram todas as oportunidades de aprender e me sobressair. Pensei em todas as pessoas que trabalhavam para a PepsiCo, e em quão comprometidos seus pais também devem ter sido para conseguir fazê-los contribuir com nossa companhia de forma tão fiel e enérgica.

Decidi escrever aos pais de meus executivos seniores. Durante os 10 anos seguintes, escrevi centenas de cartões, agradecendo a pais e mães por terem dado seus filhos de presente para a PepsiCo. Também escrevi aos cônjuges das pessoas que se reportavam diretamente a mim, agradecendo-lhes por compartilhar o marido ou a esposa com a PepsiCo. Trabalhei com o chefe de minha equipe para ajudar a personalizar as cartas para cada destinatário.

Essas cartas provocaram muitas emoções. Quase todas as pessoas a quem escrevi enviaram uma resposta — algumas, longas cartas de agradecimento, outras, bilhetes curtos e amorosos. Ganhei biscoitos e um lindo xale tricotado a mão. Alguns pais e mães começaram a fazer inspeções regulares de nossos produtos em mercados perto de suas casas e me enviavam fotos mostrando que eles também estavam trabalhando a nosso favor. Meus executivos me contaram que outros pais e mães começavam todas as conversas com as palavras "Como está Indra?".

Mães e pais ficavam muito felizes em receber um boletim contendo os progressos de seus filhos, independentemente da idade deles. Os executivos, por sua vez, ficaram estupefatos com a reação de seus pais. Recebi muitas cartas como a seguinte.

Indra,

Gostaria de reservar um momento para dividir uma experiência pessoal com você. Ontem à noite meus pais me telefonaram, o que é incomum durante a semana. Eles receberam a carta que você lhes enviou e quiseram compartilhá-la comigo.

Raramente os ouvi tão emocionados. Estavam profundamente comovidos por "Indra Nooyi, CEO da PepsiCo, reservar um tempo de sua agenda atribulada para enviar uma carta a eles".

Minha mãe, que é deficiente visual e está se recuperando de uma internação hospitalar na última semana, parecia mais animada do que jamais a ouvi na vida. Meu pai, que é bem reservado, disse que gostaria que seus pais estivessem vivos para poder compartilhar isso com eles... "uma carta dessas vale mais que dinheiro."

Gostaria que você soubesse que sua carta causou um impacto imenso sobre eles. Agradeço imensamente pelo presente que você lhes deu, e a mim também.

Obrigado por sua consideração e liderança,

Ken.

MINHA VIDA POR INTEIRO

Um ano depois que me aposentei, um executivo me escreveu para contar que sua mãe, que o criou sozinha desde que ele tinha 6 anos, recentemente se mudara para uma comunidade de aposentados. Em sua sala de estar parcamente mobiliada, havia apenas um item na parede — uma cópia emoldurada da carta que lhe escrevi.

Naturalmente, transformar a PepsiCo era apenas parte de meu trabalho como CEO. Eu também tinha de dirigir a empresa como ela era. Ou seja, em curto prazo, proporcionar lucros confiáveis, trimestre após trimestre. Investidores exigiam um desempenho previsível e sem falhas. Promessas insuficientes, entregas excessivas.

Ganhos são um relógio fazendo tique-taque para todo CEO. Empresas norte-americanas de capital aberto devem apresentar relatórios financeiros trimestrais que, de preferência, sempre mostrem boas notícias. Quando me aposentei da PepsiCo, entre os cargos de CFO e CEO, havia passado por 75 temporadas de ganhos trimestrais, cada uma com semanas de discussões e preparações, teleconferências formais e cobertura de notícias.

Tara, quando garotinha, ficou tão acostumada com meu comentário periódico à família, "Deixem-me em paz por algumas horas. Preciso preparar a divulgação de nossos resultados" que carinhosamente esfregava minhas costas e dizia: "Não se preocupe, mamãe. Vai dar tudo certo! É só uma divulgação de resultados!", mesmo que não fizesse a menor ideia do que aquilo significava.

Em uma empresa gigantesca como a PepsiCo, atingir metas de crescimento é um quebra-cabeça em constante mudança. Tínhamos que fazer crescer a "linha superior" — a receita — em quatro por cento para deixar os investidores satisfeitos. Isso significava gerar US$2,5 bilhões de dólares a mais em vendas líquidas todos os anos.

O desempenho da PepsiCo era muito bom com Steve no comando, com o lucro líquido respaldado por todas as economias de custo relacionadas à fusão da Quaker Oats. A Gatorade também era uma campeã.

INDRA K. NOOYI

Com nossa expertise de marketing e distribuição, a marca decolou como esperávamos e as vendas aumentaram dois dígitos nos primeiros 5 anos de aquisição. Steve usava gastos comerciais — descontos e promoções — para ganhar participação, o que por um tempo funcionou muito bem. No entanto, a Gatorade precisou ser reinicializada alguns anos depois, quando as vendas diminuíram por conta de todos aqueles descontos que prejudicaram sua situação premium.

Nosso negócio também cresceu porque o Walmart, a maior varejista do mundo, se expandiu depressa na primeira metade da década e vendia produtos da PepsiCo em todas as novas lojas. O Walmart era, de longe, nosso cliente de maior volume, e o próprio Steve estava à frente dos esforços de vendas.

Infelizmente para mim, apenas um ano depois que assumi, a economia inteira entrou em parafuso e tive de aprender às pressas como lidar com períodos de extrema adversidade.

No fim de 2007, uma crise no mercado hipotecário norte-americano se espalhava pelos bancos e ameaçava todo o sistema financeiro mundial. Os mercados foram a pique e levaram as economias dos EUA e da Europa com eles. A chamada Grande Recessão, que veio logo depois, durou quase 3 anos e alterou completamente nosso cenário empresarial. Em particular, a expansão do Walmart desacelerou, e a demanda por bebidas gaseificadas na América do Norte decaiu ainda mais. Em 2004, a Coca havia feito um importante reinvestimento em seus negócios, e estava colhendo os benefícios dessa redefinição. O preço das commodities, incluindo petróleo, saltou, acrescentando uma despesa extra a nossas operações. A alta do dólar norte-americano teve o mesmo efeito. Precisávamos crescer em mercados emergentes como contrapeso à calmaria na América do Norte, mas não havíamos investido tanto para fazer crescer a China e a Índia durante os 10 anos anteriores.

Algumas de minhas primeiras grandes viagens como CEO foram visitas a várias cidades da China para compreender melhor essas oportunidades e desafios. Eu já havia ido à China umas dez vezes, mas sempre com uma agenda apertada. Desta vez, com Tara a tiracolo, passei várias semanas aprendendo mais sobre as cidades grandes, cidades pequenas e

200

MINHA VIDA POR INTEIRO

o povo. Visitamos as casas das pessoas, e tive uma ideia bem melhor sobre tamanhos de embalagens, sabores populares e como as famílias estocavam suas pequenas geladeiras. Assimilei como lares multigeracionais funcionam na China, com várias estruturas familiares e papéis individuais. Tive uma ideia bem melhor de como a PepsiCo vicejaria na região.

Investimos maciçamente na Ásia, depois, na Índia e no Brasil, inclusive comprometendo mais de US$1 bilhão para marketing e distribuição por 3 anos. Na Rússia, compramos a Lebedyansky, uma empresa de suco de frutas e legumes, por quase US$2 bilhões no início de 2008, e posteriormente acrescentamos 66% da Wimm-Bill-Dann, a terceira maior fabricante de laticínios e sucos, por US$3,8 bilhões. A Wimm-Bill-Dann, a maior aquisição da PepsiCo desde a Quaker, foi muito importante para mim, pois acrescentou US$3 bilhões por ano em rendimentos com produtos nutritivos, inclusive leite, iogurte e comida para bebês.

Nosso portfólio Good for You também estava crescendo em outros lugares. Um dia, recebi uma ligação de Ofra Strauss, CEO da Strauss-Elite Food, nossa parceira de salgadinhos em Israel. Ela pediu para me ver no setor de aquisições e apareceu com um cesto enorme de patês mediterrâneos — *homus, babaganoush* etc. Ela estendeu todos eles com pão sírio fresco em minha mesa de conferências e fizemos um piquenique de produtos da Sabra, uma empresa com sede em Nova York recentemente adquirida por Strauss. Era uma linha deliciosa — totalmente vegetariana, e uma grande parceira em potencial para os Pita Chips da Stacy's, que havíamos adquirido alguns anos antes. Menos de um ano depois, a Sabra e a Frito-Lay assinaram uma empresa conjunta, e hoje a Sabra lidera o mercado de *homus* nos Estados Unidos. O mais importante para mim é que Ofra é uma de minhas amigas mais queridas.

Esses tipos de acordos eram muito gratificantes, e, no grande esquema das coisas, não tão complicados. Separadamente, prosseguimos com uma negociação bastante complexa: comprar de volta, simultaneamente, o controle de nossas duas maiores parceiras de engarrafamento de bebidas.

INDRA K. NOOYI

Em 1998, eu trabalhara com Roger para transformar a operação de engarrafamento na América do Norte em uma empresa de capital aberto, a Pepsi Bottling Group – PBG. Dez anos depois, exatamente como eu havia previsto, estávamos constantemente em desacordo com a PBG, já que as vendas de refrigerantes, sua fonte principal de lucros, continuavam a diminuir.

O problema básico era que nossos interesses não estavam totalmente alinhados. As engarrafadoras faziam mais dinheiro quando vendiam cada garrafa de refrigerante por um preço mais alto. Enquanto isso, a PepsiCo vendia o xarope às engarrafadoras e, portanto, queria mais garrafas vendidas — ainda que por um preço menor.

Com o tempo, assumimos um compromisso desconfortável que incluía o fornecimento às engarrafadoras pela PepsiCo de cada vez mais dinheiro para marketing. Porém, em um mercado de refrigerantes em declínio, esse gasto não aumentou muito as vendas. Apenas reforçou a fatia de mercado. E descobrimos que era difícil de lidar com o afã das engarrafadoras por esse apoio, porque isso transferia os dólares do marketing focados no consumidor da PepsiCo para ajudar as engarrafadoras a aprimorar seus resultados. A situação era insustentável. Estávamos corroendo o negócio de bebidas.

Em uma transação bastante complexa, compramos de volta nossas duas principais engarrafadoras norte-americanas por US$7,8 bilhões, o que nos conferiu controle operacional de quase 80% de nosso sistema de engarrafamento. Foi uma negociação e execução que levou muito tempo, em parte porque tivemos que negociar com dois grupos diferentes. A PepsiCo tinha parâmetros claros para desistir, e nos detivemos cem por cento neles. Quando fechamos o negócio, imediatamente notamos uma redução de custos e conseguimos atender a mais contas de food-service, como restaurantes e outros que vendiam bebidas em máquinas, porque agora tínhamos mais controle sobre nossa distribuição de bebidas. Assim, conseguimos redirecionar o tempo que gastávamos discutindo com os engarrafadores para inovação, novas ideias de marketing e vendas de nossos produtos.

MINHA VIDA POR INTEIRO

Aprendi muito com essa experiência. Pensava em voltar atrás em nossa linha de raciocínio de apenas 10 anos antes, quando Roger decidira separar os ativos das engarrafadoras para uma empresa independente de capital aberto. Algumas pessoas acharam que era uma mudança radical — mas eu não enxergava dessa forma, e percepções não gerenciariam a companhia.

Tive que me munir de coragem para mudar de ideia quando o ambiente mudou e exigiu uma abordagem diferente nos negócios. Isso era liderança.

10

Em meus primeiros dias como CEO, se eu tivesse algumas horas em um fim de semana qualquer, colocaria meus sapatos confortáveis e entraria no carro. Iria a algum lugar em Connecticut ou no subúrbio de Nova York, para comunidades como Mount Kisco, Ridgefield, Newburgh ou New Haven. Escolheria um shopping ou uma rua principal, e entraria em uma Target, um supermercado Stop & Shop, ou uma loja de conveniência familiar. Eu era anônima, uma mulher aleatória, uma mãe fazendo compras para a família. Conhecia cada detalhe de como as prateleiras eram abastecidas, e geralmente fazia minhas próprias compras perto de casa. Mas não conseguia resistir à tentação de um passeio secreto pelo mercado.

Eu andaria pela loja toda, talvez empurrando um carrinho, escolhendo alguns itens, observando as indicações, os visores na recepção e os outros compradores. Ao chegar aos corredores centrais com o Frappuccino engarrafado da Starbucks, o cereal Oat Squares ou os SunChips, minha atitude era quase cem por cento a de um comprador comum.

Comecei a reparar na desorganização das seções da PepsiCo. Nossa empresa estava produzindo dezenas de opções — batatas comuns da Lay's, fritas, ligeiramente salgadas e assadas ao forno; aveias Quaker Oats em flocos finos, flocos regulares e farinha; Tropicana original, com baixo teor de acidez, Homestyle e Grovestand, todas em múltiplos sabores ou misturas. Éramos mestres absolutos da variedade, distribuição e exibição. Eu continuava me perguntando: Qual era a mensagem unificadora de todas essas cores brilhantes e logos barulhentos? Como ficam nossos produtos nas despensas dos lares? O que as famílias destes bairros achavam certo? E qual deles deve obter o cobiçado lugar no nível dos olhos — Fun for You ou Good for You? O fato de nossas prateleiras parecerem um pouco cansadas mesmo quando bem arrumadas me incomodava.

Ao mesmo tempo, eu era atraída pelas novidades — sacos de pipoca simples de sal marinho, de marcas regionais ou as fontes serenas em garrafas de bebidas artesanais, todas se proclamando naturais, de baixa caloria ou livres de conservantes. Comecei a compreender por que uma jovem poderia provar o chá verde de *kombucha* ou água de coco em vez de escolher outra garrafa de Pepsi Diet, mesmo que tivéssemos adicionado um novo toque de limão.

Os negócios estavam mudando. Algumas marcas de nicho inovadoras estavam crescendo mais depressa, mas, se não conseguiam expansão, elas despencavam. Chamávamos esse fenômeno de "bum-paf". Enquanto isso, redes como a Kroger, a maior companhia de supermercados nos EUA, estavam acrescentando seções especiais de saúde e bem-estar, e eu ficava preocupada que os consumidores não vissem nossos produtos nutritivos em outros lugares da loja.

Eu adorava observar mercados pelo país. Uma vez, no estacionamento de uma loja Publix perto de uma vila de aposentados na Flórida, fiquei dentro do carro observando os clientes com Brian Cornell, então chefe da PepsiCo America Foods. Eles entravam e saíam pelas portas de vidro deslizantes — com ajuda, alguns saíam do carro no meio-fio, outros andavam de cadeiras de rodas motorizadas. Ficou claro que fazer compras era uma ocasião feliz para a geração mais antiga, com muitos cumprimentos e bate-papo.

Então, Brian e eu entramos na loja para ver nossos produtos nas prateleiras — pacotes com 24 latas de Pepsi e garrafas de Aquafina. Como as pessoas levariam essas caixas para casa? Eu já estava enchendo o saco de nossos engenheiros sobre como as tampas de plástico da Aquafina eram apertadas e difíceis de abrir, mesmo para mim. Após aquela observação na Flórida, eu me convenci de que precisávamos pensar nas necessidades dos *boomers* e da "geração Silver".

Posteriormente, enviei uma equipe da PepsiCo ao AgeLab do Instituto de Tecnologia de Massachusetts (MIT), um centro de pesquisas sobre qualidade de vida para idosos. Do MIT, obtivemos excelentes insights sobre rotulagem, tamanho de fontes, ergonomia e a visão dos norte-americanos mais velhos de uma prateleira de mercado. Com tudo isso, percebi a chance de fazer inovações para grupos mais específicos de consumidores.

Frequentemente, minhas idas às lojas me faziam lembrar de uma reunião que tive com Steve Jobs em seu escritório na sede da Apple em Cupertino, Califórnia, em 2008. Meu querido amigo Dean Ornish, um médico que trabalhava com medicina de estilo de vida e saúde, era próximo de Steve e intermediou nossa reunião.

Antes dessa visita, eu não conhecia Steve, e ele foi incrivelmente gentil. Começamos falando sobre nosso vegetarianismo. Depois, ele citou algumas marcas da PepsiCo, e expliquei como estávamos evoluindo o portfólio para alimentos mais saudáveis e reestruturação de nossos refrigerantes e salgadinhos para reduzir sal, gordura e açúcar. Expliquei minhas ideias sobre sustentabilidade humana, ambiental e de talentos. Steve disse que, na opinião dele, deveríamos cortar metade do açúcar de tudo. "Mas aí não teríamos mais empresa", ri. A indústria respeitável e formal de alimentos e bebidas, e seus investidores, não vão tolerar o drama enorme que os empreendedores do Vale do Silício estão causando, comentei. Além disso, as pessoas gostam de açúcar.

Então, falamos sobre design. Durante 2 horas, absorvi as ideias de Steve sobre inserir um design autêntico e excelente nos produtos e na cultura de uma empresa. Design era a vida e a mente de Steve. O design está incorporado na inovação desde o começo, disse ele, e não pode vir no fim. Na Apple, o design era tudo. Steve se preocupava com a aparên-

INDRA K. NOOYI

cia e a sensação do novo e belo iPhone, mas também com a interface, os acessórios, a loja e quem inovaria para fazer parceria com o aparelho. A Apple é uma experiência. Os usuários não se limitavam a ver o produto, disse ele, mas eram atraídos por ele. O design é emotivo. Ele cativa.

A despeito das campanhas publicitárias, gráficos e embalagens impressionantes da PepsiCo, e de todas as nossas comidas e bebidas deliciosas e onipresentes, eu sabia que não estávamos nem perto daquela abordagem holística de encaixar tudo isso. Isso exigiria design thinking para permear todos os setores da empresa. Seria uma nova forma de trabalhar — coordenada em pesquisa e desenvolvimento, publicidade e marketing, fabricação e distribuição, além de envolver muito mais testes e prototipagem. Seria uma mudança radical para nós. A função do design precisava ser alimentada e protegida, afirmou Steve. "Se não mostrar seu apoio como CEO, nem pense em começar a jornada."

Inspirada, decidi que deveríamos usar o design como diferencial crítico de nossos produtos. Porém, primeiro eu tinha de compreender o hiato entre onde devíamos estar e onde de fato estávamos. Dei a cada um dos membros do comitê executivo uma cópia do *Package Design Now*, um livro cheio de exemplos fantásticos de designs excelentes de bens de consumo. Mais tarde, naquela semana, pus a mão na massa — distribuindo elegantes álbuns de fotos de couro marrom-claro e pedindo que fotografassem qualquer coisa que lhes chamasse a atenção como um bom design. Qualquer coisa mesmo, disse eu. Podia ser uma cadeira, um lápis, uma chaleira. Eles podiam fazer colagens com imagens de revistas. Realmente não me importava com o que sairia. Era só pensar em design. Os álbuns deveriam voltar para mim dali a 3 meses.

Não deu muito certo. Das quinze pessoas que receberam os álbuns, uma entregou um trabalho impressionante — que foi elaborado por uma agência profissional. Outras entregaram fotos de viagens ou o que, aparentemente, eram fotos de última hora de cremes dentais e um frasco de antisséptico bucal do próprio banheiro. Alguns homens pediram às esposas que montassem o álbum. Outros o ignoraram por completo. Percebi que o design thinking era quase inexistente entre meus gerentes seniores.

MINHA VIDA POR INTEIRO

Deixei os álbuns devolvidos em um armário no meu escritório. Mas essas ideias continuavam em minha mente.

Em 2010, eu estava me saindo realmente bem como CEO. A Performance com Propósito era nosso princípio-guia; Mehmood elaborava a ciência do sabor; navegamos em segurança pela economia instável e fizemos algumas aquisições internacionais importantes.

Acima de tudo, havíamos resolvido a relação problemática com nossas maiores engarrafadoras norte-americanas, comprando-as de volta, e pudemos ver os ganhos que tínhamos previsto com o movimento estratégico.

Em seguida, tive que considerar o talento. Quem lideraria grandes partes de nossa empresa na próxima década? Quem, por fim, ficaria com meu cargo? Em média, um CEO de uma companhia de capital aberto nos EUA dura cerca de 5 anos. É mais ou menos o período em que Roger e Steve estiveram à frente da PepsiCo.

Eu não sairia tão cedo, mas planejar a sucessão era uma tarefa crucial — e essencial à minha visão da PepsiCo como uma organização bem engrenada que prosperaria muito tempo depois de minha saída. Todo ano, a diretoria analisava o que aconteceria se o CEO fosse "atropelado por um ônibus". Isso é uma boa organização corporativa, e nós a levávamos a sério, incluindo detalhes precisos das opções rápidas de transição se de repente eu não estivesse disponível. Mas também precisávamos de esforços sistemáticos e rigorosos para desenvolver a próxima geração de altos executivos. Havia pessoas maravilhosas no mundo todo.

Alguém seria a próxima pessoa a liderar a PepsiCo.

Tínhamos um manual, por assim dizer. Ao longo de 4 anos, escrevi à mão e refinei um memorando confidencial, de mais de 20 páginas, que chamei de "De Volta para o Futuro".

O memorando documentava as dez principais megatendências globais que achávamos que moldariam nosso mundo após 2020. Megatendências são forças dominantes, irrefutáveis, que influenciam a economia e a so-

209

ciedade. Enquanto eu pensava na Performance com Propósito, estudara tendências demográficas, sociológicas, científicas e do consumidor. O "De Volta para o Futuro" resumia esse trabalho e ia além, destacando ações estratégicas e habilidades de que a PepsiCo precisaria nas décadas seguintes. O memorando também destacava características essenciais para nossos futuros líderes, de habilidades digitais a um conhecimento profundo de recursos e questões ambientais para experiências não estadunidenses, que nunca havíamos priorizado antes.

Quase 10 anos depois, a leitura do memorando de megatendências ainda é fascinante. O primeiro item da lista é a ascensão dos hemisférios oriental e sul. O segundo é a mudança demográfica e de poder em relação aos idosos, mulheres e jovens, e a crescente influência nos EUA de comunidades imigrantes em centros urbanos; o terceiro discorre sobre a transição para alimentos e bebidas mais saudáveis; o quinto é a evolução do mundo digital onipresente e o uso da web por clientes-consumidores; o nono aborda a confiança no capitalismo e em corporações. Cada item no memorando inclui minha visão sobre as consequências para a indústria global de alimentos e bebidas, e também para nossa empresa.

Ao longo de vários meses no fim de 2011 e início de 2012, conversei individualmente com os membros de nossa diretoria para revisar o documento, discussões que facilmente se estendiam por 2 ou 3 horas cada uma. Eles eram extremamente engajados, e dali em diante senti o apoio da diretoria enquanto trabalhava para reformular nossa estrutura organizacional e desenvolver novos líderes empresariais para um mundo diferente que viria. Quando as coisas ficavam difíceis, eu sempre podia voltar a consultar os motivos por que fizemos ainda mais mudanças — a pesquisa meticulosamente elaborada sobre as megatendências.

A PepsiCo sempre foi uma organização descentralizada — uma empresa com divisões que queria seguir os próprios interesses, repleta de equipes enérgicas e competitivas. No entanto, cada vez mais o mundo exigia que nos tornássemos uma companhia mais interligada.

Alguns anos antes, Steve desenvolvera um esforço de vendas importante e coordenado em petiscos e bebidas para clientes como o Walmart,

MINHA VIDA POR INTEIRO

Kroger e Safeway, que chamamos de "Power of One [O Poder de Um, em tradução livre]". Sabíamos que fazer as pessoas comprarem mais bebidas e petiscos em conjunto ajudaria o crescimento de toda a empresa. Ele começou a elaborar equipes de clientes Power of One, que ajudaram a PepsiCo a se tornar uma das maiores fornecedoras de quase todas as varejistas norte-americanas. Igualmente, a PepsiCo europeia obteve um status mais favorável de varejista porque aparecemos com bebidas e petiscos ao mesmo tempo — linhas que, sozinhas, não eram grandes concorrentes naquela parte do mundo.

Eu havia expandido o Power of One para mais contas, mas tínhamos de levar essa visão coordenada além das vendas para todas as partes da companhia. Precisávamos dos chamados centros de excelência em áreas tradicionais como operações, DSD [Departamento de Desenvolvimento Social] e pesquisa do consumidor. Também precisávamos acrescentar áreas novas, como marketing digital, e-commerce, design e inteligência artificial de uma forma que toda divisão e região tivesse acesso a recursos de primeira linha e não duplicássemos esforços. Precisávamos de pessoas se comunicando e colaborando em todas as funções da empresa.

Decidi modificar a estrutura de títulos e linhas de subordinação em nossos níveis seniores, e conceder mandatos globais a mais executivos. Fui auxiliada por algumas saídas. Mike White, que era chefe de nossos negócios fora dos EUA, deixou a companhia para se tornar CEO da DirecTV, e dividi seu cargo em três. Richard Goodman, o CFO, se aposentou, e Hugh Johnston, chefe de operações globais que trabalhara em todas as nossas empresas norte-americanas, assumiu. Decidi incentivá-lo e desenvolvê-lo para que ele pudesse ser um candidato a CEO. Acabou se tornando um CFO incrível e grande parceiro.

Isso deixou outra vaga sênior aberta. Promovemos mais talentos internos e trouxemos alguns astros de fora. O quebra-cabeças de gente só continuava.

Nosso trabalho de TI, que recomeçou quando o sistema de pedidos da Frito-Lay colapsou em 2002, também ajudou nessa transição. A cada "lançamento" de softwares novos, tínhamos mais visibilidade dos fluxos de informações em toda a companhia, incluindo dados de vendas varejistas a nosso alcance. Podíamos ver qual produto, atividade de marketing ou manufatureira estava acontecendo pelo mundo e até que ponto eram eficazes. Isso beneficiou a eficácia. Podíamos pegar a melhor ideia de um dado país, revisá-la um pouco se precisássemos e implementá-la em outros lugares. Essa ascensão e boas práticas catapultaram tanto o aumento da receita como da lucratividade, contribuindo por fim com pelo menos US$ 1,5 bilhão em ganhos de produtividade ao longo de 3 anos.

Todas essas colaborações novas foram libertadoras de várias maneiras. Começamos a usar dados em tempo real para tomar decisões rápidas, e estávamos alcançando muitas outras empresas impulsionando sistemas similares. Infelizmente, alguns veteranos da PepsiCo não estavam acostumados a compartilhar informações em excesso e tinham dificuldades com o que eu acreditava ser uma abordagem necessária e agradavelmente aberta. Alguns executivos seniores e gerentes de marketing de nível médio nos EUA saíram. Outros foram demitidos quando fracassaram em abraçar nossos novos processos. Pensando bem, acredito que mantive certas pessoas por tempo demais nos cargos, na esperança de que elas pudessem se aprimorar ou mudar. Durante uma transformação tão importante quanto a PcP, no entanto, pessoas assim podem ser extremamente problemáticas. É melhor tirá-las no início que tarde demais.

Foi uma transição difícil, mas, no fim, ficou claro para todo mundo que tais mudanças eram essenciais e tinham vindo para ficar.

Em fevereiro de 2012, anunciei minha última grande mudança estratégica para tornar a PepsiCo o que eu vislumbrara a longo prazo — um reinvestimento gigantesco em nossos nomes famosos.

No salão de festas do hotel Grand Hyatt da 42nd Street em Manhattan, logo após reportar os rendimentos de US$ 66 bilhões e um lucro de US$ 6,5 bilhões em 2011, anunciei que gastaríamos um extra de US$ 600 milhões em publicidade e marketing para catapultar nossas marcas, inclusive a Pepsi-Cola e a Mountain Dew. Essa estratégia estava diretamente

MINHA VIDA POR INTEIRO

relacionada a comprar de volta nossas engarrafadoras. Agora tínhamos mais dinheiro para gastar e atrair clientes, porque não financiaríamos mais as demandas das engarrafadoras por fundos "de incentivo" extras.

Durante 5 anos, trabalhei com afinco para consertar esse ponto fraco da PepsiCo e prepará-la para este momento. Mas também fui alvo de críticas acirradas, vilipendiadas por analistas de Wall Street e pela mídia por não dispensar mais atenção a nossos resultados financeiros de curto prazo e ao desempenho das ações. Na realidade, nossos resultados foram muito bons — do fim de dezembro de 2006 ao fim de dezembro de 2011, o retorno para acionistas da PepsiCo foi de 22%. Isso em comparação com o declínio do índice S&P 500 de 1,25% no mesmo período.

Na mesma época, também tive de tranquilizar um investidor ativista, Ralph Whitworth, da Relational Investors, que comprara US$ 600 milhões em ações da PepsiCo pensando que conseguiria nos influenciar. Encontrei-me com Ralph na sala de conferências de um escritório de advocacia no centro de Manhattan, cercado de advogados e financistas, e ouvi cuidadosamente suas preocupações. Ele disse que precisava de esclarecimentos sobre o motivo por que eu compraria de volta as engarrafadoras. Expliquei detalhadamente a estratégia. Ralph era inteligente e simpático, e, após algumas discussões, aprovou nossa estratégia. Ele me disse para seguir em frente; não queria mais desperdiçar meu tempo e, posteriormente, vendeu suas ações com lucro. Ele continuou meu amigo até sua morte prematura, em setembro de 2016.

Quando anunciamos o reinício da marca, com uma parte destinada às nossas principais bebidas na América do Norte, fui novamente perseguida. Para alguns repórteres e analistas, esse novo gasto cheirava a capitulação — uma remontagem por trás das marcas tradicionais de refrigerante completamente oposta a nossa busca por preços mais saudáveis.

Eu não enxergava dessa maneira. Estávamos guiando um carro muito grande em uma corrida muito longa, e tínhamos de garantir que o motor estava em boa forma. A Pepsi-Cola, a Pepsi Diet e a Mountain Dew eram cruciais. O mercado de refrigerantes de US$ 70 bilhões por ano nos EUA estava em declínio, mas precisávamos permanecer competitivos nesse

213

setor, uma categoria lucrativa que trazia tráfego para os varejistas. Nossa principal concorrente intensificara a publicidade por trás de suas marcas e tínhamos de manter o ritmo. A diversão estava prestes a começar.

O que não esperávamos era que a diversão viesse de nosso segundo investidor ativista, Nelson Peltz, da Trian Partners, que, conforme ficamos sabendo, comprara às escondidas US$ 1,5 bilhão das ações da PepsiCo, um pouco mais de 1% da empresa.

Socialmente, eu conhecia Nelson há anos, e um dia ele estava no telefone: "Indra, Indra, Indra, preciso ver você", afirmou. Ele disse que faria uma parada rápida em minha casa para uma reunião. De cara, ele me presenteou com um chamado "livro branco", um documento preparado por sua equipe com todos os motivos por que a PepsiCo deveria ser dividida em duas partes, ambas de capital aberto. Fiquei com uma cópia do documento e garanti a ele que o leria cuidadosamente e discutiria cada aspecto com a diretoria.

A década posterior à crise financeira mundial, começando em 2009, foi o ápice para esses tipos de movimentos agressivos da parte dos investidores. Fundos de ativistas — reservas de dinheiro em busca de retornos maciços — perseguiam empresas com fluxo de caixa razoável, nas quais pensavam que poderiam perturbar o CEO o bastante para dar seu lance. Ativistas não precisam ter tantas ações da empresa para fazer as coisas funcionarem. Eles se queixam tão publicamente e com tanta frequência que outros acabam investindo junto. Também acredito que eles procuram empresas que estejam tentando algo novo, para que possam levar o crédito se isso der certo.

Peltz era um bilionário especialista em tudo isso. Mas seu plano para a PepsiCo era agressivo, para dizer o mínimo. Ele queria dividir nossa empresa em bebidas e petiscos e, então, fundir a Frito-Lay, com a Mondelez, a fabricante com sede em Chicago dos biscoitos Oreo e Chips Ahoy!, das bolachas Triscuit e chocolates Cadbury. O fundo de Nelson

MINHA VIDA POR INTEIRO

continha cerca de US$ 2 bilhões em ações da Mondelez. Ele disse que lançaria a divisão de bebidas da PepsiCo como uma empresa separada.

Todos os aspectos desse esquema eram problemáticos. Em primeiro lugar, dividir a PepsiCo arruinaria nosso bem-sucedido esforço de vendas Power of One. Em segundo, a ideia de Nelson sobre juntar a Frito-Lay com uma empresa de biscoitos e chocolates não fazia sentido. Os negócios da Frito-Lay crescem porque ela tira participação de mercado de ocasiões de doces — todas as ocasiões em que as pessoas procuram biscoitos e chocolates. Uma companhia que tivesse uma variedade grande de petiscos salgados e doces competiria consigo mesma. Seria um jogo de soma zero. Além disso, dividir a PepsiCo certamente separaria nossos negócios individuais e seu embalo estancaria. E a Frito-Lay e a Mondelez provavelmente precisariam passar por um processo antitruste de um ano com a FTC, com um resultado incerto.

Nelson queria que gastássemos de US$ 50 bilhões a US$ 60 bilhões para fazer tudo isso e passar 2 ou 3 anos de caos e disrupção. Isso teria destruído a competitividade da PepsiCo. Nossa empresa enfraquecida teria sido um presente para os concorrentes.

Apesar de tudo isso, a diretoria da PepsiCo, nossos líderes seniores e eu analisamos detalhadamente o documento branco de Nelson, mantínhamos contato respeitoso com ele e o encontrávamos sempre que ele pedia um tempo. Eu o lembrava de que a maioria de minha renda líquida estava ligada às ações da PepsiCo e que eu adoraria ver as ações dispararem. "Se você tiver uma ótima ideia, ficarei contente em ouvi-la", disse eu. "Mas não tenho vontade alguma de arruinar uma grande empresa."

Finalmente, em 2016, Nelson vendeu suas ações por um lucro de mais de 30% após recomendar que adicionássemos um novo membro à diretoria, Bill Johnson, o CEO aposentado da H.J. Heinz Co. Ele gostou dos ganhos relacionados a nosso portfólio expandido de alimentos nutritivos e da Performance com Propósito.

215

INDRA K. NOOYI

A imensa injeção de dinheiro para publicidade e marketing para reiniciar nossas marcas em 2012 inaugurou uma nova era de marketing global na PepsiCo.

Mídias sociais e ideias interativas começavam a nos influenciar; celebridades com contratos astronômicos não eram mais a regra, e nossos funcionários e clientes millennials queriam uma comida autêntica, divertida e criativa. Enquanto isso, eu ainda estava pensando em um design excelente e como mover o DNA da empresa nessa direção. Agências externas e operações de design criadas por muitas de nossas equipes no país nos deixavam confusos. Eu queria especialistas de verdade. Enfim chegara a hora de projetos internos de nível mundial, uma colmeia de arte e pensamento crítico que trabalharia lado a lado de nossos profissionais de marketing, mas também com a equipe de Mehmood em novos produtos, embalagens melhores e progressos relacionados à sustentabilidade ambiental.

Eu havia pego os álbuns marrons de couro com as ideias de design de meus executivos ao longo dos anos e mostrado-os a pessoas que, pensei eu, poderiam se identificar com quão longe devíamos ir. Uma dessas pessoas era Brad Jakeman, que se juntara a nós para liderar o mercado global de bebidas da Activision Blizzard, a maior empresa de videogames do mundo. Posteriormente, quando tive dificuldade para expor meu ponto de vista para uma equipe trabalhando em um projeto confidencial a fim de projetar uma nova máquina dispensadora de bebidas, Brad e eu percebemos que tínhamos de elaborar depressa uma divisão interna de design. Para essa função, precisávamos de um líder forte, emblemático e colaborativo.

Após uma longa pesquisa por um diretor de design permanente, Brad me apresentou a Mauro Porcini, um designer italiano que trabalhava na 3M em Minneapolis.

Acredito que nenhuma pessoa mais interessante que Mauro tenha entrado em meu escritório. Não conseguia tirar os olhos de seus sapatos, chinelos pretos com pedras vermelhas que combinavam elegantemente com suas roupas ecléticas e sorriso genial. Na primeira vez que nos en-

MINHA VIDA POR INTEIRO

contramos, Mauro falou com extrema paixão. Senti que ele compreendeu exatamente o que eu queria fazer com o design — dizendo-me palavras que eu não fora capaz de encontrar. Decidi na hora que aquele era nosso cara, tive visões da empresa tornando-se Porcinizada.

Mauro queria que eu construísse um espaço — separado da sede — para atrair os melhores designers do mundo todo. Concordei, e o Centro de Inovações e Design da PepsiCo na Hudson Street, na cidade de Nova York, foi inaugurado um ano depois. Ele se tornou um ímã para nossos executivos aprenderem sobre design, bem como a interseção com a R&D e desenvolvimento de produtos e embalagens. Um círculo realmente virtuoso.

Comecei a ler ainda mais sobre o que o design poderia fazer por nós e, então, concordei alegremente com a sugestão de Mauro de que a PepsiCo participasse do Salone Del Mobile Milano, a famosa semana de design anual de Milão. Durante 3 anos consecutivos, a equipe de design criou mostras experimentais incríveis que elevaram a empresa à mente das pessoas mais criativas do mundo. Inicialmente, Mauro usou o evento para recrutar novos designers. Ele organizou palestras sobre negócios, cultura, alimentação e design, e mostrou nossas ideias sobre o futuro dos refrigerantes com combinações inusitadas, shots de sabores e guarnições. Havia um caminhão da Quaker para cafés da manhã; chás gelado em copos de cristal Murano; e tanques descolados com tubos de cobre dispensando refrigerantes. Um ano, ele colaborou com designers como Karim Rashid e Fabio Novembre para elaborar mostras icônicas de nossos produtos, e fez a Lapo Elkann, da Garage Italia Customs, uma empresa que transforma carros em caleidoscópios de cores, detalhes e desenhos, equipar um Fiat 500 com padrões da Pepsi. Eu adoraria ter dirigido um carro daqueles.

Participei das feiras três vezes durante alguns dias. O primeiro ano foi estranho, para dizer o mínimo. Cheguei à Itália com minhas expectativas de CEO e clima de negócios, e de cara pareci um peixe fora d'água no colorido mundo do design mundial. Mais tarde, absorvi o ritmo particular do evento e fui ao máximo possível de mostras. Passei a entender como cada ideia, desde o café da Lavazza com suas belas e novas máquinas de café até uma pequena mostra de relógios, tinha como intento conquistar o coração das pessoas. Mauro me apresentou a várias pessoas e comecei a aprender sobre a cultura do design, algo muito novo — e muito estimulante — para mim.

Ainda fico arrepiada quando penso de onde viemos e para onde fomos com o design na PepsiCo. Abraçamos o design como um bloco de construção da inovação, desviando nossa atenção de apenas vender nossos produtos para criar experiências inteiras relacionadas a nossas marcas.

Nossa divisão de design começou a ganhar contratos cobiçados pelas equipes de vendas da PepsiCo. Isso valia especialmente para nossa relação com o mundo dos esportes. A PepsiCo tinha parcerias longas e ótimas tanto no setor de música quanto no de esportes, o que acreditávamos que proporcionava às pessoas momentos intensos de alegria e refletia o espírito da Pepsi. Escolhemos fazer parcerias com ligas que faziam sessões anuais, ao contrário de eventos que aconteciam periodicamente, como as Olimpíadas. Fechamos um contrato colossal com a National Football League, renovado em 2011 por mais 10 anos, que incluíam acordos com mais de 20 times. Nosso nome estava no programa Super Bowl Halftime. Gatorades eram degustados nas linhas laterais. A Quaker patrocinava a linha juvenil de futebol. Embora o futebol americano não tenha feito parte de minha infância, passei a adorar o jogo e desenvolvi uma ótima relação com Roger Goodell, o comissário da NFL, e outros donos de times.

Em 2013, pediram-me que discursasse em uma conferência no Sports Business Journal em Manhattan, palestra da qual me lembro muito bem por dois motivos. Primeiro, porque me pronunciei como há muito tempo achava que as mulheres eram ignoradas em marketing esportivo, um tópico que eu havia explorado com a ajuda de Jennifer Storms, VP senior de marketing mundial de esportes da PepsiCo. Segundo, Adam Silver, então conselheiro-geral da National Basketball Association e COO e atualmente comissário da liga, estava assistindo.

MINHA VIDA POR INTEIRO

Iniciei meu discurso mostrando uma propaganda de revista dos anos 1950 de suéteres grossos para alpinismo. O anúncio mostra dois senhores robustos no topo de uma montanha e uma mulher embaixo deles, agarrando uma corda. No exemplar, lia-se: "Homens são melhores que mulheres! Dentro de casa, mulheres são úteis — até mesmo agradáveis. Nas montanhas, são uma chateação."

É claro que o mundo havia mudado, disse eu, mas a realidade era que os profissionais de marketing dos esportes, juntamente com empresas como a nossa, ainda não faziam muita coisa para reconhecer que mulheres eram atletas, técnicas e fãs genuínas. Tínhamos de fazer mais que "diminuir e pintar de rosa" quando o assunto era conquistar seus corações, e eu acreditava que havia um potencial imenso — em grande parte inexplorado — em fazer marketing de esportes muito mais sofisticado para mulheres. O público ficou extasiado. Não creio que o setor já tivesse ouvido essa abordagem da CEO de uma empresa de produtos embalados. Naturalmente, era provável que não houvesse outras mulheres CEOs como eu. Eu era uma fã de esportes que recebera dezenas de jaquetas de times de futebol, beisebol e basquete ao longo dos anos, todas customizadas com meu nome e o número 1 nas costas — e todas em tamanhos masculinos enormes, que não serviam em mim.

Quando Adam e eu conversamos após meu discurso, ele sabia que eu estava considerando as propagandas de esportes de um jeito muito amplo e criativo, então, ele me fez perguntas bem pontuais e disse: "Por que a NFL obtém tanta visibilidade e animação com suas parceiras de bebidas e nós não?" Eu lhe disse que ele estava fazendo parcerias com a empresa errada. Além de sua filiação de longa data com a Gatorade, uma marca da PepsiCo, a NBA estava, em grande parte, servindo o produto de nossa concorrente.

Um ano depois, quando o contato de bebidas da NBA deu as caras, lançamos o negócio com opções fantásticas — todas com curadoria de Mauro e da equipe de design — para como a PepsiCo poderia ajudar a promover o basquete. Conversamos sobre a experiência completa dos fãs, desde o envolvimento nas quadras à maneira como as pessoas interagem com as marcas ao assistir a jogos na TV. A PepsiCo faria de tudo — exposição nas recepções, marketing local e embalagens especiais para times particulares. Nossa missão era dar vida ao futuro da NBA, e nossas divisões de vendas e design estavam unidas e prontas para começar. Em um evento ao vivo num depósito em Manhattan cercado por equipamentos da NBA, Adam e eu fechamos um acordo de 5 anos — posteriormente renovado — que tornou as marcas da PepsiCo as bebidas e alimentos oficiais da NBA, da liga júnior, da Women's Basketball Association [Associação de Basquete Feminino] e do USA Basketball. Foi uma vitória espantosa.

Também assinamos um novo contrato com os New York Yankees que incluía muito mais cartazes no estádio dos Yankee. Eu assistia aos jogos na TV sempre que podia, e logo me peguei contando os minutos que nossas marcas ficavam na tela em vez de vigiar as partidas. Algumas vezes por ano, ia assistir pessoalmente aos jogos, e nossa equipe de vendas se certificaria ainda mais que tivéssemos muita visibilidade. Joe Girardi, então técnico dos Yankees, certa vez brincou comigo que talvez tivesse de tirar um ou dois jogadores para abrir mais espaço para as bolsas térmicas da Gatorade no banco de reservas.

Em 2015, também fechamos um contrato importante com a Union of European Football Asociations (UEFA), ajudando a elevar o marketing da marca no futebol europeu acrescentando mais brilhos e luzes, típicos do marketing esportivo norte-americano.

Apesar de tudo o que se passava no trabalho e em casa, minha paixão pelos esportes não havia diminuído. Sempre ficava animada para ir a alguns jogos, conhecer atletas e homenagear o trabalho duro tão bem exibido em esportes competitivos. Mas não se tratava somente de esportes de equipes de grande porte. A Bowling Proprietors Association of America, uma organização comercial, certa vez me pediu para falar na Bowl Expo, convite que nossa equipe de vendas afirmou ser bem-vindo por conta de nossos contratos de alimentos e bebidas com os 3.400 centros de boliches norte-americanos que pertenciam ao grupo sem fins lucrativos.

MINHA VIDA POR INTEIRO

Verdade seja dita, eu realmente me preparei para essa palestra. Sozinha, fui jogar boliche algumas vezes para ter uma noção do esporte e um gostinho da cultura do boliche contemporânea. Conversei com os esportistas e com o pessoal para compreender a experiência como um todo. Foi útil — 2 semanas depois, minha sensação, de certa forma, era que eu consegui falar com propriedade sobre boliche para uma multidão em Las Vegas.

Depois de 8 ou 9 anos no cargo, fiquei bem famosa como a CEO da PepsiCo. A companhia estava a todo vapor, e líderes de setores e funções queriam que eu fizesse ainda mais coisas fora da empresa. Conheci clientes e me aproximei de mais CEOs de primeira linha, incluindo Mike Duke e, depois, Doug McMillon no Walmart; Jim Sinegal na Costco e Arne Sorenson no Marriott, para citar alguns. Ainda tínhamos parceiras engarrafadoras independentes no mundo todo, e elas também passaram a me conhecer muito bem. Desenvolvemos um forte respeito recíproco.

Discursei em centenas de eventos — painéis da indústria, clubes de economistas, conferências de mulheres e escolas de administração. Eu era uma voz popular quando o assunto era equilibrar vida pessoal e trabalho. Surpreendentemente, também me pediam para falar em eventos corporativos governamentais e conferências anuais sediadas por grandes investidores. Recebi muitos prêmios de liderança e sempre estimulei uma visão equilibrada de empresas fazendo a coisa certa e bem-feita. Eu falava sem parar sobre a Performance com Propósito.

Também era pressionada a falar com governos estaduais norte-americanos e outros pelo mundo sobre assuntos relacionados a impostos sobre refrigerantes. Em nosso próprio quintal, Michael Bloomberg, prefeito de Nova York, fazia um *lobby* para limitar o volume do refrigerante a meio litro. Surgiram impostos sobre refrigerantes em outros estados e partes do mundo também, inclusive na Califórnia, no México e em outras regiões da América Latina e do Oriente Médio. Tentamos nos certificar de que eles eram receptivos e sugerimos opções como bebidas com zero

INDRA K. NOOYI

caloria e embalagens individuais com menos de 100 calorias. Achei que esses impostos tinham mais a ver com a receita que geravam para municípios locais do que com limitar refrigerantes açucarados. Também começaram a surgir impostos sobre embalagens de plástico e encontramos parceiros para desenvolver sistemas de reciclagem de circuito fechado — uma empreitada difícil. Tentei analisar esses problemas pela ótica das comunidades, o que me conferiu credibilidade entre nossos críticos.

Muitas coisas que articulei com a PcP estavam acontecendo, com erros e acertos, mas com um fluxo constante de entusiasmo dos funcionários da PepsiCo que me deixava animada. Todo os anos, publicávamos nosso relatório de sustentabilidade, e pude mostrar ao mundo todo o progresso que estávamos fazendo em nossas várias iniciativas. Senti fortemente que esses relatórios deveriam conter detalhes meticulosos, sem hesitar nem por um instante em relação a como era complicado fazer mudanças reais nessas áreas. A integridade de nossas metas, nosso cronograma e relatórios foram absolutamente fundamentais para mim.

Também tínhamos feito uma reforma na sede da PepsiCo e nos mudado do prédio por 2 anos. A reforma nos permitiu estruturar novos espaços, e instalamos uma creche no local chamada PepStart, com uma área especial de entrega, equipamento de escalada do lado de fora e lindos espaços projetados para bebês e crianças pequenas dormirem, comerem e aprenderem. A PepStart lotou rapidamente uma lista de espera com dezenas de bebês e crianças menores de 5 anos. As famílias pagavam pelo serviço, mas a vantagem de oferecermos essa conveniência e paz de espírito foi imediata e duradoura. Se eu tivesse ficado por mais tempo na PepsiCo, teria gostado de acrescentar esse benefício em nossas fábricas também.

Por um lado, eu me sentia vingada por todo o sucesso da PcP. Por outro, gostaria que tivéssemos agido ainda mais rápido em algumas de nossas iniciativas sustentáveis. Curiosamente, um de meus críticos mais antigos e explícitos de todas as mudanças de produtos a que eu aspirava com a PcP visitou nosso escritório certo dia e me deu um DVD sobre os

MINHA VIDA POR INTEIRO

malefícios do açúcar. Ele me disse que cortaria maciçamente seu consumo de açúcar. Desejei-lhe sorte.

Com o tempo, conheci muitos líderes mundiais. CEOs muitas vezes têm chances meramente formais de tirar fotos com presidentes e primeiros-ministros, mas desfrutei de longas conversas com chefes de Estado de todo o mundo. Acredito que eles gostavam dos investimentos da PepsiCo em seus países, e estavam ávidos para trabalhar conosco quando implementamos a Performance com Propósito. Eles também ficavam curiosos por eu ser uma líder mulher nascida no estrangeiro que estava alterando de forma ambiciosa uma empresa norte-americana. Espero que nossas conversas tenham forçado-os a pensar de que maneira as mulheres poderiam ser bem-sucedidas em suas empresas e países também.

Na China, descobri que a liderança focava o desenvolvimento agrícola para manter seus plantios viáveis. Em Baotou, no interior da Mongólia, a PepsiCo deu início a plantações de batatas com sistemas eficientes de irrigação por gotejamento de água, a fim de cultivar as batatas de que precisávamos para fazer salgadinhos para o país, e essas plantações também cultivavam um extra para exportação. Eles queriam saber como prolongar a vida de bens agrícolas à medida que percorriam um amplo sistema de distribuição.

Minhas viagens à Índia também eram fascinantes. Sempre visitava o primeiro-ministro e outros ministérios relacionados, e uma vez fui convidada pelo embaixador da Índia nos EUA, Nirupama Rao, para discursar aos oficiais do serviço estrangeiro indiano em Nova Delhi. Falei acaloradamente sobre algo em que acredito até o último fio de cabelo — que embaixadores e cônsules gerais precisavam expandir seus esforços para focar a diplomacia econômica como pilar fundamental de sua diplomacia política. Essa foi a primeira vez que convidaram um CEO para discursar, e lhes proporcionei muita coisa em que pensar.

Eu sempre me lembrava de que esses contatos e convites incríveis se deviam ao meu cargo, e de que minha lista de "amigos" diminui-

INDRA K. NOOYI

ria quando aposentasse. Alguns relacionamentos evoluíram de profissionais para pessoais, mas não muitos. Ser CEO abre portas das formas mais estonteantes, mas ninguém faz isso porque é bonzinho. Tem tudo a ver com o que você pode fazer pelas pessoas. Eu também tinha muita consciência de que, sempre que saltava do avião em um lugar desconhecido, tinha que pensar como um local e analisar as questões pela ótica deles. Era um esquema útil para projetos bem-sucedidos em conjunto.

De volta aos EUA, fui convidada para jantares formais na Casa Branca pelos presidentes George W. Bush e Barack Obama, e participei de reuniões com executivos seniores com os presidentes Bush, Obama e Donald Trump. Em todas elas, fui tratada com extremo respeito pelos líderes e por suas equipes. Também viajei com o presidente Obama à India para uma visita oficial, que incluiu uma reunião de CEOs EUA-Índia. Após a reunião, ele convidou os CEOs norte-americanos para sua suíte do hotel, e tiramos os sapatos, bebemos e conversamos por algumas horas. Falamos sobre todos os assuntos, pessoais e profissionais. Ele era de fato um dos nossos.

De todas as viagens internacionais, a mais fascinante para mim foi a de 7 dias na África, em fevereiro de 2018. Dez anos atrás, eu havia prometido a nossas engarrafadoras na Nigéria e na Uganda que eu faria uma visita se elas conseguissem cotas de liderança no mercado, e, quando conseguiram, não as pude decepcionar. Há muito tempo, eu também garantira à nossa equipe sul-africana que viria e veria pessoalmente como eles haviam construído uma empresa maravilhosa de petiscos.

Essa foi minha última grande viagem de negócios como CEO, e mergulhei na história e nas tradições do continente de uma forma mais ampla que anteriormente. Eu realmente acreditava que a África, com seus fartos recursos minerais e agrícolas e sua população jovem, poderia ser uma joia econômica nas próximas 3 ou 4 décadas se empresas internacionais investissem nela da maneira correta e a apoiassem.

Em Lagos e Kampala — cidades cheias, agitadas —, testemunhei o modo como mulheres africanas mantinham a economia girando em vários pequenos empreendimentos. Encontrei-me com mulheres líderes,

MINHA VIDA POR INTEIRO

e nossas conversas foram bem íntimas. Elas querem educação. Querem liberdade econômica e financeira para suas filhas e para si mesmas. Não querem ser sustentadas por homens. Entre elas, não me senti uma visitante — fui recebida como se fosse uma delas. Dançamos juntas sob o sol da manhã; rimos e conversamos. Foi muito amor envolvido.

Na África do Sul, Sello Hatang, CEO da Fundação Nelson Mandela, levou-me para um passeio pessoal em Robben Island, onde Mandela ficou preso por 17 anos. Senti a humilhação dos povos oprimidos no país quando um gerador de números aleatórios me escolheu para caminhar na fila para pessoas "não brancas" no Museu do Apartheid.

Nossa última noite ainda está viva dentro de mim. Na Fundação Mandela, conheci Graça Machal, esposa de Nelson Mandela, e, em um evento público a que comparecemos juntas, anunciamos uma parceria de 5 anos na PepsiCo para ajudar a abordar temas relacionados à pobreza e incentivar mulheres e meninas, inclusive o apoio a um programa que distribui absorventes higiênicos para que as garotas nunca tenham de faltar às aulas por estarem menstruadas. O Soweto Gospel Choir, com roupas coloridas e vozes espetaculares, apresentou um repertório maravilhoso de músicas alegres, incluindo a canção anti-apartheid "Asimbonanga". Essa canção — sua melodia, seu sentimento — ainda me persegue.

Também me encontrei com um grupo de cerca de vinte meninas do ensino médio para uma mesa-redonda. Cada uma contou sua história — de crescer sem os pais, de ser mãe dos próprios irmãos, de sofrer abusos inimagináveis por pessoas no poder. A coragem, a determinação e a intrepidez delas eram de tirar o fôlego. No fim da conversa, fiz uma pergunta simples a elas: "O que posso dar a cada uma de vocês como presente pelo tempo que passaram comigo?" Nenhuma hesitou. "Podemos nos abraçar?", perguntaram. Elas formaram uma fila e envolvi em meus braços cada uma daquelas jovens mulheres, uma após a outra. Elas só queriam um abraço de mãe. Hesitavam em me soltar. Fiquei comovida até não poder mais.

225

INDRA K. NOOYI

E minha vida pessoal? Tara foi fazer faculdade em Nova York, Preetha se formou na Yale SOM e começou um novo emprego. Raj se tornou consultor independente, ajudando empresas grandes a desenvolver soluções de cadeia de suprimentos de última geração. Eu ainda voltava do escritório para casa quase todos os dias com três sacos de correspondência e outros documentos para ler. No trabalho, algumas pessoas me chamavam abertamente de "a mulher do saco", e um executivo notou, em tom de brincadeira, que eu carregava aquelas sacolas de lona para me exibir. Recentemente recebi uma carta dele, hoje CEO de uma grande empresa estadunidense, dizendo que pensou em mim ao voltar para casa com três sacos de material para leitura!

Mais do que nunca, eu também tinha mais relatórios e artigos para analisar, porque tendências em tecnologia e geopolítica estavam evoluindo depressa. Realmente, não havia escolha. Quando comecei na PepsiCo, lembro-me de um líder sênior dizendo às pessoas: "A distância entre 1 e 2 é uma constante." Ele queria dizer que, quando um líder tem uma ótima performance, a equipe o acompanha; quando o líder tem uma performance ruim, o mesmo acontece. Levei isso a sério. Se queria que a PepsiCo se aprimorasse — que fosse uma organização informada e curiosa —, eu, como CEO, sempre deveria ter essas qualidades. Eu também adorava o estímulo intelectual de todas aquelas leituras e correspondências.

Já que Raj e eu estávamos com o ninho vazio, comecei a focar um pouco mais em mim. Comecei a jogar tênis no Grand Slam Tennis Center em Banksville, Nova York, duas vezes por semana às 7h. Meu professor/ técnico, Nesar Nayak, pacientemente se adaptou a esse horário matinal e muitas mudanças de agenda.

Também me inscrevi em aulas de danças de salão individuais, apenas para aprender alguma coisa diferente da cultura indiana em que fui educada e aproveitar os movimentos e a música de uma forma tranquila e privativa. Meu instrutor, John Campbell, era um dançarino britânico na casa dos 30 anos que começou sentindo um pouco de medo de mim, a CEO que queria aprender valsa e foxtrot. Ele também era muito paciente

MINHA VIDA POR INTEIRO

e, quando já trabalhávamos juntos há um tempo, atrevidamente me disse enquanto dançávamos juntos: "Meu trabalho é conduzir, e o seu, seguir. Se você aprender a seguir às vezes, será uma líder melhor." Em muitas circunstâncias, levei esse ótimo conselho muito a sério.

Também acrescentei alguns exercícios diários no campus da PepsiCo. Comecei a caminhar na estrada ao redor dos prédios, uma volta de 2 km. E, por fim, aproveitei para explorar os jardins e os bosques, e admirar as esculturas. Conheci o Golden Path.

Em dado momento de meus anos como CEO, também aprendi sobre o poder de uma boa aparência.

Por muito tempo, prestei pouca atenção ao meu guarda-roupa. Trabalhava com homens, e eles usavam ternos cinza e azul com camisas de gola. Eu também. Tinha vergonha de minhas pernas, que achava muito finas, e escolhia saias compridas para cobri-las. Eu não comprava roupas baratas e gostava de tecidos finos. Fazia compras na Richard's, na Greenwich Avenue, com um showroom elegante que começou como uma loja exclusiva de ternos masculinos e depois acrescentou uma seção feminina. Às vezes eu ia à Richard's, escolhia um belo terno de lã com calças largas e levava para o alfaiate para que ele modelasse uma saia com as calças. Escolhia sapatos funcionais com saltos baixos, mas nada de cores, bicos finos, laços ou fivelas.

Então, em um episódio estranho e incrível, um jovem consultor freelancer chamado Gordon Stewart pediu permissão para falar comigo em particular. Nós nos encontramos rapidamente em uma mostra de produtos novos da Gatorade. Eu não o conhecia, mas concordei com uma conversa rápida.

Gordon me disse que eu precisava transformar meu visual e que tinha ideias para me ajudar. Ele me pediu que o encontrasse na Saks Fifth Avenue Club, uma área comercial particular na loja de departamentos de Manhattan, no sábado seguinte às 11h. Não fiquei ofendida por seus co-

INDRA K. NOOYI

mentários ou por ter se oferecido para me ajudar. Fiquei envergonhada, curiosa e ansiosa. Aceitei o convite.

Naquele fim de semana, peguei o elevador até o quinto andar na Saks e Gordon foi me encontrar. Ele me levou para um provador enorme, e havia uma arara de roupas nas paredes – vestidos, saias, casacos, sapatos, bolsas, joias. Tudo requintado, tudo coordenado, muito profissional. Minha primeira reação foi dizer que não provaria os vestidos e as saias porque ficavam na altura do joelho — curtos demais.

Mas Gordon não desistiu. Ele me persuadiu a experimentar todos e, aos poucos, concordei com as opiniões dele. Foi um pouco difícil abrir mão do antigo e reformular meu guarda-roupa, mas acrescentar cores e estilo me proporcionou uma autoconfiança recém-descoberta que carrego até hoje. Vez ou outra, volto a olhar o "Look Book" que Gordon montou. Sua ousadia e atenção aos detalhes deixaram uma marca indelével.

Para combinar com todas essas roupas novas, também comecei a ouvir minha paciente cabeleireira de longa data, Anna Magnotta. Concordei em deixá-la secar meu cabelo do jeito que ela queria e, rapaz!, como isso melhorou minha aparência geral!

Estranhamente, recebi uma confirmação em primeira mão que mudar de visual fez diferença na diretoria também. Comecei a usar vestidos e casacos sob medida, além de joias e, talvez, uma echarpe para ir trabalhar todos os dias. No fim de uma reunião da diretoria, um dos diretores homens veio até mim e disse que, desde que eu mudara meu visual, ele passou a me achar mais intimidante.

Não soube muito bem como interpretar essa afirmação, exceto inferindo que as roupas também podem fazer uma mulher!

Em 2016, eu disse à diretoria que pensei que deveríamos começar a afunilar a lista de pessoas que poderiam se tornar o(a) próximo(a) CEO da PepsiCo. Acredito que, em geral, CEOs saem porque estão cansados, querem fazer outras coisas ou a diretoria quer que eles vão embora. Eu estava começando a sentir essa exaustão e estava pensando no meu futuro, mas também me sentia bem com onde a empresa tinha chegado. E eu sabia que tínhamos elaborado uma lista maravilhosa de executivos seniores que poderiam assumir.

Nessa época, transferi quatro candidatos principais para atribuições expandidas, a fim de conhecerem novas partes da empresa. Pouco mais de um ano depois, com a ajuda de Ruth Fattori, então chefe de nosso RH, entreguei a nossos diretores dossiês com curadoria de cada um dos quatro candidatos, incluindo avaliações de desempenho detalhadas dos últimos 5 anos e observações sobre suas carreiras longas e impressionantes. Um psicólogo empresarial forneceu um relatório resumido sobre a curva de desenvolvimento de cada candidato. Pedi à diretoria para falar com cada um deles em particular, e para observá-los em ação nos próprios cargos. Ruth e eu possibilitaríamos tudo isso, disse eu, mas eu não daria minha opinião sobre quem deveria assumir. Essa decisão cabia a eles. A diretoria, liderada pelo inabalável conselheiro-presidente, Ian Cook, conduziu o trabalho com muito empenho, chegando a contratar uma firma externa para fazer avaliações independentes de cada candidato em nome da diretoria. Todos os quatro candidatos eram maravilhosos à sua própria maneira.

No início de agosto de 2018, Ian me disse que eles haviam escolhido Ramon Laguarta para ser o novo CEO. Encontrei-me com Ramon em meu escritório e o informei da decisão da diretoria. Disse a ele o quanto estava orgulhosa e lhe garanti apoio constante.

Contar aos outros candidatos foi mais difícil — todos eram executivos muito visados, e eu sabia que eles seriam recrutados para outros lugares. Dois deles saíram, uma verdadeira perda para a empresa, e um ficou, devido à sua lealdade à PepsiCo apesar de uma oferta para ser CEO em outro lugar.

Uma semana depois, a PepsiCo anunciou que eu me aposentaria no dia 2 de outubro e continuaria presidente da diretoria até o início de 2019. Eu havia deixado muito claro que queria uma transição curta. O novo líder da PepsiCo tinha que começar a deixar sua própria marca na companhia o quanto antes.

INDRA K. NOOYI

Nossa assembleia municipal de funcionários foi emocionante, com Raj, Preetha e Tara presentes como há 12 anos. Foi difícil conter as lágrimas enquanto eu refletia sobre minha carreira longa e feliz, e garanti a todos que a PepsiCo permaneceria em meus pensamentos e meu coração. Ramon teria meu apoio total.

Os 3 meses seguintes foram atribulados e, de certa forma, libertadores. Organizei a mudança de escritório, apesar de ainda me sentir responsável pelos resultados da companhia como presidente. Enviei minha emocionada carta de despedida a nossos funcionários do mundo todo, com algumas lições aprendidas — sobre ver, ouvir e capacitar as pessoas com quem você trabalha para ser bem-sucedida(o) — e uma citação final do místico Sufi Rumi:

"O adeus é só para quem ama com os olhos. Com efeito, para os que amam com a alma e o coração, não há separação."

Quando fui embora do 4/3 em um dia claro e ensolarado, centenas de colegas estavam me esperando para se despedirem numa recepção ao ar livre ao redor da fonte central, a alegre escultura "Girl With a Dolphin [Garota com Golfinho]" de David Wynne. Ramon fez um discurso, bebemos Prosecco e Sierra Mist das fontes de champanhe, e posei para dezenas de fotos e selfies com a equipe animada e diversa que agora tanto definia a empresa.

Fiz mais um discurso breve, entrei no carro e deixei a PepsiCo rumo à minha casa.

230

Parte IV

OLHANDO EM FRENTE

11

No dia seguinte, como de costume, estava acordada por volta das 4h30 bebendo café e lendo as notícias em meu iPad. Revisei meu calendário para garantir estar pronta para todas as reuniões no mês seguinte. Não havia tantas. Pouco depois, vesti uma calça jeans e uma camiseta e fiz o trajeto de 5 minutos de carro para o trabalho.

Raj e eu havíamos montado um lindo escritório em um parque comercial de Greenwich, um espaço arejado com sala de conferências e uma cozinha pequena. Era o cenário de nossa próxima fase juntos, em que focaríamos o que interessasse a cada um de nós e trabalharíamos a apenas alguns passos de distância. Estava empolgada para começar. Aquela manhã também foi a primeira vez em que fui ao escritório usando roupas casuais em um dia útil. Era estranho. Lembro-me de torcer para que ninguém me visse — esquecendo totalmente que agora eu era livre como um pássaro.

Nos 3 meses desde o anúncio de minha saída da PepsiCo, surgiram ofertas sobre como eu poderia investir meu tempo — cargos de diretoria, de consultoria, de professora universitária, cartas de solicitação, discursos em palestras. Eu não acabara de tentar ajudar o mundo, e sabia que seria muito menos interessante como ex-CEO se eu saísse completamente por um ano ou mais. Eu tinha algumas decisões importantes a tomar.

233

INDRA K. NOOYI

Não obstante, minha carta de despedida para 270 mil funcionários da PepsiCo — enviada somente 2 dias antes — também foi um tipo de projeto para os anos que eu tinha à frente. Naquelas duas páginas, escritas e reescritas ao longo de algumas semanas com meu talentoso redator de discursos, Adam Frankel, aconselhei meus queridos colaboradores a tentarem ser bons ouvintes e aprendizes durante toda a vida. Assim, escrevi: "Por fim, pensem seriamente sobre o tempo. Temos tão pouco dele nesta terra. Aproveitem seus dias ao máximo e abram espaço para os entes queridos mais importantes. Ouçam o que digo. Fui abençoada com uma carreira maravilhosa, mas, para ser sincera, houve momentos em que desejei ter conseguido passar mais tempo com minhas filhas e familiares. Portanto, minha recomendação é: reflitam bem sobre suas escolhas no caminho que têm pela frente."

Tive que prestar atenção ao meu próprio conselho, priorizar as coisas e aprender a dizer não. Do contrário, novamente não teria tempo para mim. Finalmente eu era minha própria chefe, e após 40 anos trabalhando sem parar merecia relaxar um pouco e me concentrar no que me movia. Podíamos fazer mais viagens em família, que tinham sido poucas e espaçadas entre si, ou Raj e eu podíamos fazer algumas trilhas juntos, algo que ele de fato adorava; eu poderia estrear as botas para trilha que ele me comprou vários anos atrás. Poderia começar a aproveitar jantares com amigos sem ficar toda hora olhando para o relógio. Poderia ler mais biografias e livros sobre atualidades, e os romances de Danielle Steel que eu achava divertido devorar. Poderia ir a mais jogos dos Yankees. Era incrível — e um pouco assustador.

Comecei a desencaixotar 25 anos de coisas que foram enviadas da PepsiCo. De dezenas de caixas, tirei livros autografados, prêmios e presentes — esculturas, troféus, pesos de papel e uma bola de futebol gigante de vidro. Olhei todos os tacos de beisebol e camisetas assinadas pelos Yankees, e fotos minhas com líderes mundiais. Contemplei os castiçais, as espadas decorativas, o sino de vaca suíço e a pipa da Malásia. Descarreguei o enorme bastão de críquete feito em mosaico azul e vermelho em uma caixa de acrílico criada pela equipe indiana da PepsiCo.

234

MINHA VIDA POR INTEIRO

Em nossa parede mais comprida, Raj e eu decidimos pendurar onze dos meus vinte violões ou mais, incluindo os acústicos assinados por The Chicks e Blake Shelton, e uma guitarra elétrica cravejada de strass vermelhos, prata e azul da Pepsi. Outra guitarra, pintada com querubins alados, margaridas e as palavras "Yummy, Yummy, Yummy, I've Got Love in My Tummy" sempre me fazia sorrir — foi um presente da equipe de marketing da Frito-Lay, que me disse que queriam garantir que eu me lembrasse deles.

Eu estava muito orgulhosa de meu trabalho na PepsiCo. O retorno do acionista nos 12 anos entre dezembro de 2006 e dezembro de 2018 totalizava 149%, batendo o Índice Standard e o Poor's 500, de até 128%. A empresa devolveu mais de US$ 79 bilhões em dinheiro aos acionistas, com os dividendos crescendo 10% a cada ano. A capitalização de mercado cresceu US$ 57 bilhões nesses 12 anos, mais que o PIB de muitos países. A receita líquida saltou 80%, para US$ 64 bilhões em 2018. Agora, 22 marcas da PepsiCo superavam US$ 1 bilhão por ano em vendas cada uma, em comparação com 17 marcas quando assumi, e fechamos novos contratos de serviços de alimentação, incluindo o Madison Square Garden de Nova York, que mudou para a Pepsi após 108 anos com a Coca-Cola.

Mas o que mais me deixou satisfeita foi a Performance com Propósito, que transformara nossos produtos e engajamento ambiental. Os itens da Good for You e Better for You totalizavam quase 50% da receita, comparando com 38% em 2006. Havíamos descoberto como fazer uma garrafa de Pepsi com menos de 1,5 litro de água, em comparação com 2,5 litros em 2007. Trabalhando com a Safe Water Network e Water.org, disponibilizamos acesso à água potável a 11 milhões de pessoas. Convertemos uma parte imensa de nossa frota de caminhões para híbridos, extraímos energia solar de importantes lojas de fabricação e vendemos o excesso de eletricidade para redes elétricas. Havíamos reduzido o uso de plástico em muitas de nossas garrafas e desenvolvido uma embalagem compostável para os petiscos. O P&D da PepsiCo causava inveja à indústria de

INDRA K. NOOYI

alimentos e bebidas. O setor de e-commerce, inaugurado em 2015, triplicara sua renda de varejo anual para US$ 1,4 bilhão. Nosso departamento de design ganhara mais de duzentos prêmios apenas em 2018, e estava ajudando a incentivar nossas inovações.

Ficamos na lista do Ethisphere Institute das empresas mais éticas durante os 12 anos em que fui CEO. Em 2016, ficamos em 1º lugar na pesquisa do Kantar PoweRanking, em que varejistas estadunidenses classificam o desempenho de seus fornecedores, em comparação com o 6º lugar em 2010, e mantivemos essa posição.

Nossa academia de talentos era motivo de inveja da indústria norte-americana. De fato, nove executivos seniores foram recrutados entre 2014 e 2020 para serem CEOs de outras empresas. Porém, graças a nosso processo sistemático de desenvolvimento de talentos, tínhamos um grupo forte de talentos seniores prontos para colocar a mão na massa.

Eu sabia que podíamos ter feito ainda mais — ou mais rápido — se a crise financeira não tivesse nos atingido, assim como ao restante da economia mundial, mas também lidamos bem com isso. Trabalhara o máximo que pude e realmente amara a companhia de alma e coração.

Também não me arrependi em deixar meu trabalho, e tive certeza de que não perderia meu cargo de presidente da PepsiCo nem mesmo quando estivesse fora por alguns meses. Estava decidida a ser a melhor ex-CEO para Ramon, e isso significava ser discreta. Eu estava por perto se necessário, mas a empresa agora estava nas mãos dele.

Na verdade, durante esses dias lentos de outubro, eu estava recuperando o fôlego, contemplando o passado, pensando no futuro e transbordando de gratidão. Uma tarde, li todo o *Fifty years of Pep: A Storied Past, a Promising Future* [sem tradução no Brasil], um livro de 230 páginas que havia encomendado mas nunca tivera a chance de abrir. Outro dia, relaxei com um belo livro de recordações montado por Jon Banner, nosso chefe de comunicações, detalhando minha jornada de 12 anos como CEO com fatos, fotografias e depoimentos. Fiquei com um nó na garganta. Olhei para as centenas de bilhetes de agradecimentos e despedidas que recebera, folheei relatórios anuais e reli cada uma das cartas para acio-

MINHA VIDA POR INTEIRO

nistas que tinha escrito sobre o progresso da PepsiCo. Todos os anos, havia passado horas fazendo auditoria sobre esses ensaios. Fiquei feliz por ter feito — em conjunto, eles fazem um excelente trabalho de narrar a transformação da empresa. Também folheei os vários álbuns de fotos de minhas viagens e pensei nas pessoas que conheci, nas culturas que vivenciei e nas oportunidades e desafios ainda à frente em tantos países.

É claro que nenhuma dessas cartas e livros mostravam as frustrações e revoltas do trabalho, mas também me recordei delas. Os ativistas, a pressão sobre os rendimentos trimestrais, a resistência dos executivos da PepsiCo em mudar, tantas agendas conflitantes. Como enfrentei tudo isso? De fato, as milhares de pequenas decisões que a PcP acarretou, incluindo vitórias e fracassos, não aconteceram sem que ficássemos muito preocupados se poderíamos fazer tudo isso. Mas eu me comprometera com essa imensa transformação, e, assim como quando cheguei em Calcutá com o peso das expectativas familiares sobre mim, tive que me ater a ela independentemente de qualquer coisa.

Escutara e vira CEOs homens gritando, atirando coisas e dizendo palavrões com força total, aparentemente um sinal de paixão e comprometimento. Mas tinha plena consciência de que demonstrar qualquer uma dessas emoções faria com que eu caísse no conceito das pessoas a meu redor.

Assim, nos dias em que eu ficava louca com o fato de as pessoas, tanto dentro como fora da empresa, não entenderem o que eu estava tentando fazer, entrava no pequeno banheiro anexo ao meu escritório, me olhava no espelho e botava tudo para fora. E, quando aquilo passava, enxugava as lágrimas, retocava um pouco a maquiagem, endireitava os ombros e voltava para a briga, preparada, novamente "neutra".

Apenas uma coisa realmente me incomodava em deixar a PepsiCo. Muitas discussões sobre minha partida enfatizavam o motivo de eu não ter deixado a empresa para outra mulher. Uma notícia do New York

INDRA K. NOOYI

Times tinha esta manchete: "Quando uma CEO mulher vai embora, o teto de vidro volta." Credo. De todos os homens poderosos que se aposentam todos os anos, onde estavam os artigos sobre por que seu sucessor não é uma mulher?

O número de mulheres CEOs na Fortune 500 aumentou de 10 em 2006 para 32 em 2017 e, depois, para 37 em 2020. Mudamos apenas de 2% de mulheres CEOs na Fortune 500 para 7,5% em 27 anos. Em minha opinião, não se deve comemorar ganhos ou lamentar perdas sobre progressos relacionados a essa questão quando o número de mulheres no topo de empresas grandes ainda é estrepitosamente baixo.

Precisamos de mulheres em pé de igualdade em cargos de tomadas de decisão neste mundo, pois elas compõem metade da população. Mais líderes mulheres significarão uma sociedade mais saudável, abastada e igualitária. Também acredito que chegamos às melhores decisões quando pessoas com experiências diferentes se unem para discutir detalhes, e que a verdadeira liderança exige aprender com equipes diversificadas. Assim como em famílias, isso é uma bagunça. Não há dúvida de que é mais fácil gerenciar uma empresa quando as pessoas no local provêm do mesmo ambiente social, abordam problemas da mesma maneira e chegam a um consenso com bastante facilidade. Porém, mais fácil não significa melhor.

Em larga escala, metade das empresas existentes — e 250 das 500 maiores — deveriam ser gerenciadas por mulheres. No ritmo que estamos agora, isso levará, absurdamente, mais de 130 anos.

Meu sucessor, Ramon Laguarta, entrou na PepsiCo em 1996, liderou o acordo Wimm-Bill-Dann e a integração na Rússia, e atuou como CEO da PepsiCo na Europa e na África subsaariana. Trabalhou em cinco países, e sua esposa e três filhos o acompanhavam. Em 2017, promovi-o a presidente da PepsiCo e ele se mudou para o departamento de Aquisições para obter maior exposição à maneira como a empresa toda funciona.

A diretoria escolheu Ramon após um processo rigoroso que priorizou a visão de longo prazo da PepsiCo. O fato de que nenhum dos quatro finalistas entrevistados para me suceder como CEO era mulher

238

não foi porque ignorávamos a necessidade de mais mulheres CEOs. Foi simplesmente porque, apesar de anos de esforços, ainda não tínhamos chegado lá.

Isso estava relacionado a duas questões comoventes para mim. Em primeiro lugar, várias mulheres de extremo potencial a quem orientei, que se mudaram para os cargos certos e foram apresentadas à diretoria ao longo dos anos, tornaram-se altas executivas e diretoras de operações de empresas públicas — mas, para isso, elas deixaram a PepsiCo. Tais executivas, treinadas em nossa academia de talentos excepcional, chamaram a atenção de recrutadores e diretores de companhias menores. Senti orgulho delas, mas fiquei chateada por termos perdido-as. Talvez tenha sido a jogada certa; a competição para liderar a PepsiCo, uma empreitada grandiosa, era um tiro no escuro para qualquer um.

Em segundo lugar, sei que certas mulheres promissoras foram embora por conta da maneira como eram gerenciadas em seus cargos de nível médio. Uma forma de reconhecer que isso estava acontecendo foi quando ouvi as avaliações de desempenho das duzentas melhores pessoas da empresa. Eu estava ciente porque prestava atenção a líderes em ascensão como parte do pilar de talentos da PcP, com foco especial em mulheres e outros talentos diversos. Notei que, quando um gerente do sexo masculino era avaliado, a conversa seria mais ou menos assim: "Ele fez um bom trabalho, cumpriu a maioria das metas, *e...*", depois, seguiam-se alguns detalhes sobre o incrível potencial desse homem. A avaliação de uma mulher teria um detalhe diferente: "Ela fez um excelente trabalho, cumpriu todas as metas, *mas...*", e, então, alguns detalhes sobre alguma questão ou problema de personalidade que poderia descarrilar seu sucesso futuro. O fenômeno E/Mas me incomodava imensamente. Muitas vezes, eu interrompia e fazia perguntas pontuais aos gerentes: "Você deu a ela um feedback oportuno? Deu a ajuda certa para resolver esses problemas?" Muitas vezes, mandei os gerentes de volta e pedi a eles: "Faça isso funcionar com a executiva X."

Essa proposta nem sempre vencia. Às vezes, os gerentes mudavam de opinião, mas muitos eram teimosos em relação às pessoas que tra-

INDRA K. NOOYI

balhavam para eles, homens e mulheres, e não posso dizer que estavam sempre equivocados. Ao mesmo tempo, sei que perdemos mulheres executivas inteligentes e esforçadas na PepsiCo por motivos indubitavelmente relacionados à maneira diferente por que homens e mulheres são percebidos.

No mundo laboral de hoje, muitas mulheres têm habilidades extraordinárias, inteligência, ambição, criatividade, determinação e bom humor. São oradoras e graduadas com notas máximas, de faculdades competitivas. Elas superaram adversidades. Elas se sacrificaram e trabalharam com incrível esforço. Elas têm afã de serem autossuficientes em termos financeiros. Não precisamos mais argumentar por que mulheres contribuem tanto para os resultados financeiros. Elas simplesmente contribuem.

Não há um motivo único por que mais mulheres não estão à frente de grandes empresas. Não há nenhuma lista de dez itens que simplesmente precisam de conserto. Há centenas de problemas — alguns, ínfimos e difíceis de identificar, outros, imensos e estruturais — que contribuem para isso. Apesar de todo o progresso que fizemos, o mundo laboral moderno ainda é repleto de costumes e comportamentos nocivos que detêm as mulheres.

Isso é preconceito de gênero — e afeta o sucesso de toda mulher. Em alguns casos, mulheres optam pelo caminho totalmente racional de seguir em frente ou tentar algo diferente para pagar as contas. Em outros casos, esse preconceito apenas destrói sua confiança, que então afeta sua competência e, em determinado momento, ataca seu desempenho. Acredito que muitas pessoas são pegas neste ciclo de destruição.

O preconceito também pressiona muitas mulheres com filhos — ou mesmo as que pensam em constituir família — a se sentirem em conflito sobre continuar no emprego. Elas estão lutando contra todos os preconceitos sutis no ambiente de trabalho e, ao menos nos EUA, uma estrutura de apoio totalmente pontual para cuidar dos filhos até a escola pública começar, aos 4 ou 5 anos. Muitas mulheres, se podem escolher, acabam

MINHA VIDA POR INTEIRO

optando por deixar o trabalho pago. Algumas esperam voltar um dia, mas admitem que não pularão de volta em um trem até o topo.

Algumas pessoas chamam isso de "pipeline com vazamento" — embora eu acredite que esse tipo de linguagem minimiza o problema. O pipeline está muito mais que "vazado". De qualquer modo, ainda temos relativamente poucas mulheres com experiência e intrepidez para serem consideradas para o cargo de CEO de uma empresa multibilionária.

Essa perda é real, porque simplesmente não cotamos permitindo que muitas jovens talentosas atinjam por inteiro seu potencial — uma perda para a economia geral.

Sempre tive consciência de que, no mundo corporativo, as mulheres subiam uma ladeira mais íngreme e escorregadia que os homens.

Volto a pensar na minha época na BCG, quando um colega nunca fazia contato visual comigo. Ele falava comigo olhando de soslaio para os homens da equipe. Como jovem consultora, eu me perguntava o que o repelia — meu guarda-roupa? Minha aparência? Outra coisa? Anos depois, um colega por acaso me contou que ele agia assim com todas as mulheres e pessoas não brancas. Da mesma maneira, em um sem-número de vezes ao longo dos anos, fui chamada de "querida", "docinho" e "meu bem" e deixei passar, até finalmente sentir que tinha poder suficiente no ambiente de trabalho para enfrentar o novo chefe na ABB e ir embora.

Mesmo no degrau mais alto, eu ainda estava na escada feminina.

Como presidente da PepsiCo durante 10 anos, conduzi nossas reuniões de diretoria sentada à cabeceira de uma mesa grande de conferências em formato de U em uma sala ensolarada no 4/3. Éramos oito homens e quatro mulheres. As reuniões começavam com cumprimentos amigáveis e, então, iríamos ao que interessa. Analisávamos desempenho, riscos, estratégias, talentos e o que víamos em todo o mundo. Eu tinha sorte de trabalhar com uma diretoria tão incentivadora, mas alguns dos comentários em público e no privado feitos por um ou outro membro eram rudes e paternalistas, os quais não ousariam fazer a um

INDRA K. NOOYI

líder do sexo masculino. Além disso, eu vinha tolerando alguns homens que pensavam que era aceitável falar junto comigo ou me interromper no meio da frase. Eu achava isso simplesmente inaceitável e tentava não me importar tanto. Um dos membros mais preciosos de nossa diretoria, Sharon Rockefeller, diretora da PepsiCo há quase 30 anos, estava farta: eu a vi dizendo a um dos homens que sua atitude de interrompê-la constantemente precisava parar. Ela foi direta, firme e clara. Todos captaram a mensagem. Toda diretoria precisa de uma Sharon Rockefeller.

Outro membro da diretoria, no início de minha carreira como CEO, insistia em uma reunião particular comigo a cada 6 semanas ou mais, quase sempre exigindo que eu viajasse à cidade de Nova York para vê-lo. Ele me faria perguntas e minhas respostas eram sempre arrematadas com: "Eu não diria isso dessa forma." Então, educadamente eu lhe pediria que sugerisse respostas — na esperança de aprender algo. Quase sempre ele repetiria, *ipsis litteris*, o que eu tinha acabado de dizer. Para mim, isso era um divertido jogo de poder. Ele era um CEO recém-aposentado com dificuldades para abrir mão de seu cargo de poder. Sua vontade era ser CEO através de mim. Aquilo me deixou maluca — uma total perda de tempo.

Quando eu estava em ascensão na PepsiCo, como muitas executivas seniores do sexo feminino, também era a única mulher na sala quando a equipe de gerência se sentava para debater táticas. Eu sempre estava bem preparada e dava boas ideias, e sabia que era respeitada. Porém, várias vezes em que eu fazia sugestões, alguém se intrometia e dizia: "Ah, não, Indra. Isso é teórico demais." Alguns minutos depois, um homem sugeriria exatamente a mesma coisa, usando as mesmas palavras, e seria parabenizado por sua ideia excelente e perspicaz. Certa vez, dirigi-me a um executivo de operações sênior e lhe pedi, em voz alta, que mencionasse um pensamento meu. "Senão, ele será considerado teórico demais", continuei, ironizando. Isso acabou com os comentários "teóricos demais".

Eu realmente não achava que podia fazer muita coisa a respeito de como as pessoas me tratavam como indivíduo, mas sempre tentei apoiar mulheres na organização. Garanti que minha equipe de estratégias cor-

MINHA VIDA POR INTEIRO

porativas fosse tão boa como poderia ser e que terminasse com 50% de mulheres. Organizei muitas reuniões apenas com mulheres para permitir às funcionárias que falassem sobre qualquer coisa que lhes viesse à mente. Discretamente, falava com algumas delas sobre como elas se apresentavam, como se portavam nas reuniões e comunicavam as próprias ideias. Muitas vezes, aceitavam meu feedback e agiam de acordo com ele. Elas sabiam que minhas intenções eram as melhores.

Também ponderei sobre a perspectiva feminina em campanhas e anúncios publicitários. Não consigo me esquecer de um comercial de TV da Pepsi Diet na década de 1990. O cenário é um casamento chique, com as madrinhas da noiva e os convidados esperando. Algo havia dado errado. Uma mulher diz à outra que o diamante da noiva era pequeno, e depois fica claro que o noivo não vai aparecer. A noiva esplendorosa está chorando. Seu pai lhe dá uma Pepsi Diet. Ela prova. Fica animada.

Ela olha para o pai e pergunta: "É diet?"

Eu vi essa propaganda em uma mostra interna e disse aos criadores que não achava que ela estimularia as mulheres a beber Pepsi Diet, porque aquilo era um insulto. Nenhum dos homens concordou. E ficaram furiosos por eu ter ponderado isso, observando que não era minha responsabilidade. A campanha foi adiante. Posteriormente, alguns desses sujeitos evitaram falar comigo sobre os índices quando a Pepsi Diet teve um ano decepcionante.

Fiz mais uma modificação favorável e bastante visível. Fiz arrancarem os belos paralelepípedos franceses na passagem entre nossos prédios a favor de uma superfície plana e de bom gosto arquitetônico. Os paralelepípedos, instalados no fim da década de 1960, eram bons para homens de sapatos sociais, mas uma ameaça para mulheres que usavam os sapatos de salto esperados em nosso *dresscode*. A mudança enfureceu Don Kendall, que se aposentara como CEO em 1986 mas manteve um escritório no 4/3. Quando viu a construção, ele ficou furioso: "Quem mexeu na minha passagem!?" Meus colegas homens, que sabiam há muito tempo que aqueles paralelepípedos eram um perigo e já tinham visto pessoas andando com dificuldade e, inclusive, tropeçando e caindo, apontaram para mim. Por

243

INDRA K. NOOYI

que eles nunca tiveram a iniciativa de consertá-los, eu nunca saberia. Don, surpreendentemente, nunca ousou me confrontar a respeito.

Minhas colegas mulheres, inclusive a esposa de Don, Bim, ficaram anos me agradecendo por ter trocado as pedras.

Nos EUA, o mundo dos negócios melhorou consideravelmente para as mulheres desde que trabalhei como estagiária de sári na Booz Allen Hamilton e me contentei em ficar fora das vistas dos outros. Boa parte do sexismo explícito foi anulada. Mulheres não vivem nem trabalham mais em um cenário jurídico flagrantemente discriminatório ou em um ambiente cultural abertamente degradante. Ofertas de trabalho não são mais listadas como masculinas ou femininas. Nos EUA, este é o legado de décadas de trabalho de mulheres como Ruth Bader Ginsberg, Gloria Steinem e Shirley Chisholm, e também do movimento feminista.

Mais recentemente, o movimento #MeToo [#EuTambém] e campanhas da Time'sUp [AcabouOTempo] tiveram um impacto profundo ao expor até que ponto mulheres estão sujeitas à violência sexual e ao assédio, e criaram uma comunidade providencial para as sobreviventes.

Nunca fui assediada sexualmente. Presenciei e ouvi falar de muitos comportamentos masculinos no início de minha carreira corporativa que ofenderam meu senso de decência e valores. Mais tarde, tornei prioridade acabar com atitudes ofensivas assim que as presenciasse ou que se tornassem conhecidas. Depois que virei presidente, instruí nosso departamento de compliance a tratar imediatamente das denúncias de assédio à nossa linha de denúncia anônima *Speak Up*; éramos rápidos em demitir assediadores confirmados. O número de queixas de assédio sexual caiu, embora eu ainda me preocupasse com que as mulheres tivessem deixado de ligar para a *Speak Up* por medo de represálias.

Quando elaborei a Performance com Propósito, eu sabia que a parte dos talentos era a mais fácil de conceber e a mais difícil de executar. Eu queria que a PepsiCo fosse um ambiente de trabalho fenomenal. Queria

MINHA VIDA POR INTEIRO

que nossos parceiros ganhassem a vida, mas também tivessem uma vida, e que todos fossem respeitados como indivíduos. Ao mesmo tempo, nossas ações referentes ao talento tinham que ser mensuradas e relacionadas aos resultados empresariais da PepsiCo.

Então, meu plano era o seguinte: contrataríamos os melhores sem discriminação, daríamos a essas pessoas as atribuições certas, aprimorando-as, orientando-as, pagando-lhes um salário justo, incentivando-as, dando-lhes um feedback útil, promovendo-as quando mostrassem ótimos resultados, mandando-as embora quando não fizessem nada, e garantindo que elas não enfrentassem preconceitos, conscientes ou inconscientes, ao longo do caminho.

Além disso — e isso vinha de coração —, pedíramos a todos que se lembrassem de que funcionários são mães, pais, filhas e filhos. Quando contratamos uma pessoa, contratamos também a família por trás dessa pessoa. Cada funcionário tinha que ser tratado com uma conexão emocional, disse eu. Não existe uma fórmula de gerenciamento que funcionará para todo mundo, mas também precisamos de sistemas de apoio universais.

Desnecessário dizer que não é fácil!

Tive sorte por Steve Reinemund ter inserido diversidade e inclusão no grupo dos executivos da PepsiCo quando ele se tornou CEO em 2000. À época, as empresas percebiam a escassez de mulheres e pessoas não brancas em seus cargos de gerência, mas poucas faziam muita coisa a respeito. Steve acreditava que nossa base de funcionários deveria refletir nossa base de clientes, e insistia que recrutássemos e promovêssemos candidatos diversificados em todos os níveis de gerência. Estava convencido de que precisávamos de uma massa crítica para realmente mudar nossa cultura e demonstrar o valor da diversidade. Ele criou conselhos de consultoria para nos orientar sobre o progresso afro-americano e hispânico, e chamou atores para dramatizar comportamentos no ambiente de trabalho para que os gerentes pudessem perceber como era o preconceito em ação. Isso foi bem antes dos programas de treinamento contra o preconceito que agora vemos por toda parte. Steve também associou bônus executivos às métricas de diversidade e inclusão. Ele incomodou alguns gerentes mais

INDRA K. NOOYI

experientes, que achavam que já tinham o suficiente para cumprir suas metas de vendas, mas bateu o pé. Em matéria de representatividade, fizemos grandes progressos entre 2000 e 2006. A quantidade de mulheres em cargos de gerência aumentou de 20% para 30%.

Eu precisava ligar as iniciativas de Steve à PcP e levar seus esforços adiante. Começamos a examinar procedimentos de RH para garantir que todas as pessoas tivessem chances iguais de progredir. Descobrimos, por exemplo, que muitos funcionários não estavam recebendo avaliações honestas e adequadamente documentadas a tempo, e acrescentamos programas sobre como proceder. Comecei a examinar as avaliações de fim de ano para garantir que os gerentes tivessem tempo para analisar e documentar a contribuição de cada pessoa.

Também contestava nossos procedimentos contratuais quando nenhuma mulher ou candidato de grupos sociais minoritários eram considerados para vários cargos. Um incidente específico ainda não me saiu da cabeça. Precisávamos de um novo CFO para a PepsiCo indiana, e os responsáveis pela contratação estavam entrevistando apenas candidatos do sexo masculino. Quando perguntei por que eles não estavam movendo céus e terras para analisar todo o grupo de candidatos a fim de encontrar uma mulher para o cargo, considerando que ainda não havia nenhuma executiva de alto nível na PepsiCo indiana, a resposta foi espantosa: "Se for mulher, ela acabará saindo se o marido for transferido", disseram-me. "Não podemos arriscar." Então, perguntei por que o CFO anterior saíra. "Ele está saindo porque a esposa acabou de receber uma promoção importante."

Contratamos Kimsuka Narasimhan como CFO da PepsiCo indiana, uma escolha simplesmente fantástica.

Quando eu era CEO, tomei como base todas as políticas em vigor favoráveis à família. Estendemos a licença-maternidade remunerada para até 12 semanas e, onde quer que fosse possível, acrescentamos creches no local ou próximo ao local, assistência médica no local, espaço privado para amamentação, um Healthy Pregnancy Program [Programa de Gravidez Saudável] e criamos o primeiro acordo global de trabalho flexível da empresa. As funcionárias ficaram agradecidas por não termos cortado esses programas quando estávamos buscando poupar despesas. A pontuação de nossa saúde organizacional melhorou muito: na época em que saí, 82% dos funcionários da PepsiCo responderam que estavam satisfeitos com a empresa como ambiente de trabalho, mais que os 74% de quando assumi.

Muitos funcionários da PepsiCo aplaudiam nossas iniciativas de talentos. Outros acreditavam que a vida pessoal de nossos colegas não era de nossa conta e que não devíamos ser tão generosos. Não contestei nenhuma das reações, mas não mudei meus planos. Estava feliz com nosso progresso.

Para mim, pessoalmente, houve uma crítica mais dolorosa que veio à tona quando pedimos feedback: "Ela só se importa com pessoas como ela" — isto é, mulheres e pessoas não brancas.

Eu sabia que havia sido chamada de "contratada por cotas" quando entrei na PepsiCo em 1994, implicando que só fora contratada por ser uma mulher indiana. Mas eu de fato pensava que havia provado bem o meu valor. Agora, quando passei a defender a diversidade e a inclusão, minha etnia e gênero ficaram à frente e no centro. Alguns incidentes relacionados a esse sentimento me atormentaram. Por exemplo, se um indo-americano era contratado para um cargo de gerência na PepsiCo norte-americana, eu ficava sabendo que as pessoas diziam: "Deve ser contato da Indra." Quando uma mulher ou uma pessoa não branca era promovida, era comum ouvir: "Deve ser o foco dela em diversidade e inclusão."

Uma vez, nosso departamento de TI terceirizou trabalho para uma empresa indiana que estava fazendo projetos semelhantes para muitos clientes dos EUA, um pequeno contrato sobre o qual eu nada sabia. Alguém ligou para a linha *Speak Up* para reclamar que o trabalho estava sendo atribuído a meus parentes.

Às vezes, eu sentia que as pessoas presumiam que todos os indianos — toda a população de 1,1 bilhão — eram meus primos ou que, de alguma forma, estavam relacionadas a mim. Era desanimador, mas divertido à própria e perturbadora maneira.

INDRA K. NOOYI

A diversidade e a inclusão vieram para ficar, e os líderes corporativos precisam se acostumar com isso como um grande impulsionador dos negócios. Alguns gerentes seniores falam sobre talento e dizem que aguardam ansiosamente pelo dia em que não tenham de se preocupar com diversidade e inclusão porque o problema está resolvido. Não vejo isso acontecendo tão cedo. Enquanto continuarmos crescendo, competindo e progredindo na ideia de que a economia pertence a todos, estaremos trabalhando nisso.

No entanto, de fato acredito que algumas de nossas ideias sobre como abordar o preconceito deveriam evoluir. Eu me pergunto, por exemplo, se apenas indicar um vice-presidente pró diversidade e inclusão é a abordagem correta. D&I não podem, simplesmente, ser delegados a um só indivíduo. Isso é uma desculpa. D&I devem ser a base prioritária de um CEO e estar no centro da agenda do RH, e não algo que vem e vai de acordo com a característica de um líder pró D&I. O RH, por sua vez, não pode ter medo de desafios. Disfarçar tudo isso é construir uma casa sobre uma fundação frágil. Não funciona.

Ademais, o tom no topo de cada divisão ou grupo de trabalho é crucial. Precisamos de um treinamento que diga a uma vasta gama de líderes e gerentes: "Como você garante que a organização acolhe todos os tipos de pessoas?" Junto com a meta óbvia da justiça, faz sentido para os negócios: o talento impulsiona a performance, e é preciso muito tempo e dinheiro para contratar alguém e treiná-lo. Por que não fazer tudo o que pudermos para contratar os melhores de toda a população, incluí-los e ajudá-los a ter sucesso?

Os próprios líderes, então, devem modelar esse comportamento. Não pode haver aceitação tácita de qualquer comportamento preconceituoso estereotipado, e, na minha opinião, é preciso avisar quando isso acontecer. Quando você vir pessoas falando de alguém, sobretudo vozes minoritárias que enfrentam isso regularmente, impeça. Quando vir uma mulher sendo rebaixada, impeça. Acredito piamente que isso pode ser feito com arte e eficácia. E essa atitude dá o tom. Não toleramos comportamento negativo e discriminatório contra nossas filhas, irmãs ou esposas.

MINHA VIDA POR INTEIRO

Por que permitimos que ele seja direcionado no ambiente de trabalho a mulheres que também são filhas e irmãs?

As empresas também devem repensar a maneira como fornecem treinamento sobre preconceitos. Em épocas anteriores, muitas companhias insistiam em treinamento abrangente sobre diversidade para todos os funcionários. Precisávamos criar consciência em gerações de funcionários que talvez não tivessem crescido em ambientes diversificados. Agora, temos millennials e pessoas da geração Z que estão bem mais habituados a trabalhar em grupos diversificados ao entrarem pela porta. Preconceitos inconscientes ainda precisam de atenção, mas falar sobre eles deve ter relevância extrema e ser adaptado ao público para que façam progressos.

Também acredito que conselhos de diretoria poderiam desempenhar uma função mais significativa em eliminar preconceitos e criar um ambiente inclusivo. Primeiramente, diretorias devem escolher CEOs com base em sua capacidade e desejo de contratar e extrair o melhor de uma força de trabalho diversificada. Então, esses diretores devem responsabilizar os CEOs e, uma vez por ano, reservar um tempo para discussões abrangentes sobre questões relacionadas a preconceitos, inclusão e assédio sexual na empresa. Os diretores também deveriam revisar pesquisas de saúde organizacional para garantir que as perguntas adequadas estejam sendo feitas e se certificar de que os resultados sejam considerados de acordo com gênero e etnia.

Acima de tudo, diretorias devem mostrar preocupação e intento genuínos com esse tópico. Se ele for considerado apenas mais um item de uma longa lista de mudanças de governança corporativas, nunca resultará em progressos significativos.

Também acredito que CEOs e diretorias devem, finalmente, aumentar a paridade salarial. Todos nós sabemos que, em média, mulheres recebem menos que homens para fazer o mesmo trabalho. Isso é uma palhaçada, e precisamos de esforços muito mais precisos para resolver as discrepâncias. Hoje, algumas empresas estão revelando publicamente suas disparidades salariais, pressionando a si mesmas a agir. Admiro

249

INDRA K. NOOYI

isso, mas não tenho tanta certeza se é necessário. Mas acredito totalmente que os diretores deviam exigir e revisar análises de pagamentos cem por cento transparentes e responsabilizar o CEO para obter paridade salarial. Já chegou a hora.

Cada um desses aspectos faz parte da integridade de uma empresa, mas os mercados também estão prestando atenção. Questões de gênero, diversidade e vida profissional fazem parte dos objetivos Ambientais, Sociais e de Governança Corporativa [Environmental, Social and Corporate Governance (ESG)], cada vez mais usados como padrões de triagem para investidores. As empresas melhor administradas e bem-sucedidas nas próximas décadas serão as que demonstrarem maior visão sobre questões pessoais, e acredito que o desempenho das ações refletirá isso. Mas não significa programas de RH cada vez mais generosos. Significa que as empresas, como parte de seus propósitos, devem procurar a combinação mais inteligente de políticas para permitir aos funcionários que prosperem no trabalho e em casa.

Relacionado a tudo isso: quem está na diretoria?

Se os chefes do CEO não compreendem essas questões em um nível aprofundado e empurram a empresa para elas, a mudança simplesmente não acontecerá. Infelizmente, mulheres ocupam apenas 26% dos cargos de diretoria corporativa nos EUA. Na minha opinião, empresas deveriam considerar fixar limites de mandato de 15 anos para membros da diretoria e uma idade de aposentadoria compulsória de 72 anos. Imediatamente, também poderiam expandir suas diretorias para uma ou duas pessoas, a fim de abrir espaço para pessoas qualificadas que compreendam melhor questões enfrentadas por mulheres que trabalham fora e famílias jovens.

Pouco tempo depois que entrei na PepsiCo, convidei mulheres CEOs de empresas grandes para um jantar em minha casa. Algumas tinham amizade entre si, outras faziam negócios juntas, mas, como grupo, nunca havíamos nos reunido daquela forma. Esperava que pudéssemos, coletivamente, fazer nossas vozes serem ouvidas na América corporativa.

MINHA VIDA POR INTEIRO

Também pensei que poderíamos montar algum tipo de "grupo de apoio", uma rede informal com que poderíamos contar para aconselhamento ou apoio conforme administrávamos nossas companhias.

Em parte, eu me senti estimulada a fazer isso por causa de uma visita memorável de Hillary Clinton que ocorrera algumas semanas antes à PepsiCo, que à época era uma das duas senadoras norte-americanas de Nova York. Nunca havia me encontrado com ela. Hillary era muito simpática, e primeiro nos sentamos em meu escritório com um pequeno grupo de executivos seniores para falar sobre os negócios da PepsiCo e nosso papel no estado de Nova York. Em seguida fomos ao auditório, lotado de funcionários que queriam vê-la e interagir com ela, que fez um discurso incrivelmente detalhado e otimista, incorporando cada uma das estatísticas sobre a PepsiCo da qual ouvira falar. Sem observações. Foi uma aula magistral de como manter a atenção da multidão.

Ao sairmos, Hillary e eu caminhamos sozinhas por alguns minutos e ela disse: "Sei que daqui a poucas semanas você vai assumir. Vou lhe deixar meu telefone. Sempre que precisar conversar, ligue para mim. Se não me encontrar, ligue para minha equipe e eles entrarão em contato comigo. Sempre estarei disponível para você. Esses cargos são árduos."

Certamente fazia sentido que a Senadora Clinton conhecesse a CEO da PepsiCo. Mas senti muito mais de Hillary naquela tarde e, na minha primeira semana como CEO, a primeira carta que chegou foi dela. Ela me desejou o melhor em meu novo cargo e escreveu "Boa sorte!"

O jantar em minha casa com as mulheres CEOs foi uma noite maravilhosa. Ellen Kullman, da DuPont, vinha de Wilmington, Delaware; Anne Mulcahy, da Xerox, de Connecticut; Pat Woertz, da Archer Daniels Midland, e Irene Rosenfeld, da Kraft (hoje Mondelez) vieram num voo de Chicago; Andrea Jung, da Avon, veio da cidade de Nova York. Compartilhamos histórias das pequenas coisas que se acrescentaram em nossas carreiras e nos definiram, separadas dos homens. Descobrimos que nossos caminhos eram distintos, mas familiares uns aos outros. Conversamos sobre mercados, nossas áreas e o fardo de ser chefe. Discutimos o progresso lento para mulheres na liderança, e o trabalho árduo de convencer os homens no poder de que inspirar as mulheres merece sua verdadeira atenção.

Enquanto todas vestiam os casacos na saída, prometemos nos encontrar com regularidade e aumentar o grupo. Nove meses depois, recebi-as novamente. Cherie Blair (com o marido Tony Blair, que acabara de renunciar como primeiro-ministro do Reino Unido) se juntou a nós. Cherie estava trabalhando em iniciativas femininas e ávida para unir forças. Conversamos mais sobre o que devíamos fazer para ajudar mulheres no pipeline. Mais uma vez, prometemos nos encontrar em breve. Outra pessoa insistiu em ser anfitriã.

Depois, nada aconteceu. Não foi culpa de ninguém. A verdade nua e crua é que nenhuma de nós tinha tempo sobrando para criar uma organização sólida de apoio para mulheres CEOs e nossas protegidas.

Caso alguém esteja se perguntando, não existe nenhum clube de mulheres seniores na América corporativa.

Homens de negócios operam em um sistema com séculos de história relacionada ao papel que desempenham na sociedade. Seus clubes e associações se estabeleceram muito tempo atrás, e eles não precisam fazer mais nada para construí-los. Os homens que foram à guerra juntos tinham uma camaradagem e uma conexão emocional que se estenderam bem às suas vidas profissionais. Apesar de nossos avanços, as mulheres ainda estão despontando nesse universo. Pertencemos a todos os setores da indústria e preenchemos cargos em juntas sem fins lucrativos, mas os homens têm a nítida vantagem de terem criado as regras do jogo, e não somos convidadas para todos os lugares. Mesmo nas circunstâncias mais óbvias, integrar mulheres aos costumes de poder e influência provou-se estranhamente controverso. Em 2012, o Augusta National Golf Club, em Augusta, na Geórgia, que hospeda o torneio anual de golfe Masters, negou a adesão ao clube tradicionalmente concedida ao CEO da IBM por-

MINHA VIDA POR INTEIRO

que Ginny Rometty é mulher. A IBM é a maior patrocinadora do Masters. Certamente, esse foi um ponto de virada. Um ano depois, o clube mudou sua política octogenária apenas para homens e admitiu as primeiras duas mulheres como membros.

Histórias de golfe e negócios podem parecer clichê, mas conexões moldadas em dezoito buracos não são acidentais, e alguns dos lugares mais cobiçados para jogar nos EUA ainda barram mulheres. Em 2007, Don Kendall me pressionou a participar do Blind Brook Country Club de Westchester County, fundado em 1915, anexo ao polo de Aquisições da PepsiCo. Alguns de nossos CEOs anteriores e muitos outros executivos haviam usado o clube durante anos para entreter clientes e amigos. O problema, para mim, era que esse clube só aceitava membros do sexo masculino. Don achou que era fácil contornar isso — Raj podia ser membro. Afinal, ele era o golfista de nossa família. Fui para casa e perguntei a Raj se ele queria entrar no Blind Brook e jogar regularmente em um campo que tanto admirava sempre que pegávamos a estrada Anderson Hill. Ele me olhou horrorizado. "Por que nos tornaríamos membros de um clube de campo que não aceita mulheres?", perguntou. "Esqueça." Don nunca entendeu por que recusei a oferta.

A questão da desigualdade de gênero dificilmente fica nas sombras. Centenas de organizações estão trabalhando para criar um campo de batalha mais justo para as mulheres na indústria e nos negócios. Há décadas isso tem sido uma realidade. Com sede em Nova York, a Catalyst, hoje financiada por 800 empresas, foi fundada em 1962. De autoria de Sheryl Sandberg, o livro *Faça Acontecer*, publicado em 2013, incentivava profissionais mulheres a esperar e pedir mais, e milhões de mulheres millennials tiraram proveito dessa mensagem. A pesquisa anual Women in the Workplace, da Lean In Foundation, com uma compilação de pesquisas detalhadas, fornece uma perspectiva aprofundada sobre o que está impedindo as mulheres de fazer parte da América corporativa. Firmas de consultoria, bancos e companhias de investimento também relatam o que há de errado, e também a importância de se compreender o problema. Acadêmicos, economistas, governos, usinas de ideias e outras organizações sem fins lucrativos também influenciam essas causas.

O progresso das mulheres — ou a ausência dele — é dissecado todos os anos em uma infinidade de conferências femininas, desde glamourosos cafés da manhã patrocinados pela mídia com listas de convidadas até reuniões gigantes da indústria com sessões técnicas e estandes de recrutamento. O que não falta é vontade nessas reuniões; algumas atraem dezenas de milhares de mulheres.

Ao longo de duas décadas, recebi muitos convites para discursar em conferências de apoio e aprimoramento a mulheres. Aceitei o máximo que pude. Adorava fazer isso. Esses eventos são importantes para manter as desigualdades sociais nos holofotes e para apoiar mulheres enquanto manejam suas carreiras difíceis. Mas eles fazem mais que isso. Eles constroem nossa sororidade. Mulheres compartilham. Adquirimos determinação ao ouvirmos as histórias das outras e conhecermos pessoas que simpatizam com nossas dificuldades.

Ao mesmo tempo, não devemos confundir reuniões voltadas para empoderar mulheres e construir redes femininas com as conferências e cúpulas que continuam tão populares entre a maioria dos executivos seniores e corretores globais de poder. Receio que eventos de mulheres não realizarão muita mudança sistêmica porque a maioria das pessoas influentes no mundo — gostemos disso ou não — ainda são homens.

É verdade que hoje alguns eventos importantes com foco em negócios, finanças, tecnologia e economia compensam a desigualdade de gênero e questões relacionadas à diversidade com sessões especiais apresentadas por mulheres e pessoas diversas. (Marquei as duas opções — não é de admirar que me abordam como a uma palestrante estrela!) Mas percebo que a participação nessas sessões muitas vezes é escassa, ou, pior ainda, o público masculino fica entediado, inquieto e pronto para passar para tópicos com foco em fazer mais dinheiro. Fico decepcionada que até mesmo as grandes universidades hospedam conferências mundiais em que esse cenário se desenrola.

Precisamos ser mais conscientes.

Precisamos expandir as conversas do futuro do trabalho que lidam com robótica e inteligência artificial para que abordem o futuro real do trabalho: como transformar nossas economias para melhor integrar trabalho e família, e garantir que as mulheres recebam salários iguais e também tenham poder. Só então teremos uma prova positiva de que esses problemas se filtraram na estrutura de poder principal — e se quebraram através de nossa principal barreira à mudança.

12

O INSEAD é uma escola de negócios histórica na França, com um campus principal no limite da Floresta de Fontainebleau, a cerca de uma hora de carro de Paris. A escola reúne as aulas de maior diversidade internacional entre programas renomados de MBA, com alunos de mais de oitenta países. O INSEAD sempre me intrigou. Alguns anos atrás, quando me candidatei a Yale, pensei em me inscrever no INSEAD também, mas era necessário falar inglês, francês e alemão, e não pensei que conseguisse passar na prova de alemão.

Em 2016, fui convidada pela Society for Progress, um grupo de acadêmicos que estudava como unir capitalismo e bem-estar, para dar uma palestra sobre a PcP no auditório espaçoso e ensolarado da escola. Mais tarde, comecei a dar seminários todo mês de junho com Subramanian Rangan, o fundador da sociedade, e Michael Fuerstein, professor de filosofia, chamado *Integrating Performance and Progress* [Integrando Performance e Progresso, em tradução livre]. O professor Rangan descreve as aulas desta maneira: "Os alunos têm de decidir se apenas querem construir uma carreira ou também fazer contribuições." As turmas enchem muito depressa. Geralmente, 60% são mulheres.

Quando olho para os alunos — rostos da Ásia, Europa, Oriente Médio, África, das Américas —, vejo a mim mesma em Yale 40 anos atrás. Vejo os futuros líderes da PepsiCo e de outras grandes empresas multinacio-

257

INDRA K. NOOYI

nais. Vejo cientistas e empreendedores com visão global. E vejo, nessas mulheres e nesses homens, minhas próprias filhas, hoje pós-graduadas em administração e entendendo o mundo como um quebra-cabeça social e econômico, como eu.

Encerramos o seminário de 2 dias com uma conversa descontraída e aberta, quando os alunos podem conversar comigo sobre qualquer assunto. E, após várias perguntas perspicazes sobre negócios globais, esses jovens, tão cheios de promessas, invariavelmente me perguntam isto: "Como você conseguiu? Como você teve uma carreira importante e manteve sua família unida?"

Depois, ansiosamente, eles acrescentam: "Como podemos fazer isso?"

Minha resposta é honesta. Não foi fácil. Minha vida foi um constante malabarismo, com dores, culpa e trocas. Gerenciar uma empresa mundial foi um privilégio tremendo, mas também tenho alguns arrependimentos. A vida é assim.

Centenas de vezes me fizeram alguma versão dessas perguntas — em Yale, em West Point e outras universidades, em fábricas da PepsiCo, em mesas redondas na América Latina ou no Oriente Médio, em eventos majoritariamente femininos, após bate-papos ao lado da lareira com acadêmicos e com jovens líderes do Fórum Econômico Mundial. Recebo dezenas de e-mails e cartas de amigos, conhecidos e desconhecidos que querem meus conselhos sobre como conciliar trabalho e família.

Às vezes, sinto que essas pessoas acham que tenho algum tipo de receita secreta porque consegui dar conta de tudo. Não tenho. Em vários aspectos, apenas tive sorte — com minha família unida, excelente educação e pais que valorizavam as filhas tanto quanto o filho. Casei-me com um homem que compartilhava de meus ideais e me apoiava, e começamos com cuidado e parcimônia. Tínhamos nossos desentendimentos — isso acontece em qualquer casamento —, mas Raj e eu temos amor e comprometimento inabaláveis um com o outro e nossas filhas. Também fui constantemente ajudada por parentes e, mais tarde, pude contratar pessoas para me auxiliarem no trabalho e em casa. Em momentos críticos, eu me encontrava com meus mentores. E, como muitas pessoas me fizeram lembrar, tenho um componente genético especial por não precisar dormir mais de 5 horas por noite.

Também tive a sorte de ter ido parar na PepsiCo, uma empresa com um *ethos* jovial e predominantemente masculina quando me juntei a ela nos anos 1990, mas não presa demais a suas tradições a ponto de eu não me encaixar. A PepsiCo me nomeou CEO — e isso fez toda a diferença. Não acredito que muitas outras diretorias estadunidenses da época teriam escolhido alguém como eu para liderar.

Muitas vezes eu disse que se sair bem no trabalho é, por definição, um emprego em período integral. Ser mãe, esposa e nora também podem ser empregos em tempo integral. E descobri que ser CEO é um emprego em tempo integral triplicado. Logo, embora eu dedicasse cada gota de meu talento e tempo a isso, meu sucesso na verdade foi um pouco como ganhar na loteria.

De alguma forma, deu certo.

Este não é um modelo para se atingir progresso real em conciliar carreira e família em um mundo no qual a mensagem explícita da sociedade a jovens famílias constituídas nas últimas décadas tem sido amplamente esta: se você quer emprego e filhos, o problema é seu.

Minha história não muda a realidade desoladora de que nós, como sociedade, não elaboramos sistemas contemporâneos potentes para dar apoio a qualquer pessoa — homem ou mulher — que deseja ganhar bem a vida e construir uma vida familiar feliz e saudável. De fato, a situação nos EUA está ainda mais difícil hoje do que quando Raj e eu chegamos. Assistência médica, creches, educação e moradia consomem uma porcentagem muito maior da renda que no início dos anos 1980.

Infelizmente, o estresse relacionado a trabalho e família fez muitos millennials adiarem casamento e filhos ou, mesmo, decidirem não ter filhos. Em 2019, a taxa de fertilidade nos EUA caiu para 1,7 nascimento por mulher em idade fértil, uma queda recorde. Ao mesmo tempo, algumas mulheres estão fazendo tudo o que podem para se agarrar à

INDRA K. NOOYI

chance de ter um bebê, inclusive pagar o enorme custo financeiro, físico e emocional de congelar seus óvulos. Hoje, alguns planos de benefícios corporativos cobrem isso, uma comodidade para mulheres que passaram tanto tempo estudando e trabalhando que não tiveram a chance de assumir também a gravidez e a maternidade. É mais uma prova de que nosso sistema está organizado colocando em conflito direto o relógio da carreira e o biológico feminino.

Fico muito empolgada em ver que os millennials e a geração Z que os segue vão catapultar a economia e melhorar o mundo. Como uma CEO profundamente interessada em pessoas, tenho testemunhado um sem-número de exemplos de sua sinceridade, imaginação e sentimento por um mundo empresarial em constante mudança. Mas acredito que também precisamos que essas mulheres e homens sejam pais e mães, permitindo que desfrutem de fato dessa experiência inigualável.

Nem todo mundo precisa querer ter filhos, muito menos os 2,1 bebês que são a taxa de reposição populacional padrão. Porém, de maneira geral, penso que precisamos fazer mais para valorizar famílias com filhos e criá-los para serem cidadãos educados e produtivos.

Essas crianças também são necessárias. O quadro demográfico é claro: nos EUA, 10 mil Baby Boomers faz 65 anos todos os dias, um padrão que se espera que continue até 2030. Esse pessoal, e os outros que vêm depois deles, viverão mais que qualquer grupo anterior. A expectativa é que a quantidade de norte-americanos mais velhos dobre em 2060. Precisaremos da estabilidade de uma economia forte e, com o tempo, milhões de novos trabalhadores contribuindo com o sistema para apoiar a população que envelhece. Os EUA não estão sozinhos nisso — um cenário semelhante está acontecendo em países desenvolvidos e, cada vez mais, em países em desenvolvimento também.

Não sou a primeira a dizer isto, mas para mim também é trágico o fato de que, independentemente de onde nossos jovens trabalhem, homens e mulheres — em uma escola como o INSEAD, em um negócio familiar na Índia ou em uma fábrica em Indiana —, eles ainda estão lidando com um

MINHA VIDA POR INTEIRO

sem-número de regras e expectativas do passado que não refletem a vida real. Repito, este é o grupo mais habilidoso, criativo e conectado da história — com enorme potencial.

Não podemos continuar bloqueando-os repetidamente com o "Como podemos fazer isso?"

Por muito tempo estive em uma empresa no topo da Fortune 50, e calculo retornos sobre investimentos com o pé nas costas. Com a Performance com Propósito, a PepsiCo admitiu que a fronteira entre as empresas e a sociedade estava se desfocando, e nosso desafio era não negar os equívocos, e sim aceitá-los. Colocamos a companhia em uma trajetória que proporciona ótimos resultados para os sócios, mas que está evoluindo, com tentativas e erros, para se tornar um modelo de capitalismo sustentável.

Hoje, tenho o mesmo instinto e senso de urgência sobre elevar "trabalho e família" a uma discussão muito mais proeminente nos negócios e na economia. De uma vez por todas, precisamos aceitar o fato de que tanto homens como mulheres trabalham fora; que as crianças precisam de excelentes cuidados; que nossos pais idosos também precisam de atenção carinhosa; e que governos, empresas, comunidades e pessoas precisam de um mapa comum para abordar as enormes e complexas questões sociais relacionadas a facilitar a vida.

Qual melhor propósito para isso do que cuidar de nossos entes queridos, promover a igualdade de gênero e — estou convencida — gerar um imenso benefício econômico?

Em longo prazo, o retorno será extraordinário.

Muitas vezes, quando as pessoas se aproximam de mim para contar sobre dificuldades com trabalho e família ou para pedir conselhos, elas começam com uma história. Algumas mulheres dizem que se sentem divididas entre a carreira e a dificuldade de ter um bebê em casa. Pais e mães solteiros afirmam que lidam com uma criança doente e têm medo de perder a única fonte de renda. Algumas pessoas mencionam pais e mães com demência ou filhos adultos cujas crianças acabaram indo parar em suas casas. Outras falam sobre expectativas culturais para fazer mais coisas em casa, de uma forma que não condiz com suas obrigações no emprego remunerado. Descobri que, com frequência, os problemas são uma questão relacionada ao cuidado. Cuidar é uma palavra acolhedora e vaga, mas elas falam sobre isso com muito sofrimento. Isso sempre me incitou a querer suavizar sua trajetória, de algum modo.

Agora, nossa experiência coletiva com a COVID-19 — bilhões de pessoas lutando para equilibrar a vida com as obrigações em casa e crianças sem ir à escola, amigos e familiares doentes e ficar isoladas como nunca antes — acrescentou uma nova urgência a esse trabalho, para mim. Conforme a ordem mundial responde ao que aprendemos durante a pandemia, chegamos em um momento único de mudança.

Para início de conversa, penso que precisamos reconhecer que apoiar famílias — e o papel que as mulheres, em particular, desempenham no trabalho remunerado e em casa, como mães e cuidadoras — é totalmente crucial para todos nós. Isso é evidente em todas as culturas do mundo, e não acredito que tenhamos de gastar muito tempo e energia redefinindo mais uma vez essa mensagem.

Na minha opinião, o problema é quem está recebendo a mensagem — e quem tem poder e influência para responder a ela de forma significativa. É aqui que todas nós ficamos frustradas. Com tão poucas mulheres em posições de liderança — incluindo empresas e governo —, ficamos à mercê de homens.

Sabemos que homens com poder verdadeiro em nossa sociedade admiram suas esposas e filhas, e que perceberam montanhas de evidências de que ajudar mulheres a ter êxito em suas organizações pode colaborar nos resultados finais. Eles também compreendem que a marcha das mulheres por igualdade significa progresso no século XXI.

Não obstante, muitos homens — CEOs e outros — permanecem continuamente à margem do debate entre trabalho e família, em parte porque relutam em quebrar rotinas que, em última instância, são fáceis, cômodas

MINHA VIDA POR INTEIRO

e lucrativas para eles. Tenho notado que homens mais jovens — inclusive maridos e pais tão estressados quanto as parceiras — também se abstêm dessa discussão, talvez com medo de prejudicar suas chances de progredir.

Acredito que os homens precisam reconhecer quantas mulheres são tolhidas ou saem do mercado de trabalho no meio da carreira, e quantas delas, muitas vezes à sombra da economia, estão trabalhando para manter todo o nosso sistema. Eles precisam tomar consciência de que esse fardo também lhes pertence. Uma mudança real na integração de trabalho e família não vai acontecer sem que os homens, sobretudo os poderosos, ajudem a incentivar a discussão e auxiliem a implementar as soluções.

Acredito que mulheres que visam ser CEOs de uma empresa pública ou qualquer cargo semelhante a esse em termos de poder, pagamento e responsabilidade também precisam ser realistas sobre como as coisas acontecerão. Enalteço sua ambição em liderar e não tenho a menor dúvida do preconceito que enfrentam. Ainda assim, competir para alcançar o topo de uma pirâmide organizacional é uma empreitada e tanto, independentemente de quem você seja, e, uma vez que uma mulher ou um homem estão a uma distância curta do cargo de CEO — dois ou três níveis —, a ideia de equilibrar trabalho com qualquer tipo de vida normal fora do emprego não é prática. Em minha experiência, as exigências para executar esses trabalhos não têm limites e podem ocupar quase todos os momentos. Não quero dizer que mulheres CEOs não devem ter filhos e famílias felizes. É claro que devem. Eu tive. Mas não se iludam: os sistemas de apoio necessários e sacrifícios para ser líder no topo são enormes. Soluções amplas que ajudem as pessoas a encontrar um equilíbrio melhor entre trabalho e família talvez não se apliquem.

Em 2019, como é de praxe quando tenho uma grande ideia, comecei a ler uma porção de livros e pesquisas sobre integrar trabalho e família, sobre o papel das mulheres na economia e por que algumas mulheres progridem em cargos de liderança e muitas outras, não. Comecei a conversar com acadêmicos, advogados e empreendedores, e analisei intervenções go-

263

INDRA K. NOOYI

vernamentais e corporativas do mundo todo sobre essas questões. Um dia, cheguei a organizar meu raciocínio elaborando equações matemáticas, com "mulheres de carreira + preconceito sistêmico + família + pressão social" de um lado e uma extensa lista de possíveis compensações do outro.

Em meio a tudo isso, muitas vezes pensei na minha própria história. Após sair da PepsiCo, fiquei contente por finalmente ter tempo de compreender melhor a inter-relação entre preconceito, gênero, famílias, patrões e a estrutura global de poder. Também pensei na imensa diversidade dos EUA — como este país me recebeu e, apesar de alguns obstáculos na estrada, permitiu que eu florescesse e fizesse meu próprio nome. Eu não teria chegado onde cheguei em nenhum outro país do mundo. Apesar de nossa luta contínua com a maneira de evoluir como nação fundada na ideia de oportunidades iguais para todos, fiquei orgulhosa por termos chegado tão longe e aonde podemos ir em seguida. Esta é uma trajetória muito pessoal.

Minha conclusão é que nossa sociedade pode dar um salto à frente em relação ao enigma trabalho-família se focar três áreas interconectadas: licença remunerada; flexibilidade e pressuposição; e cuidado.

Devemos reconhecer que esses três elementos funcionam juntos e devem evoluir juntos. Acredito que a ação coletiva em cada um deles estabelecerá as bases para transformar nossa economia e comunidades porque, finalmente, a próxima geração de famílias terá um apoio razoável e sistêmico de que precisam para prosperar.

Primeiro, a licença-maternidade e paternidade deve ser determinada pelo governo federal o quanto antes. A saúde materna e a da criança ficam diariamente comprometidas quando as mulheres voltam a trabalhar pouquíssimo tempo depois de terem um bebê por não poderem ficar sem salário. Os EUA são o único país desenvolvido do mundo em que a licença remunerada por um novo bebê está entrando em vigor apenas agora, porque alguns governos estaduais a adotaram. Não é o bastante — precisamos que isso valha para toda a nação, inclusive para todas as funcionárias do governo federal.

MINHA VIDA POR INTEIRO

Algumas pessoas podem se queixar do custo para os governos e as empresas desse benefício social básico. Esse pensamento é totalmente ultrapassado, pois conhecemos a extensa lista de benefícios físicos e mentais tanto para a criança quanto para a mãe quando elas criam vínculo e se recuperam nas semanas após o nascimento. Licença-maternidade e paternidade remunerada é um elo necessário na corrente da criação de vidas saudáveis e, em longo prazo, de um país sólido e bem-sucedido.

Na verdade, isso não é gasto, é investimento. Mulheres que tiram licença remunerada são 93% mais propensas a fazer parte do mercado de trabalho 12 meses depois de dar à luz do que mulheres que não tiram nenhuma licença. E pais que tiram licença são mais propensos a compartilhar equitativamente o cuidado com o filho e as responsabilidades domésticas com suas parceiras em longo prazo e a ter maior empatia com demandas familiares. Isso é meio óbvio.

Eu começaria com 12 semanas de licença remunerada para a mãe ou a principal cuidadora de um novo bebê e 8 semanas para o pai ou cuidador secundário. Algumas pessoas argumentarão a favor de mais ou menos tempo, embora essa linha de base seja um bom começo e, creio eu, poderia ser adotada por uma ampla gama de empregadores. É bem verdade que empresas pequenas terão dificuldade quando funcionários que trabalham em período integral estiverem ausentes por alguns meses. Mas também acredito que podemos pensar com mais criatividade nessa área, para tentar resolver o problema. Que tal um grupo de aposentados intervindo para ajudar, financiado por recursos comunitários? Quais recursos privados, públicos ou filantrópicos devemos usar? Onde a tecnologia se encaixa aí? É possível corrigir esse ponto de pressão se usarmos o cérebro para isso.

Nos EUA, o debate sobre licença remunerada inclui ampliar o benefício para cuidadores de familiares doentes ou funcionários em convalescença. Essas providências são muito importantes. Eu não teria me tornado CEO da PepsiCo sem me valer de três tipos de licença remunerada durante o início da carreira: a BCG me pagou quando meu pai ficou doente e quando me recuperei do acidente de carro, e recebi licença-maternidade remunerada duas vezes, tanto pela BCG quanto pela ABB.

265

INDRA K. NOOYI

Entretanto, enquanto debatemos custos e parâmetros sobre como expandir esse benefício dentro de uma economia de cuidados mais ampla, não vejo motivo para que a licença remunerada relacionada a todos os bebês recém-nascidos no país não seja implementada imediatamente.

Naturalmente, pais e mães de volta ao trabalho após o fim da licença-paternidade ou maternidade ainda têm um filho muito pequeno. E sabemos que a restrição de longa data de horários e locais de trabalho cem por cento definidos não é mais exigida em muitos empregos.

Apoio a flexibilidade trabalhista como norma. Com todas as vantagens na economia como um todo, a flexibilidade é um contributo integrante sobretudo para dar às famílias um tempo para respirar — e óbvio, para ajudar homens e mulheres a cuidar de crianças, pais idosos e lidar com outras pressões da vida moderna. Além disso, durante a crise da COVID, aprendemos depressa que vários setores e funções de nossa economia são totalmente apropriados para as pessoas trabalharem de maneira remota.

Para ser franca, também acredito que os escritórios vieram para ficar. Ansiamos pela criatividade que borbulha quando as pessoas trabalham juntas no mesmo espaço e podem conversar pessoalmente e compartilhar vínculos humanos. Mas, em geral, acredito que nossos expedientes devem ser organizados com base em produtividade, não em tempo e lugar.

Ao menos, devíamos dar aos funcionários que trabalham, sobretudo em uma escrivaninha, a escolha de trabalhar onde quisessem — em casa, em um espaço de *coworking* ou um escritório central. Avaliações deveriam ser ajustadas a fim de identificar que pessoas que passam fisicamente menos tempo no escritório não sejam julgadas de maneira diferente das que passam mais tempo. Não queremos criar um sistema de castas de funcionários, novamente jogando uma luz negativa em pessoas com obrigações familiares.

Trabalhadores por turnos, que fisicamente precisam estar em um espaço para trabalhar, de um chão de fábrica a uma loja varejista, têm difi-

MINHA VIDA POR INTEIRO

culdades diferentes. A flexibilidade no trabalho é muito limitada nessas funções, mas precisamos garantir que esses funcionários tenham previsibilidade. É uma questão de respeito, e é primordial. A falta de horários previsíveis para muitos trabalhadores, sobretudo para os que possuem responsabilidades como cuidadores, é algo extremamente difícil de lidar. Por outro lado, trabalhadores por turnos que têm agendas previsíveis se provaram mais produtivos e comprometidos com seu empregador. Hoje em dia, toda empresa tem acesso a tecnologias sofisticadas de horários. Por que não as usar para facilitar a vida dos funcionários que mais precisam delas?

No início de minha carreira, a ausência de flexibilidade no trabalho — e a sensação de que não podia simplesmente agendar meus horários de uma forma que fizesse sentido para mim — era um dos aspectos mais estressantes de minha vida. Só consegui dar conta disso quando Preetha e Tara eram pequenas porque tive Gerhard como chefe na Motorola e na ABB. Ele conhecia minha família e era muito compreensivo. Na PepsiCo, eu era sênior o bastante para fazer meus horários do jeito que quisesse — e aloquei a maior parte deles na PepsiCo.

Não muito tempo atrás, eu estava dirigindo perto de casa à tarde e vi alguns ônibus escolares deixando crianças em uma esquina, os pais esperando para cumprimentá-las. Trabalhando de casa, mães e pais podem fazer um breve intervalo para pegar os filhos no ônibus. Com saudade, contemplei essa cena, relembrei que perdi essas experiências por conta da época em que fiz minha carreira. Conforme a flexibilidade no trabalho se torna mais típica — sobrecarregado por nossa experiência durante a pandemia —, fico contente que mais pais e mães consigam reservar um tempinho para receber os filhos depois da escola.

Também acredito na possibilidade de levar a ideia da flexibilidade um passo além. Funcionários deveriam conseguir pausar as carreiras em prol da vida familiar por períodos mais longos sem sofrer as sanções sociais e econômicas que ainda são comuns. Isso não obriga os empregadores a manter um cargo aberto por anos ou a pagar as pessoas pelos meses a mais que estão fora, mas devíamos incentivar muitas outras opções

INDRA K. NOOYI

para permitir às pessoas que entrassem e saíssem de empregos remunerados. Para os que constroem seu modelo empresarial dessa maneira, as vantagens são evidentes: repatriados, com conhecimento institucional e redes, podem ser contratações muito valiosas. Esse poderia muito bem ser o futuro do trabalho.

Por fim, precisamos abordar o cuidado. Isso é o mais importante. Acredito que o maior investimento que podemos fazer para o futuro da população é construir uma infraestrutura de cuidados confiável, de alta qualidade, segura e econômica, focada no cuidado infantil do nascimento aos 5 anos, e expandir ideias para incluir todas as fases da vida.

A crise da COVID-19 expôs o estado sitiado da economia de cuidados norte-americana. Uma consequência desse caos foi que centenas de milhares de mulheres que vinham lidando com filhos e emprego perceberam que teriam de deixar o trabalho remunerado. Também fomos lembrados de que vários de nossos trabalhadores essenciais, inclusive cuidadores de idosos e crianças, não ganham o suficiente para se manter.

Já era hora de o "cuidado" atrair ideias meteóricas nos EUA. Corrigir esse problema removerá barreiras no trabalho para mulheres e famílias jovens, e ajudará muitas a obter independência financeira. Seria um compromisso com as gerações futuras e estabeleceria a base para uma população mais saudável e próspera.

Porém, acredito que focar o cuidado fará ainda mais. Como empresária que gerenciou com sucesso uma grande companhia norte-americana por 12 anos, sou a prova de que isso será uma vantagem competitiva para toda comunidade e estado em que a implantarmos.

Comecemos pelas crianças. Independentemente da duração da licença remunerada ou da flexibilidade de horários dos pais, bebês e crianças pequenas precisam de cuidados quando suas mães e pais estão trabalhando. Neste exato instante, para muitas famílias, encontrar uma boa creche que fique perto de casa ou do trabalho é quase impossível, porque simplesmente não há lugares o bastante ou eles são muito caros. E esse

MINHA VIDA POR INTEIRO

problema não leva em conta cuidados para crianças cujos pais trabalham à noite ou precisam de ajuda extra.

Um método diferente pode ser contratar uma babá particular para cuidar da criança, o que geralmente fica mais caro e suscita ainda mais perguntas: quem contratar? Quanto pagar? Como supervisionar? Quais são os limites?

Muitos pais acabam tendo o tipo de organização improvisada que Raj e eu tínhamos em Chicago quando Preetha era bebê, 35 anos atrás. Conhecemos uma pessoa em um evento social e deixávamos nossa preciosa filha com ela. Vasantha era maravilhosa e criara quatro filhos sozinha. Mas ela era uma conhecida, não uma cuidadora de crianças treinada. O fato de ela ter se saído bem como babá de Preetha naquele inverno não passou de um golpe de sorte. Se não tivéssemos gostado dela, teríamos investido muito tempo e energia procurando outra pessoa, drenando nosso ímpeto no trabalho. Esse foi nosso panorama em Connecticut alguns anos depois, mesmo quando gastávamos dinheiro extra com uma agência de babás. Não mudou muito.

Precisamos que os governos federal e estadual, o setor privado e especialistas em educação infantil e construção da comunidade se unam para criar um sistema de creches em larga escala e criativamente projetado, eliminando os chamados desertos de creches. Elogio as pessoas que vêm trabalhando nessa questão há décadas, bem como programas como o HeadStart e outras iniciativas pré-escolares que fazem um trabalho incrível para preparar as crianças para os anos escolares à frente. Mas estou sugerindo irmos muito além. Precisamos expandir programas que existem hoje, conectá-los com opções de atendimento domiciliar e vinculá-los a organizações comunitárias que possuam espaços físicos — de instituições religiosas a bibliotecas — para criar uma nova geração de opções fantásticas.

Também precisamos de licenciamento amplo e programas de treinamento para proprietários e funcionários de creches. E temos de pagar aos cuidadores salários que correspondam a suas incríveis responsabilidades. A educação infantil, tão crucial para o bem-estar perene de todos os

269

INDRA K. NOOYI

bebês, é uma área em expansão. Por que não criar incentivos para jovens trabalharem com isso?

É animador ver a gestão Biden assumindo o cuidado como infraestrutura crítica do país, e vibrei por Janet Yellen, secretária da tesouraria, quando declarou recentemente que "nossa formulação de políticas não levou em conta o fato de que a vida profissional das pessoas e suas vidas pessoais estão inextricavelmente ligadas, e, se alguém sofre, o outro sofre também". Mas o acompanhamento de qualquer iniciativa da Casa Branca será primordial. Dar concessões em bloco aos estados para que eles abordem a questão do cuidado é um bom começo, por exemplo, mas é importante que o modelo para grandes redes de prestação de cuidados seja especificado com antecedência, e que os detalhes dos gastos sejam monitorados. Essa questão merece um compromisso histórico que deve se estender por décadas a fio.

Enquanto o governo decide qual a melhor forma de implementar essa ideia ambiciosa, empresas grandes e outros empregadores devem tomar uma atitude. Sempre que possível, companhias devem acrescentar creches no local nas proximidades para seus funcionários. Se a quantidade de crianças não bancar o investimento, elas devem trabalhar em conjunto com outras para reunir serviços de creches ou próximo aos escritórios ou em conjuntos residenciais. Na sede da PepsiCo, o custo total para transformar um andar da sede em uma creche, que insisti em gastar mesmo com críticos à minha volta, foi cerca de US$ 2 milhões. Contratamos a Bright Horizons, pioneira em cuidados infantis, para gerenciar e operar esse centro, e pagamos seguro e manutenção. Os gastos proporcionaram um retorno incrível em termos de fidelidade e paz de espírito a nossos então funcionários. Isso os fez economizar tempo de deslocamento, e eles estariam por perto caso o(a) filho(a) tivesse alguma emergência. Também foi uma ótima ferramenta de recrutamento. Não era um serviço gratuito para os funcionários — eles pagavam para os filhos ficarem lá. Entretanto, em um ano, a PepStart estava lotada de inscrições.

MINHA VIDA POR INTEIRO

Empresas menores, ou com um ambiente de trabalho mais flexível, devem considerar criar consórcios para gerenciar creches conjuntas ou trabalhar em parceria com a rede comunitária existente. Em uma economia com mais pais e mães trabalhando de casa ou usando espaços de trabalho do bairro, devem-se disponibilizar creches vinculadas a espaços de *coworking*.

Eu chamo isso de tiro no escuro — mas aqui, não estamos apostando no desconhecido. Países com redes abrangentes de creches mantêm as mães trabalhando. Na França, onde os cuidados infantis começam quando um bebê tem 2,5 meses de idade, mulheres que trabalham fora e ficam grávidas têm a tranquilidade de saber que possuem opções de cuidados. Em Quebec, no Canadá, um sistema altamente subsidiado de cuidados para todas as crianças com menos de 5 anos demonstrou, nos últimos 20 anos, trazer mais mulheres de volta ao trabalho e aumentou o crescimento econômico nessa província.

Também devemos incluir cuidados com idosos em nossas discussões e sugestões. As responsabilidades de cuidar dos familiares não terminam quando o filho mais novo sai de casa. Isso não acontece somente porque o trabalho emocional de um pai ou mãe nunca acaba. É porque, mais do que nunca, mais pessoas precisarão de ajuda aos 80 anos, e a maioria dependerá de cuidados não remunerados da família e amigos. Muitos desses cuidadores não remunerados, a maioria mulheres, fazem parte da "geração sanduíche", e têm filhos e parentes mais velhos para auxiliar. Reelaborar a estrutura e a localização de centros de cuidados a idosos também pode fazer parte dessa reforma, já que estamos diante de um mundo com uma população cada vez mais envelhecida.

Um complemento a centros de cuidados a idosos é a convivência multigeracional. Cresci com três gerações familiares e não tenho a menor dúvida de que isso trouxe imensas vantagens para minha irmã, meu irmão e eu, sobretudo a presença de nosso sábio Thatha em casa. Em todo o mundo, populações em processo de envelhecimento estão revivendo a ideia de famílias multigeracionais, já que pessoas viram bisavós – e até tataravós – todos os dias. Muitas vezes, isso é descrito como um fardo crescente, uma

INDRA K. NOOYI

bomba-relógio demográfica em que pensões se tornam insustentáveis e planos de saúde, sobrecarregados. Precisamos virar esse jogo. Uma população em processo de envelhecimento pode ser uma bênção.

A geração mais antiga é um excelente sistema de apoio familiar. Milhões de avós nos EUA tomam conta de crianças. Mas, repetindo, não nos ajustamos para facilitar que essas funções familiares vitais funcionassem. Por exemplo, muitas leis norte-americanas de planejamento e zoneamento, em vigor desde o século passado, proíbem casas com entradas separadas e moradias multifamiliares. Isso apresenta outro caminho para a mudança — precisamos ir ao local, analisar essas leis e reunir forças para mudá-las. Enquanto isso, vamos ocupar nossos espaços comuns — parques, calçadas, bancos de praça, playgrounds — e moldar um projeto comunitário que de fato aproveite nosso instinto humano de cuidar das pessoas.

Depois que saí da PepsiCo, entrei na diretoria da Amazon e estou na linha de frente do pensamento de uma das empresas mais inovadoras e centradas no cliente que já conheci. Recentemente, também me tornei diretora da Philips, a empresa holandesa que está mudando a cara da saúde. Essa cadeira na diretoria, juntamente com participações nos conselhos do Memorial Sloan-Kettering Cancer Center e o comitê executivo do MIT, me proporcionaram uma janela para as tecnologias do futuro, de forma ampla e, mais especificamente, como os cuidados com a saúde passarão por transformações nos próximos anos.

Também aceitei um convite para presidente da classe de 1951 para o Estudo de Liderança na Academia Militar dos Estados Unidos em West Point, onde passo algumas semanas por ano compartilhando meu conhecimento com o corpo docente e os cadetes. Fico comovida e inspirada pelo altruísmo de todos os que encontro em West Point, sobretudo jovens mulheres tão comprometidas em contribuir com nosso país e que serão destacadas para proteger nossas liberdades.

MINHA VIDA POR INTEIRO

E continuo a serviço da International Cricket Council, em que sou a única mulher membro do governo que joga críquete. Tem sido uma grande jornada desde aquele dia em 1973, quando entrei no campo em Madras com meus trajes brancos!

Em fevereiro de 2019, a pedido de Ned Lamont, meu colega de Yale que fora eleito governador de Connecticut, concordei em copresidir a AdvanceCT, uma organização que trabalha em estreita colaboração com o governo estadual em questões econômicas. Quando a COVID-19 estourou, assumi o posto de copresidente do comitê executivo de Connecticut sobre como reabrir o estado após a pandemia, trabalhando com o doutor Albert Ko, da Yale School of Public Health. Tivemos de equilibrar com cuidado vidas e meios de subsistência, e o trabalho era puxado. Mas Connecticut é nosso lar, e queríamos ajudar o governador a tomar as decisões certas durante uma crise sem precedentes. Estou muito comprometida em retribuir ao estado que tanto deu à minha família durante anos.

Nessa época, Raj e eu estávamos em casa com minha mãe e nossas filhas. Preetha viera do Brooklyn, já que o Coronavírus se alastrava pela cidade de Nova York, morando em nossa casa pela primeira vez em alguns anos. Não demorou muito para ela perceber que eu estava trabalhando 18 horas por dia. "Pensei que você tivesse se aposentado!", exclamou ela, certa manhã. "Era para estarmos brincando com jogos de tabuleiro e criando vínculos!" Mas ela também sabia que o dever chamava, e que pouca coisa mudara em sua mãe. Curiosamente, Preetha logo começou a trabalhar com a 4-CT, uma organização estadual que apoia socorristas, bancos de alimentos e outros que fornecem alívio durante a crise da COVID-19.

Um dia, após trabalhar em todas as reuniões no Zoom e passar algumas horas lendo e escrevendo, voltei a atenção para algumas tarefas domésticas. Amma se aproximou.

"Sabe", disse ela. "Você é uma pessoa que ajuda o mundo, e nem todos são como você. Não acho que deva se preocupar tanto com a casa. Você tem de retribuir o máximo que puder. Continue."

Ela me surpreendeu.

INDRA K. NOOYI

Sei que sou motivada pelo propósito, e que isso vem do fundo do coração. Esse sentimento me guiou por toda a vida — desde trabalhando em meus emblemas como escoteira até imaginando como os absorventes Stayfree ajudariam mulheres na Índia. Busquei propósito em cada um de meus trabalhos de consultoria e, na Motorola, vi enorme valor em ajudar as pessoas a se comunicar sem usar fios. Ainda me sinto honrada, e um pouco atordoada, por terem me confiado a liderança da PepsiCo através de uma mudança a que chamamos de Performance com Propósito. De algum modo, isso está em mim.

A esta altura de minha vida, também sou motivada pela gratidão, especialmente a minhas escolas e professores, minhas comunidades e aos dois países onde morei. Em meu coração, nunca estou longe da Holy Angels e do MCC. Alguns anos atrás, fiz com que dois laboratórios de ciências em ambas as escolas fossem completamente reformados e que uma nova sala para mulheres fosse criada na MCC. Espero que mais meninas como eu nessas escolas, interessadas em ciências, tenham a chance de voar alto, pois agora têm o equipamento e o incentivo para ir em busca de sua paixão.

Minha conexão com Yale permanece profunda. Em 2002, fui convidada para fazer parte da Yale Corporation, a comissão de dezesseis curadores que supervisionam a universidade. As reuniões acontecem em torno de uma grande mesa escura de conferências, com a pátina, para mim, de séculos de história norte-americana. Yale foi fundada em 1701. Na primeira vez em que entrei naquela sala de conferências, reparei de imediato em uma placa de latão com meu nome gravado na parte de trás de uma cadeira pesada de couro marrom ao redor da mesa. E, quando me sentei pela primeira vez na cadeira, fui tomada pela emoção. Fui levada de volta a meus primeiros dias em Yale, boquiaberta diante da magnificência da instituição. Agora, minha educação em Yale ajudara a me trazer de volta aos cargos universitários mais altos. Era surreal.

Raj e eu temos muito orgulho de poder dedicar tempo e recursos a todas as instituições e comunidades que educaram e apoiaram a nós e a nossas filhas. E, em junho de 2021, Raj concordou em atuar como CEO

MINHA VIDA POR INTEIRO

interino da Plan International, uma empresa global de direitos humanos que dá apoio às crianças mais vulneráveis no mundo, sobretudo meninas. Ele estava no conselho da Plan indiana há vários anos, e foi a primeira pessoa a quem pediram para assumir o cargo. Sei que Raj dará tudo de si para ajudar a melhorar o flagelo de meninas — ele se importa profundamente com essa questão.

A próxima coisa que farei na vida — alimentada por meu grande senso de propósito — é trabalhar com todos os especialistas que já estão na área para transformar nosso ecossistema de cuidados. Isso reflete minha vontade de aliviar o estresse dos jovens mundo afora que estão constituindo famílias. Em particular, estou convencida de que este é o caminho para ajudar mulheres a progredir, inclusive ascendendo para administrar nossas empresas.

No início de novembro de 2020, a mãe de Raj, aos 90 anos e morando com o irmão dele, caiu na cozinha e quebrou a perna em dois lugares. Olhei para a foto no iPhone de Raj de minha querida sogra no hospital, uma mulher pequena entre lençóis e travesseiros muito brancos em uma cama grande com grades de metal e alguns aparelhos no quarto. Ela estava bem. Mas parecia meio solitária e um pouco assustada.

Raj imediatamente acelerou as coisas para que ela se mudasse para Bangalore, mais perto de suas irmãs e outros parentes, onde ele poderia cuidar dela enquanto se recuperava. Ele descobriu como chegar à Índia de Connecticut em meio a todas as restrições de viagens internacionais por conta da pandemia e, duas semanas depois, foi embora.

Enquanto ele esteve fora durante 3 meses, fiquei em casa em Greenwich cuidando de minha mãe. Agora, Raj e eu somos os principais cuidadores de nossas respectivas mães. Amma, com quase 90 anos, ainda é fisicamente independente e está em perfeita forma. É extremamente disciplinada, insistindo que suas refeições sejam preparadas de uma certa maneira e servidas no mesmo horário exato todos os dias. E ela sempre quer saber onde estou. Se me atraso 15 minutos, ela me telefona. Fica preocupada. Sei

INDRA K. NOOYI

que tenho sorte, mas não é fácil. A mulher que cuidou de nós em nossa casa grande de Madras e me mostrou, através do exemplo, como cuidar de meus pais idosos, agora está precisando de ajuda. Meus irmãos e eu, independentemente de quaisquer outros afazeres ou compromissos que tenhamos, consideramos essa uma obrigação prioritária.

Enquanto passo um tempo com minha mãe e minhas filhas adultas — e me sento no meio delas —, reflito com frequência sobre o ciclo de cuidados do qual fiz parte por toda a vida. Disse a Preetha e Tara que, quando elas se casarem e tiverem filhos, estarei ao lado delas para ajudar, como uma avó dedicada e professora da próxima geração, um suporte e apoio sólido para minhas filhas enquanto buscam seus próprios caminhos no mundo. E também farei todo o possível para ajudar a construir o futuro da prestação de cuidados para todas as famílias que não possuem esse tipo de apoio.

Esta é minha promessa.

AGRADECIMENTOS

Escrever este livro foi uma nova experiência para mim — uma jornada, um trabalho de amor, um tipo diferente de trabalho duro. Não era minha intenção escrever minha história com tantos detalhes quando comecei. Achei que escreveria alguns artigos repletos de fatos e dados sobre como devemos apoiar mulheres, jovens famílias constituídas e nosso bem-estar coletivo, e tive certeza de que encontraria público.

Mas Bob Barnett, uma mente jurídica por demais respeitada e mago da publicação de livros, convenceu-me do contrário. Ele foi a força-motriz por trás deste livro e participou ativamente de seu progresso durante os últimos 2 anos. Ele é uma joia rara que se preocupa imensamente com seus clientes. Sinto isso todos os dias. Obrigada, Bob.

Este livro foi modelado e escrito por Lisa Kassenaar, uma escritora por demais talentosa. Ela pegou todas as minhas histórias, fatos, anedotas e páginas de edição e os transformou em lindos capítulos, cada um com lições fundamentais. Ela é um verdadeiro tesouro, e fico boquiaberta com suas habilidades. Todo autor precisa de uma Lisa para dar vida a suas ideias.

Adrian Zackheim e Niki Papadopoulos — obrigada por sua sabedoria e por terem se encantado com estas ideias desde o início e, juntamente com Tara Gilbride, Kimberly Meilun, Mary Kate Skehan e toda a equipe da Portfolio, pela expertise em transformar *Minha Vida por Inteiro* em realidade. Agradeço também a Thomas Abraham e Poulomi Chatterjee,

277

INDRA K. NOOYI

da Hachette Índia, e a Zoe Bohm, da Piatkus, bem como às suas equipes, pelo entusiasmo e cuidado dispensados a este livro.

Foi um privilégio ser fotografada pela incrível Annie Leibovitz. Com sua visão, o livro ficou melhor. Agradeço a você, Annie, e também à sua equipe dedicada. Foi um prazer trabalhar com todos vocês. Agradeço também a Anna Wintour, pela amizade e por me apresentar à Annie; obrigada a Stefano Porcini e Yesenia Rivera por me ajudarem com o leiaute e o design da capa.

Igualmente, agradeço demais à minha equipe confiável de RP e parceiros digitais: Juleanna Glover — simplesmente a melhor no que faz; e Preeti Wali — cuja abordagem tranquila sempre me deixa admirada. Agradeço muito pela maneira como vocês fizeram desta obra seu projeto particular e o incentivaram. O trabalho que tiveram para me apoiar é de primeira linha. E muitos agradecimentos a quem apoia vocês — Jane Caldwell, Isabelle King, Ali McQueen, Kaiulani Sakaguchi. Obrigada, também, a Don Walker, Emily Trievel e Elizabeth Platt, da Harry Walker Agency, que lidam com tanta eficiência com minhas palestras externas.

Vários pesquisadores também deram apoio a este esforço, e valorizo genuinamente seus insights e dedicação — o brilhante Phil Collins, meu cérebro gêmeo há mais de uma década; Allison Kimmich, que logo no início percebeu que eu precisava de uma escritora parceira e trouxe Lisa à minha vida. Martha Lein, Kate O'Brian, Ruth Fattori e Molly O'Rourke. Sei que este livro pertence a cada uma de vocês.

Também sou grata às pessoas que dedicaram tanto de seu tempo e atenção para ler o manuscrito e fazer comentários detalhados e perspicazes: Prisca Bae, Amanda Bennett, Phil Collins, Adam Frankel, Ted Hampton, Brad Jakeman, A. J. Kassenaar, Allison Kimmich, Linda Lorimer, Antonio Lucio, Rich Martinelli, Erica Matthews, Emma O'Brian, Kate O'Brian, Mauro Porcini, Roopa Purushotaman, Rangan Subramanian e Anna Wintour. E agradeço a Swati Adarkar e Ann O'Leary pelas excelentes contribuições ao capítulo sobre políticas.

Obrigada a nossa excelente assistente administrativa, Brenda Magnotta, que se juntou a nós após uma longa carreira na PepsiCo e

MINHA VIDA POR INTEIRO

mantém unido nosso escritório em Greenwich e minha vida organizada. Obrigada a Srilekha, minha assistente na Índia, que disponibilizou as informações necessárias para relatar meus primeiros anos de vida e trabalhou tão meticulosamente em vários itens relacionados ao lançamento do livro. A Rahul Bhatia, Sebastian Rozo, Simi Shah e Joe Vericker, agradeço pela ajuda nos bastidores em trabalhar em conjunto neste livro.

Aos meus amigos íntimos, sem os quais não conseguiria ficar nos eixos: Alan e Jane Batkin — vocês estão no topo da lista. Por mais de 20 anos, vocês estiveram ao meu lado, me ouvindo, me aconselhando. Nossa conexão vale ouro.

Nimmi John, Soni Singh, Chitra Talwar, Sujata Kibe, Jenny Storms, Ofra Strauss, Annie Young- Scrivner, Cathy Tai, Neil Freeman, Prakash e Pradeep Stephanos — saibam que valorizo imensamente nossa amizade.

Brad Jakeman — fico muito contente por você ter aparecido na minha vida. Obrigada por cuidar de mim em todas as oportunidades e por assumir tantas atividades relacionadas ao livro. Você é um verdadeiro membro de nossa família. O mesmo vale para Mauro Porcini, pela sabedoria em muitos aspectos do design desta obra. Mehmood Khan, sem o qual eu não teria tornado realidade a Performance com Propósito. Larry Thompson, pelos conselhos sábios e calmos ao longo dos anos.

A John Studzinski, Tom Healy e Fred Hochberg, obrigada pelo apoio firme e conselhos sensatos.

Bim Kendall e Jan Calloway — obrigada pela amizade ao longo dos anos.

Também sou extremamente grata aos incríveis mentores que me alavancaram — Norman Wade, S. L. Rao, Larry Isaacson, Carl Stern, Gerhard Schulmeyer, Wayne Calloway, Roger Enrico, Steven Reinemund, Don Kendall e Bob Dettmer.

A Henry Kissinger, que, além de me ensinar geopolítica, me recomendou explicitamente em reuniões públicas, catapultou minha credibilidade e me segurou quando tropecei. Nunca vou me esquecer de sua bondade.

A Jacques Attali, meu conselheiro, amigo e orientador, e a Jeff Sonnenfeld, disponível a qualquer hora para me ouvir, obrigada por fazerem parte de minha vida.

INDRA K. NOOYI

Agradeço a Hillary Rodham Clinton — mentora, incentivadora maravilhosa, conselheira sábia e uma conectora. Todo mundo a conhece como Secretária de Estado dos EUA, Primeira-dama dos Estados Unidos, Senadora de Nova York. Eu a conheço como uma das pessoas mais brilhantes que já encontrei.

Ao Boston Consulting Group, agradeço por me ensinarem tudo sobre estratégias de consultoria e, o mais importante, através do exemplo, o que é uma consultoria ética e honesta.

Aos membros do quadro de diretores da PepsiCo entre 2006 e 2019, obrigada pelo sólido apoio que capacitou a empresa a efetivar a transformação e implementação da PcP. A Cesar Conde, Ian Cook, Dina Dublon, Alberto Ibarguen, Bob Pohlad, Sharon Percy Rockefeller, Darren Walker — nossa conexão evoluiu além da sala da diretoria. É um prazer considerá-los amigos queridos.

A todos os homens e mulheres que reportaram diretamente a mim na PepsiCo e tanto contribuíram para o sucesso de nossa empresa ao longo de vários anos. Obrigada. Vocês tornaram divertido todo o trabalho duro; vocês encararam o desafio.

Aos jovens executivos que me apoiaram no cargo de CEO e ainda mantêm contato comigo — John Sigalos, Adam Carr, Adam Frankel, Erica Matthews e Rich Martinelli. Obrigada pela dedicação e pelo trabalho árduo. Sinto muito a falta de todos vocês.

A Rob Baldwin, Pat Cunningham, Richard DeMaria, Jeanie Friscia, Monty Kelly, Neal Robinson, Chuck Smolka, Joe Ursone, Joe Walonoski e todos os outros da aviação da PepsiCo, e a Dominick Carelli, Frank Servedio, Robert Sinnott — vocês tornaram meu escritório aéreo confortável e acolhedor. As várias viagens que fizemos juntos foram menos cansativas por causa de vocês. Minha gratidão.

Ao coronel Everett Spain, chefe do departamento de Behavioral Sciences and Leadership na USMA e a todos os membros do departamento — obrigada por me receberem e me tratarem como a uma de vocês. Fico maravilhada com o que fazem pelo país.

MINHA VIDA POR INTEIRO

A Albert Ko, chefe de departamento, Yale School of Public Health e a todos os membros da Reopen CT Task Force — foi um prazer trabalhar com vocês no conselho de Connecticut durante a pandemia. Aprendi muito com cada um de vocês.

E às várias outras pessoas que me ajudaram nos primeiros dias, inclusive a família Shankar, por me receber em sua casa e me ajudar a me estabelecer em New Haven, and Holly Hayes, minha colega de Yale, de cuja hospitalidade e amizade Raj e eu nunca nos esqueceremos.

A Mike Tusiani dos New York Yankees, que me ajuda a ficar conectada a meu time favorito. Obrigada.

Às pessoas que prematuramente partiram deste mundo e deixaram um vazio no meu coração — meu caríssimo amigo Jassi Singh, nunca me esquecerei de seu amor e amizade. Tive sorte em tê-lo em minha vida. Saad Abdul Latif, sua lealdade e acolhimento ficarão para sempre em mim.

Aos meus pais, Shanta e Krishnamurthy, e a meu thatha, Narayana Sarma — vocês me deram os alicerces, a autoconfiança e as asas para voar. À minha sogra, Leela, e ao meu sogro, N. S. Rao, obrigada por me tratarem como filha e pelo apoio incrível. E a todos os outros membros de minha família estendida — minha irmã, Chandrika, e seu marido, Ranjan; meu irmão, Nandu, e sua esposa, Ramya; meu cunhado, Shekar, e sua esposa, Shalini; e a todas as minhas sobrinhas, sobrinhos, tias e tios — obrigada por me manterem focada.

E por fim, e mais importante, agradeço a meu marido, Raj — minha rocha, meu maior incentivador, minha alma gêmea. Eu o amo muito. E a minhas filhas, Preetha e Tara — vocês me ensinaram o que de fato significa o amor do fundo do coração. Amo-as mais que qualquer coisa neste mundo. Vocês três me completam.

NOTAS

76. **Na verdade, filhos de mulheres que trabalham:** Rachel Dunifon et al., "The Effect of Maternal Employment on Children's Academic Performance" (working paper, National Bureau of Economic Research, Cambridge, MA, agosto de 2013), https://www.nber.org/system/files/working_papers/w19364/w19364.pdf.

76. **veem suas mães como modelos valiosos:** Kathleen L. McGinn, Mayra Ruiz Castro e Elizabeth Long Lingo, "Learning from Mum: Cross-National Evidence Linking Maternal Employment and Adult Children's Outcomes," *Work, Employment and Society* 33, no. 3 (junho de 2019): 374–400, https://journals.sagepub.com/eprint/DQzHJAJMUYWQevh577wr/full.

76. **Mais mulheres no mercado de trabalho:** Jonathan Davis Ostry et al., "Economic Gains from Gender Inclusion: New Mechanism, New Evidence" (International Monetary Fund, outubro de 2018), https://www.imf.org/en/Publications/Staff-Discussion-Notes/Issues/2018/10/09/Economic-Gains-From-Gender-Inclusion-New-Mechanisms-New-Evidence-45543.

120. **culturas em que o convívio multigeracional é comum:** Peter Muennig, Boshen Joao e Elizabeth Singer, "Living with Parents or Grandparents Increases Social Capital and Survival: 2014 General Social Survey- National Death Index," *SSM Population Health* (abril de 2018), https://www.ncbi.nlm.nih.gov/pmc/articles/PMC5769098/.

INDRA K. NOOYI

134. **"Pepsi-Cola hits the spot":** chris1948, "Pepsi Cola 1940's", 10 de março de 2012, YouTube vídeo, 0:21, https://www.youtube.com/watch?v=-PU1qeKGVmo.

135. **"Um investidor típico":** WorthPoint, "1994 PepsiCo Annual Report Cindy Crawford," https://www.worthpoint.com/worthopedia/1994-pepsico-annual-report-cindy-504948360.

163. **"faça mudanças grandes em coisa grandes":** Patricia Sellers, Suzanne Barlyn e Kimberly Seals McDonald, "PepsiCo's New Generation Roger Enrico, PepsiCo's New CEO, Has Traveled a Career Path as Curious as They Come. But Then, He Says, 'I Think "Career Path" Are the Two Worst Words Invented.' "CNN Business, 1º de abril de 1996. https://money.cnn.com/magazines/fortune/fortune_archive/1996/04/01/210991/index.htm.

170. **sabemos que, em geral, o salário médio de mulheres:** Thomas B. Foster et al., "An Evaluation of the Gender Wage Gap Using Linked Survey and Administrative Data" (working paper, Center for Economic Studies, novembro de 2020), https:/www.census.gov/library/working-papers/2020/adrm/CESWP2034.html.

189. **Éramos uma "dupla estranha":** Nanette Byrnes, "The Power of Two at Pepsi," Bloomberg.com, 29 de janeiro de 2001, https://www.bloomberg.com/news/articles/20010128/the-poweroftwoatpepsi.

190. **"franqueza agressiva":** Melanie Wells, *Forbes,* "Pepsi's New Challenge", 20 de janeiro de 2003, https://www.forbes.com/forbes/2003/0120/068.html?sh=2f4c09a72f41.

204. **Doze anos depois que lancei a PcP:** Business Roundtable, Statement on the Purpose of a Corporation, agosto de 2019, https://system.businessroundtable.org/app/uploads/sites/5/2021/02/BRT-StatementonthePurposeofaCorporation-Feburary-2021-compressed.pdf.

MINHA VIDA POR INTEIRO

209. **Nos comprometemos a remover pelo menos 1,5 trilhão:** Shu Wen Ng, Meghan M. Slining e Barry M. Popkin, "The Healthy Weight Commitment Foundation Pledge, Calories Sold from U.S. Consumer Packaged Goods, 2007-2012", *American Journal of Preventive Medicine* (maio de 2014), https://www.ajpmonline.org/article/S0749-3797(14)002487/fulltext.

249. **A receita líquida saltou 80%:** PepsiCo, 2018 Annual Report, 2018, https://www.pepsico.com/investors/financial-information/annual-reports-and-proxy-information.

252. **O número de mulheres CEOs na Fortune 500:** Catalyst, Historical List of Women CEOs of the Fortune Lists: 1972–2020, maio de 2020, https://www.catalyst.org/wpcontent/uploads/2019/06/Catalyst_Women_Fortune_CEOs_1972-2020_Historical_List_5.28.2020.pdf.

252. **mais de 130 anos:** Fórum Econômico Mundial, "Global Gender Gap Report 2021: Insight Report," março de 2021, http://www3.weforum.org/docs/WEF_GGGR_2021.pdf.

273. **Em 2019, a taxa de fertilidade nos EUA:** Brady E. Hamilton, Joyce A. Martin e Michelle J. K. Osterman, Births: Provisional Data for 2019 (Division of Vital Statistics, National Center for Health Statistics, maio de 2020), https://www.cdc.gov/nchs/data/vsrr/vsrr8508.pdf.

274. **O quadro demográfico é claro:** America Counts Staff, "2020 Census Will Help Policymakers Prepare for the Incoming Wave of Aging Boomers", United States Census Bureau, 10 de dezembro de 2019, https://www.census.gov/library/stories/2019/12/by2030-all-baby-boomers-will--be-age-65-or-older.html.

279. **Mulheres que tiram licença-maternidade remunerada são 93%:** Linda Houser e Thomas P. Vartanian, "Pay Matters: The Positive Economic Impacts of Paid Family Leave for Families, Businesses and the Public"

INDRA K. NOOYI

(New Brunswick, NJ: Rutgers Center for Women and Work, janeiro de 2012), https://www.nationalpartnership.org/our-work/resources/economic-justice/other/pay-matters.pdf.

281. **Trabalhadores por turnos, que fisicamente:** Joan C. Williams et al., "Stable Scheduling Increases Productivity and Sales" (San Francisco: University of California Hasting College of the Law; Chicago: University of Chicago; Chapel Hill: University of North Carolina Kenan-Flagler Business School, março de 2018), https://worklifelaw.org/publications/Stable-Scheduling-Study-Report.pdf.

285. **Em Quebec, no Canadá, um sistema altamente subsidiado:** Pierre Fortin, Luc Godbout e Suzie StCerny, "Impact of Quebec's Universal Low-Fee Childcare Program on Female Labor Force Participation, Domestic Income, and Government Budgets" (Quebec City: Université du Québec, 2008), https://www.oise.utoronto.ca/atkinson/UserFiles/File/News/Fortin-Godbout-St_Cerny_eng.pdf.

ÍNDICE

Símbolos

3M 228
#MeToo 256

A

acesso à água potável 247
acidente 33, 98
alfabetização 49
alimentação 15, 70
ambiente
  cultural 256
  de trabalho 252
  inclusivo 261
apoio 172, 266
  familiar 93
  governamental 33
aposentadoria 152
autoconfiança 36, 293
autodisciplina 20

B

Baby Boomers 272
bem-sucedidos 93
benefício
  corporativo 89
  econômico 273
  social 277
boom publicitário 132
brâmanes 21
briefing 191

C

calorias 204
Campanhas publicitárias 133
capitalismo 42, 269
carreira viii, x, 246
celebridades 133
CEO vii
CFO 190
clientes-consumidores 222
Coca-Cola 138
coleta de lixo 195
combustível 205
concorrente 226
consumidor 164
COVID-19 274
crescimento xi, 105
crise financeira mundial 226
cultura 57, 131

D

debate 274
departamento de TI 259
desafios 249
descarte de embalagens 196
desempenho 154, 252
desenvolvimento 162
desigualdades sociais 266
diabetes 193
dieta vegetariana 23
diplomacia 235
distribuição 218
diversidade 141, 142, 257

E

economia ix
  de água 205
  mundial 186, 248
eliminar preconceitos 261
emissões de gás carbônico 198
empresas 17
  privadas 33
  públicas 251
equipe 190, 188
  de contratação 142
  de debates 36
  de vendas 134
  jurídica 166
escassez de água 25
Estados Unidos
estratégias corporativas 104
estresse ix, 135, 271
expectativas culturais 274
exportação 235

F

faculdades mistas 35
família vii, viii
feedback 67, 251
festivais hindus 20
finanças ix, 108
flexibilidade no trabalho 279
Frito-Lay 133
funcionários municipais 83

G

ganhos operacionais 173
Gatorade 155, 159
General Electric (GE) 105
gênero 261
geração 288
  a vapor 112
  sanduíche 283
  Z 261
Geração Pepsi 132

gerência 108
gestão Biden 282
gordura trans 193
governo 17
gravidez 117
greve trabalhista 55
grupos sociais minoritários 258

H

habilidades 289
Hillary Clinton 263
honestidade 16
horários flexíveis 154
horóscopos indianos 15
humildade 178

I

identidade 114
igualdade x, 274
impacto ambiental xi
imposto 152
inclusão 257
independência
  econômica 152
  financeira x
Índia vii
infância 15
inovação x, 57
integridade 262
inteligência xi, 161, 252
internet 28
investidores 186
investimento 105, 277
itens de consumo 193
Ivy League 69

J

jornada 289
jovens 15, 19
junk food 193
justiça 260

L

licença-maternidade remunerada 92
liderança xi, 135, 204, 250
líder empresarial viii
líderes
  mulheres xi
  mundiais ix
lixo 204
longevidade 114
lucros x, 186
luxo 101

M

marco empresarial 131
marketing 68, 132
maternidade x
MBA 58
meio ambiente 200
mentor 161
mercado de trabalho viii, 121
meta financeira 152
Mídias sociais 228
millennials 198
missão indiana 21
Mountain Dew 133
mulher vii, viii
  imigrante viii
  instruída 101
mundo
  corporativo 63, 176, 253
  desenvolvido 50
  laboral 252

N

não brancos 124
negociação 214
negócios globais 126
New York Yankees 70
Nova Delhi 30
nutrição 203

O

obesidade 193
oportunidades 249
orçamento familiar 32
Organização Mundial da Saúde 199
orgulho 201
origem indiana 115
otimismo xi, 132

P

pandemia 274, 279
PepsiCo viii
Pepsi-Cola 132
pessoas vii
pobreza 50, 63
poder masculino viii
políticas públicas 200
preconceito de gênero 252
preconceitos arraigados 33
presidência 175
pressão 38
produtividade x, 224
produtos xi
  embalados 140
  nutritivos 193
programa
  de empréstimo empresarial 120
  work-to-pay 59
programas
  de diversidade 168
  de treinamento 257
progressos 63
promoção 111
pronunciamento 182
publicidade 226

Q

questões filosóficas 43
questões sociais 36

R

ramo de aperitivos 152
reciclagem 205
recursos
  científicos 206
  comunitários 277
rede de apoio 101, 102
reestruturação 219
refrigerantes xi
relacionamento
  com investidores 152
  com os clientes 134
relatórios de sustentabilidade 205
religião 15
rendimentos 134
representatividade 142, 258
resíduos 195
respeitar 20
responsabilidade xi
  intergeracional 100
responsabilidades domésticas
  277
revolução tecnológica 103, 111
RP 290

S

salário 101
sáris 15
saúde
  emocional 136
  organizacional 261
  pública 194
serviços alimentícios 146
sistemas empresariais 174
sonho americano 63
sotaque 66
sucesso profissional 175
sustentabilidade 198
  de talentos 198
  humana 219

T

tecnologia da informação 152, 162
trabalho
  de parto 92, 120
  em período integral 177
  remoto 154
  remunerado 74
tradições 271
transformação 249
treinamento 127

U

universo corporativo 207
uso da água 196
utilidades públicas 113

V

valor nutritivo 194
variedade cultural da Índia 31
vida
  estável 85
  familiar 136
  moderna 278
  pessoal 238
visão global 270
visibilidade 231

W

Wall Street 187
Women in the Workplace 265

Y

Yale 58
Yankees 246

Projetos corporativos e edições personalizadas
dentro da sua estratégia de negócio. Já pensou nisso?

Coordenação de Eventos
Viviane Paiva
viviane@altabooks.com.br

Assistente Comercial
Fillipe Amorim
vendas.corporativas@altabooks.com.br

A Alta Books tem criado experiências incríveis no meio corporativo. Com a crescente implementação da educação corporativa nas empresas, o livro entra como uma importante fonte de conhecimento. Com atendimento personalizado, conseguimos identificar as principais necessidades, e criar uma seleção de livros que podem ser utilizados de diversas maneiras, como por exemplo, para fortalecer relacionamento com suas equipes/ seus clientes. Você já utilizou o livro para alguma ação estratégica na sua empresa?

Entre em contato com nosso time para entender melhor as possibilidades de personalização e incentivo ao desenvolvimento pessoal e profissional.

PUBLIQUE SEU LIVRO

Publique seu livro com a Alta Books. Para mais informações envie um e-mail para: autoria@altabooks.com.br

 /altabooks   /alta-books   /altabooks   /altabooks

CONHEÇA OUTROS LIVROS DA **ALTA LIFE**

Todas as imagens são meramente ilustrativas.

CADERNO DE FOTOS*

Meu avô investiu todas as suas economias nesta casa, onde três gerações viveram e cuidaram uma da outra. A casa nos proporcionou estabilidade e conforto. Nossa família levava uma vida simples e éramos extremamente focados em educação.

O balanço na sala de estar das mulheres, onde nos balançávamos e cantávamos, e onde minha mãe e suas irmãs bebericavam café indiano e conversavam sobre o mundo que as cercava.

Meus pais no dia em que se casaram. Meu pai tinha visto minha mãe no bairro e ficou intrigado por seu espírito alegre. Seus pais se conheceram e organizaram o casamento. Eles tinham uma parceria maravilhosa.

---

* Se preferir, para visualização das imagens em cores, acesse o site da editora (www.altabooks.com.br) e busque pelo título da obra.

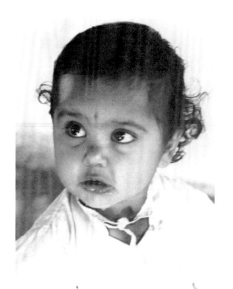

Thatha, meu avô paterno, comandava a sala apenas se sentando numa cadeira. Ele nos adorava e partilhava um amor eterno pelo aprendizado. Ele dizia: "Tenho oitenta anos e ainda sou um estudante". Sou a da esquerda, por volta dos catorze anos.

Eu quando bebê em 1956, com quase um ano de idade. Não tínhamos uma câmera, e meu tio tirou essa foto. Tenho poucas fotografias dos meus primeiros anos.

Meus avós maternos e alguns de meus tios e tias. Meu pai e minha mãe estão de pé bem atrás dos pais dela. Chandrika (à esquerda) e eu estamos usando pavadais de seda, nossas saias para ocasiões especiais.

Frequentei a Holy Angels Convent School por 12 anos, e literalmente corria de uma atividade para outra. Adorava, sobretudo, ciências e músicas. A senhora Jobard (no centro, de cabelos curtos) era minha professora favorita e me incentivava de verdade. Estou na fila do meio, a segunda a partir da direita, com tranças e laços.

No aeroporto, despedindo-me de minha família antes de ir embora para Yale. Meu pai convenceu minha mãe a me deixar ir. Eu estava cheia de expectativas e triste por Thatha não estar lá para me ver voar.

As LogaRítmicas, nossa banda só de meninas, com Mary, Jyothi e Hema. Começamos com cinco músicas e nos tornamos um hit em feiras de escolas por toda a cidade de Madras. O garoto na foto, Kamlesh, era um vizinho que às vezes tocava bateria e se encarregava do equipamento.

Raj e eu nos casamos no porão de madeira da casa de seu tio, cercados por todos os familiares mais próximos. Aqui, nossas mães estão se certificando de que Raj prendeu corretamente o colar de casamento.

Carl Stern, chefe do escritório de Chicago da BCG, me concedeu 6 meses de licença remunerada quando meu pai teve uma doença fatal. Sem essa licença, eu teria que ter saído da BCG para ajudar minha mãe a cuidar de meu pai.

Raj e eu no início de nosso casamento.

Quando Tara nasceu, fui novamente tomada pela emoção de ter uma filha. Eu tinha licença remunerada e um ótimo seguro de saúde, respaldos cruciais. Mas descobrimos que dar conta de duas crianças era mais complicado que de uma só.

Preetha, minha primogênita, me ensinou sobre o amor no sentido mais profundo da palavra, e Raj e eu mimávamos nossa linda garotinha. Minha mãe, os pais de Raj, e tios e tias da Índia vinham morar conosco de vez em quando para nos ajudar a cuidar dela.

Raj é totalmente dedicado à nossa família e temos uma parceria real como pais. Ele sempre me incentivou a seguir em frente e fez muitos sacrifícios na própria carreira por minha causa.

Meu primeiro dia na PepsiCo, com o CEO Wayne Calloway em seu escritório. Ele era um homem de poucas palavras, mas havia me telefonado para dizer que a PepsiCo precisava de mim mais do que a General Electric. Isso me convenceu.

Anunciando nossa compra de US$ 13,2 bilhões da Quaker Oats, com Bob Morrison, Roger Enrico e Steve Reinemund. Eu acabara de ser nomeada presidente da PepsiCo e estava orgulhosa de fazer parte do círculo interno.

Preetha e Tara de uniformes escolares. Por vários anos, trabalhei e viajei sem parar. Escrevia bilhetes descrevendo as cidades onde eu estava e os deixava para as meninas quando estava longe, mas sentia muita falta delas.

Os pais de Raj com Preetha e Tara. Meu sogro apoiou minha carreira, e minha sogra, uma pessoa gentil e amável, tinha boa vontade para ajudar de qualquer forma. Viajavámos à Índia quase todos os anos para passar um tempo com familiares de ambos os lados.

Bilhete da Tara, escrito quando ela tinha cerca de 6 anos, implorando que eu voltasse para casa. Ela depois também me enviou bilhetes pedindo para eu relaxar.

Interior de um cartão de Preetha. Ela sabia que eu passava por muito estresse e esperava que meu Dia dos Namorados fosse mais interessante que uma noite assistindo à TV e trabalhando.

Com Steve Reinemund e sua esposa, Gail, em agosto de 2006, quando anunciamos que eu me tornaria CEO da PepsiCo. Eu estava empolgada e nervosa, e toda a família se perguntava o que aquilo significava para nós.

O presidente indiano A. P. J. Abdul Kalam me concede o prêmio Padma Bhushan em abril de 2007. Gostaria que meu pai e meu avô tivessem me visto nesse dia. Foi uma honra incrível.

Jan Niski, Ann Cusano e Barbara Spadaccia, minhas três assistentes quando fui presidente e CEO da PepsiCo. Elas mantinham minha vida organizada, me protegiam e eram profundamente leais à minha família. Eu não teria conseguido sem essas mulheres organizando habilmente as demandas conflitantes da minha agenda.

Hillary Clinton veio à PepsiCo quando era senadora dos EUA por Nova York e eu estava prestes a assumir a função de CEO. Hillary me disse, nos poucos minutos em que ficamos juntas, que eu poderia ligar para ela a qualquer momento. Estávamos caminhando na superfície plana que eu instalara para que as pessoas parassem de tropeçar nos paralelepípedos, vistos nas laterais.

Pouco tempo depois de assumir o cargo na PepsiCo, convidei apenas líderes mulheres para alguns jantares em minha casa. Descobrimos que tínhamos muito em comum.

Com Mehmood Khan, a pessoa que provavelmente fez a maior diferença para a Performance com Propósito. Mehmood catapultou a pesquisa e o desenvolvimento, e liderou inovações na redução de açúcar e sal, bem como em poupar água e reduzir plástico.

O relatório anual da PepsiCo de 2017 mostrando que mais de 50% de nosso portfólio agora estava "Better for You" e "Good for You".

Com Mauro Porcini, a pessoa mais diferentona que já entrou no meu escritório. Ele colocou palavras em minhas ideias sobre incorporar um design excelente em toda a empresa.

A equipe da PepsiCo trabalhava duro, mas também nos divertíamos muito. Nossas festas com caraoquê podiam ficar bem competitivas, o que não é de surpreender. Aqui, os homens se apresentam; as mulheres cantavam depois.

Em um passeio pelos mercados na Guatemala. Eu ia às lojas para ver como nossos produtos ficavam nas prateleiras e queria que nossos funcionários da linha de frente soubessem que eu me importava muito com seus esforços. Em primeiro plano está Laxman Narasimhan, então CEO da PepsiCo latino-americana.

Com Anne-Marie Slaughter e Norah O'Donnel na conferência Women in the World de 2016, em Nova York. Eu adorava falar em eventos para impulsionar mulheres e construir sororidade.

A PepStart, nossa creche local nos arredores da PepsiCo, logo preencheu toda a sua capacidade, mesmo com os funcionários pagando pelo serviço. Não vejo por que empresas grandes não ajudariam famílias disponibilizando creches, para o benefício de todos.

O presidente Barack Obama buscava as opiniões dos líderes empresariais enquanto passava pela crise financeira. Ele era um excelente ouvinte e acolhia todos os nossos pontos de vista.

Com Derek Jeter, dos New York Yankees. Eu me apaixonei pelos Yankees durante o World Series de 1978 quando recém-imigrada e com saudade do críquete, o esporte com taco e bola de minha juventude. Derek e eu ficamos grandes amigos.

Minha mãe, Shantha, que sempre teve um pé no acelerador e outro no freio. Ela foi um catalisador para minha carreira e minha rede de segurança.

Minha viagem para a África do Sul em 2018 foi a mais memorável de minha vida. Depois que passei um tempo com um grupo de meninas adolescentes e ouvi sobre suas vidas difíceis, elas só me pediram para que eu abraçasse cada uma delas. Ficamos nos abraçando por um bom tempo.

No evento anunciando minha aposentadoria da PepsiCo.
Eu estava orgulhosa e grata, já de olho no meu próximo capítulo.

Os amores de minha vida, que tanta alegria me deram —
meu marido, Raj, e minhas filhas, Preetha e Tara.

Tive a honra de ser incluída na National Portrait Gallery da Institution Smithsonian, com essa pintura feita pelo artista Jon R. Friedman.

Do meu discurso de agradecimento:

"Espero que qualquer menina, qualquer pessoa não branca, qualquer imigrante, qualquer norte-americano que olhe para a criação de Jon não veja apenas um retrato. Espero que vejam que tudo é possível. E espero que descubram a própria maneira de trazer seu espírito e talentos para a tarefa de elevar este país e nosso mundo."